U0783811

高等职业教育旅游大类专业示范院校“十三五”规划教材

编委会

高等职业教育旅游大类专业示范院校“十三五”规划教材

总主编 薛兵旺

中国旅游文化

Chinese Tourism Culture

主　编 / 黄　丽
副主编 / 沈　斌　黄　婧
参　编 / 楚晓静　胡　璟
张　慧　谷　音
赵华江

华中科技大学出版社
http://www.hustp.com
中国 · 武汉

内容提要

本书在厘清旅游、文化概念及其相互关系，以及旅游文化、文化旅游概念及其相互关系的基础上，基于旅游者的视角，以大众旅游的主要客体，结合近年旅游热门景点和旅游行业发展动态，对教学内容进行了精选。通过旅游山水、聚落文化、宗教文化、民俗文化等一系列贴近旅游实践和学生认知水平的多个趣味专题，立体式地呈现国内外的旅游文化。

本书以“旅游的内核是文化”为基本理念，诠释旅游客体中的文化内涵，理论与实践相结合，帮助旅游者学会感受山水风光，考察传统民居，游览古典园林，品味经典饮食，体验宗教文化，欣赏著名戏曲……熟悉旅游中的“门道”，掌握旅游中的“精道”，体验旅游中的“说道”，寓游学于旅游之中。

图书在版编目(CIP)数据

中国旅游文化/黄丽主编. —武汉：华中科技大学出版社，2018.1(2025.7 重印)
高等职业教育旅游大类专业示范院校“十三五”规划教材
ISBN 978-7-5680-3489-0

Ⅰ.①中… Ⅱ.①黄… Ⅲ.①旅游文化-中国 Ⅳ.①F592

中国版本图书馆 CIP 数据核字(2017)第 301981 号

中国旅游文化 黄 丽 主编
Zhongguo Lüyou Wenhua

策划编辑：李 欢 周晓方
责任编辑：封力煊
封面设计：闰江文化
责任校对：何 欢
责任监印：周治超
出版发行：华中科技大学出版社(中国·武汉) 电话：(027)81321913
武汉市东湖新技术开发区华工科技园 邮编：430223
录 排：华中科技大学惠友文印中心
印 刷：武汉邮科印务有限公司
开 本：787mm×1092mm 1/16
印 张：13.25 插页：2
字 数：326 千字
版 次：2025 年 7 月第 1 版第 8 次印刷
定 价：39.80 元

总序

随着中国经济的迅猛发展，旅游业已成为中国经济中发展势头最强劲、规模最大的产业之一，旅游消费已成为国民大众的常态化生活选项。从消费主体看，旅游正由少数人的旅游活动转变为国民大众的常态化生活选项；从产业内容看，旅游业正由狭义的旅游商业范畴转向广义拓展的大旅游商业领域。从酒店业到旅游住宿业，从旅行社业到旅行服务业，从旅游景区到休闲度假旅游业，从旅游购物店到形式多样的商业购物体系，从定点餐厅到目的地餐饮接待体系，从传统旅游交通到多主体、多层次的交通体系，旅游要素行业的内涵和外延不断拓展。

据世界旅游业理事会(WTTC)测算，未来10年，中国旅游产业对GDP综合贡献达到10%以上，超过教育、银行、汽车产业；而据国家旅游数据中心测算，中国旅游就业人数占总就业人数也将超过10%。在中国旅游业可持续发展的大背景下，我国的旅游高等教育也迎来了黄金发展机遇期，有80%以上的高等职业教育院校开设了旅游专业，为我国旅游业发展输送了大批的高素质的技术技能型人才。

教材建设是高等院校的一项基础性工作，是衡量学校办学水平的重要标志。目前，我国高等职业院校旅游专业的教材建设已初具规模，并取得了阶段性成效。但是，旅游管理专业教材不足以满足大旅游时代的需求，不能满足现代旅游业发展的需求。由于教材编写者专业素养不够、缺乏行业实践经验等原因，旅游管理专业教材存在选题重复、不成体系、内容脱离工作实际等问题。因此，必须把握时代的脉搏，按照高等职业教育的发展规律，开发出一套对应用型旅游教育具有引领和示范作用，既有一定理论基础，又能提升学生技术技能，同时又能满足应用型旅游管理专业人才培养需要的专业教材。

为此，我们集中了湖北省高等职业教育示范性旅游院校的学科专业带头人和骨干教师，共同编写了本套教材。

本套教材采用全新的体例，力求打破传统的编纂方法。一是注重应用性和针对性，理论知识以“必须够用”为原则，契合旅游企业实际情况，强调教材内容的针对性与适用性。二是采用最前沿资讯，融入行业、企业最新案例。三是力求条理清晰，避免层次混杂。教材每一级标题都提炼出明确的观点，再展阐释，让学生一目了然，而不是到段落中去寻找要点。

本套教材将遵循“循岗导教”的人才培养理念，按照“产教融合，工学结合”的指导思想，设置教学目的、教学重点与难点、典型案例、教学资源包等内容，强调课堂教学与实训指导的一致性和相关性，避免内容的重复与脱节，从而准确定位和把握本套教材内容的科学性和实用性。

湖北省职业教育旅游管理类专业教学指导委员会
学术委员会主任
薛兵旺
2016 年 1 月 6 日于武汉商学院

进入21世纪，随着我国旅游业的飞速发展，培养旅游业专门人才的院校也越来越多。从学校的性质来看，由于高等职业院校的学生定位准确、技能扎实，符合社会实际需要，就业供不应求，使高职教育受到了全社会的共同关注。可是，作为一线教师，在授课中却深有感触。目前，我国高职教育有许多教材多借用本科教材体系，其内容偏多、理论偏深、实践性内容严重不足，给教学带来一定困难，严重影响了教学质量。此外，有一些教材不能及时反映新技能和新观点，更缺少相应的实例为理论内容做说明。

为突出本书的特色，作为《中国旅游文化》一书的主编，走访了多个旅游景区、旅行社等旅游企业，访谈了旅游专业学生和旅游企业从业人员。经过深入调研后，组织旅游专业资深一线教师、行业专家等积极编写。本书在廓清旅游、文化概念及其相互关系和旅游文化、文化旅游概念及其相互关系的基础上，基于旅游者的视角，以大众旅游的主要客体，结合近年旅游热门景点和旅游行业发展动态，对教学内容进行了精选和序化。通过旅游山水、聚落文化、宗教文化、民俗文化等一系列贴近旅游实践和学生认知水平的多个趣味专题，立体式地呈现国内外的旅游文化。

本教材以"旅游的内核是文化"为基本理念，诠释旅游客体中的文化内涵，理论与实践相结合，帮助旅游者学会感受山水风光，考察传统民居，游览古典园林，走进聚落文化，品味经典饮食，体验宗教文化，欣赏著名戏曲……熟悉旅游中的"门道"，掌握旅游中的"精道"，体验旅游中的"说道"。引导读者在游中学，在学中游，寓游学于旅游之中。

本教材项目一、三、四由武汉城市职业学院黄丽编写，项目二由武汉城市职业学院楚晓静编写，项目五由宁海职教中心赵华江编写，项目六由武汉城市职业学院沈斌编写，项目七由武汉软件工程职业学院黄婧编写，项目八由武汉城市职业学院胡璟编写，项目九、十由武汉城市职业学院张慧编写。其中大部分一线案例由武汉学知旅国际旅行社谷音提供。整体教学内容具有针对性、趣味性、实用性。除此之外，编者以"立体化教材模式"编写，增加小资料、小案例、小贴士、补充资料、综合运用案例导入与相关链接等栏目，使同学们开阔视野、增广见闻，通过真实案例及大量事实的辅助说明，使理论的内容生动起来。

《中国旅游文化》适合高职高专院校旅游类专业作为教材使用，同时也可适用于旅游企业工作人员的培训用书。本教材编写过程中秉持“课堂即旅游”“旅游即文化”的编写理念，建议教师根据不同专题内容，通过情境教学法、现场教学法、互动教学法、角色扮演教学法等丰富多彩的教学方法和手段，科学合理地组织教学。

黄 丽

2017 年 7 月

目录

项目一　旅游与文化的联姻

任务分析

知识目标

让学生掌握旅游文化的概念，熟悉旅游文化的结构和特征，掌握旅游文化的功能，探索旅游与文化的关系，明确学习旅游文化的意义。

能力目标

能掌握旅游文化的研究方法，能主动收集旅游文化案例，能基本运用辩证的文化态度看待和分析旅游现象和问题。

素质目标

通过系统的理论知识学习，增强对我国旅游文化资源的学习兴趣，在旅游过程中陶冶文化情操，增强文化自信。

案例导入

2016年中国随州炎帝故里寻根节

2016年世界华人炎帝故里寻根节于6月1日在随州炎帝故里景区举行(见图1-1),寻根节的主题仍为"四海一家亲,共圆中国梦",由国务院台湾事务办公室、国家旅游局、中国文学艺术界联合会、中华全国归国华侨联合会、中华炎黄文化研究会、湖北省人民政府联合主办,按照"高规格、小规模、大影响"的原则,着力打造国家重大节庆活动品牌和湖北第一文化品牌,推进文化与经济的深度融合,建设"圣地车都""神韵随州"。

湖北省政府于每年农历四月炎帝生辰前后在"炎帝故里"随州市举办世界华人炎帝故里寻根节。2016年炎帝故里寻根节开展了拜谒炎帝大典、海峡两岸炎帝神农文化高端论坛、世界中医药大会第二届夏季峰会、中国(随州)专用汽车博览会、中国自驾游联盟随州寻根之旅、炎帝文化庙会等八大系列活动,助推世界华人华侨的寻根热潮。

其中,炎帝文化庙会作为寻根节的重要组成部分,掀起了一股民俗文化热潮。文化庙会现场名品特卖会除销售随州地方特产之外,庙会上还有烈山大阵表演、非遗荟萃展演、农民唱主角的文艺节目、仿古交易市场等项目。

2016年世界华人炎帝故里寻根节以"尽展炎帝故里民俗风采　共襄华夏人文始祖盛会"为主题,开展的八大主题活动紧扣炎帝文化,掀起了一股来炎帝故里感受文化、旅游休闲的热潮。

思考:

为什么没有文化的旅游就没有灵魂?旅游与文化两者有何关系?

图1-1　2016年世界华人炎帝故里寻根节祭祀大典

(资料来源:http://hb.sina.com.cn/city/csgz/2016-05-25/city-ifxsktkp9367872.shtml。)

任务一　旅游文化的概念

一、旅游的概念

旅游，从中文字面上理解，包括旅行和游览两种行为。“旅”是旅行、外出，即为了实现某一目的而在空间上从甲地到乙地的行进过程；“游”是外出游览、观光、娱乐，即为达到这些目的所做的旅行。

英语中的旅游(tour)源于拉丁语的“tornare”和希腊语的“tornos”，其含义是“车床或圆圈；围绕一个中心点或轴的运动”。这个含义在现代英语中演变为“顺序”。关于旅游的概念，目前学界依然存在很多的分歧，众说纷纭。综合国际旅游组织和各学派，旅游的定义基本上可以划分为两类：概念性定义和技术性定义。

(一) 概念性定义

概念性定义又称为理论性定义，是从理论抽象出发而下的定义，旨在提供一个理论框架，用以确定旅游的基本特点以及将它与其他类似的、有时是相关的，但又不相同的活动区别开来。旅游科学专家国际联合会(AIEST)认为：旅游是非定居者的旅行和暂时居住而引起的现象和关系的总和。这些人不会长期定居，并且不从事任何赚钱的活动。

(二) 技术性定义

技术性定义又称为实务性定义，是人们出于某些实际工作的需要，特别是出于旅游统计工作的需要，而对旅游做出的比较具体的定义。各种旅游技术定义所提供的含义或限定在国内和国际范畴上都得到了广泛的应用。技术性定义的采用有助于实现可比性和国际旅游数据收集工作的标准化。普遍使用的是世界旅游组织和联合国统计委员会推荐的技术性定义：旅游是指为了休闲、商务或其他目的离开他们惯常环境，到某些地方访问，连续停留时间不超过一年的活动。

二、文化的定义

“文化”一词在中国古已有之。中国古代典籍《周易》中的“观乎天文，以察时变；观乎人文，以化成天下”，这大概是中国人论述“文化”之始，但其中“文化”一词尚未联结在一起。西汉时期，“文化”一词才正式出现在刘向的《说苑・指武》：凡武之兴为不服也，文化不改，然后加诛。在这些句子中，“文化”是国家的文教治理手段，与武功相对应，是文治教化的意思，含有修养、教养、德行以及与之相关的一些东西。

现代汉语中所讲的“文化”一词，源于拉丁语的“cultura”，其原意为耕种、栽培、教育、教养、修养、祭拜等，后来引申为物质生产与精神创造。自从19世纪人类学、社会学和文化学等与文化有关的科学兴起之后，关于文化的定义就层出不穷。

文化学奠基者、“人类学之父”泰勒在1871年出版的《原始文化》一书中给文化定义为：文化是由知识、信念、艺术、伦理、法律、习俗以及作为社会成员的人所需要的其他能力和习惯所构成的综合体。

《大英百科全书》将文化概念分为两类。第一类是一般性定义，即文化同于“总体的人类社会遗产”。第二类是多元的、相对的文化概念，即文化是一种渊源于历史的生活结构的体系，包括语言、传统、习惯和制度，包括有激烈作用的思想、信仰和价值，以及它们在物质工具和制造场中的体现。

《中国大百科全书》对文化的定义是：广义的文化是人类创造的一切物质产品和精神产品的总和；狭义的文化专指语言、文学、艺术以及包括一切意识形态在内的精神产品。

虽然不同学科、不同民族对文化的定义有不同的理解，存在一定的差异，但是从上述关于文化的种种定义，依然可以看出人们对文化的理解存在一定的共同点。

第一，文化是人类进化过程中衍生出来或创造出来的。自然存在物不是文化，只有经过人类有意无意加工制作出来才叫文化。

第二，文化是共有的。文化是人类共同创造的社会性产物，它必须为一个社会或群体的全体成员所共同接受和遵循，才能称之为文化。

第三，文化是后天习得的。文化是后天习得的经验和知识，并通过人类创造的物质产品和精神产品体现出来，而非先天的遗传本能。文化的一切方面，从语言、习惯、风俗、道德一直到科学知识、技术都是后天学习得到并借助各种物质或精神载体表现出来。

一般来讲，文化由三个不同的要素和层面构成。一是文化的物质要素和物质层面，即通常所说的物质文化，是由人类加工自然创造制作各种器物，体现一定生活方式的那些具体存在，主要包括各种生产工具、生活用具以及其他各种物质产品，如住宅、服饰等，它们是人的创造，也为人服务，看得见，摸得着，是一种表层次的文化。二是文化行为要素和方式，即通常所说的行为文化，它们或历代相沿，或不断变化，或兴或废，或长或短，既没有具体的存在物，又不是抽象的看不见，是一种中层次的文化。主要包括行为规范、风俗习惯、生活制度等。三是文化的心理要素和精神层面，即通常所说的精神文化或观念文化，是一种深层次的文化，主要包括思维方式、思想观念、价值观念、审美情趣、道德情操等。

三、旅游文化的概念

（一）旅游与文化的关系

旅游与文化两者密不可分。文化是旅游的灵魂，是旅游资源的魅力所在，是旅游主体的出发点和归宿，是旅游业兴旺发达的源泉。旅游是文化的载体，通过旅游作为媒介有利于挖掘文化、丰富文化、优化文化和保护文化。旅游与文化相辅相成，相得益彰。

1. 旅游的文化属性

旅游活动从本质上讲是一种文化活动。无论是旅游消费活动还是旅游经营活动都具有强烈的文化性。只有挖掘出文化内涵，它才会具备吸引旅游者的魅力。孙尚清指出，旅游在发展的一定阶段是经济-文化产业，在发展的成熟期是文化-经济产业。此言透彻地阐明了旅游与文化关系的密切程度。

（1）旅游主体的文化本质。

旅游作为一种跨时空的消费活动，它的广泛出现是经济发展驱使的结果，但一个人能否成为旅游者更需要内在的动因。人类在基本生存需求满足之后，随着收入的增长，必然追求更高的物质享受和精神享受。但是，旅游活动更是文化驱使的结果。从历史发展的观点看，经济发展固然为社会进步提供了物质基础，但是社会发展最根本的是社会文化与观念的革命。二战以后世界范围内旅游活动的兴盛，从客观条件看，是全球经济恢复、繁荣的结果，从深层次看，它是文化观念转变的结果。

（2）旅游客体的文化含量。

旅游资源按基本成因和属性可分为自然资源和人文资源两大类。人文旅游资源，无论是实物形态的文物古迹还是无形的民族风情、社会风尚，均属于文化的范畴。由各种自然环境、自然要素、自然物质和自然现象构成的自然景观，只有经过人为的开发利用，才能由潜在旅游资源变为现实的旅游资源。即使是自然美，也必须通过鉴赏来反映和传播，而鉴赏是一种文化活动。因此，自然旅游资源同样也具有文化性。

（3）旅游媒体的文化特征。

旅游者以追求精神享受为目的，可以说是文化消费者。因此，旅游业的核心产品是文化产品或文化含量高的产品，旅游经营者只有为消费者提供高质量的文化产品，才能从交换中实现赢利的目的。在市场经济条件下，旅游资源的开发者不仅要了解旅游资源本身的特征和功能，还必须了解游客所追求的文化特征，开发出满足各类旅游的文化旅游产品。旅游业的文化特征还渗透在各旅游部门的运行过程中，如现代旅游饭店，不是简单地提供膳食的场所，而是集膳宿、社交、娱乐、审美等功能于一体的综合性场所。因此，优秀的饭店，有必要不断提高餐饮、客房、娱乐等环节的文化品位，有必要培养和提高服务人员的文化素质，有必要提供有情调的个性文化服务。

2. 文化的旅游功能

旅游的文化性是其产业特殊性的集中表现。文化既是旅游业的物质资源基础，又是它的精神动力支撑。

（1）文化的本质决定了文化的旅游功能。

文化作为人类劳动和智慧创造的结晶，贯穿着人类的发展和演化的整个过程，从而构成了世界丰富多彩的文化类型及其内涵。这些异彩纷呈的文化现象，其特质有三个：首先，文化是人的创造物，而不是自然物，它是一种社会现象，而不是自然现象，如原始的名山大川等自然物，不是文化，但经过人们用自己的智慧进行设计和加工后所产生的园林、景观则是一种文化，从而使旅游产品和文化融为一体；第二，文化是人类社会活动所创造的、为社会所普遍享用的，具有强烈的大众性，从而为广大游客的参与提供了可能；第三，文化不是游离存在的，它体现在人们的社会实践活动的方式之中，体现在所创造的物质产品和精神产品中，如中国的万里长城、埃及的金字塔体现了文化，不在于它们的外在建筑材料，而主要在于它们所体现的人类的科技水平和成就及其审美观念，从而极大地扩充了旅游的文化含量。

（2）文化的基本类型决定了文化旅游资源的存在形式。

从广义的文化概念来讲，每种文化都存在三个方面的要素：一是文化的物质要素，也是文化的物质实体层面，一般称为物质文化，正是这种物质层面的文物遗址，为我们发展旅游提供了大量的文物古迹和历史遗存；二是文化的行为要素，也是文化的行为方式层面，一般称为行为文化，正是这种文化的行为要素为旅游业提供了多样化的民俗风情；三是文化的心理要素，也是文化的精神观念层面，一般称为精神文化、心态文化或观念文化，如宗教情绪、道德情操等，都是极具吸引力的旅游资源。

从文化的分类来看，依据不同的标准，可以划分出各种不同的类型。从旅游的视角出发，可分为主体文化、客体文化和媒体文化；从范围和时间的角度考量，可分为外来文化和本土文化，历史文化和现代文化；以文化的物质载体为依据，可分为山文化、水文化、建筑文化等。所有这些，都是文化多样性的表现形式。从旅游开发建设的角度看，要依据各种不同的文化类型，从不同的视角去考虑和发掘各种资源的文化内涵，构建特色鲜明的旅游产品。

（二）旅游文化的定义

旅游与文化的密切关系很早就被一些人认识。"旅游文化"一词最早是由美国旅游学家罗伯特·麦金托什和夏希肯特·格波特提出来的。在中国，《中国大百科全书·地理学》最先使用这一概念。

由于目前世界各国学者对"文化"这一概念的表述有很大的分歧，导致对"旅游文化"的不同认识和解释，它的内涵和外延都还停留在探讨的阶段。总的来说，学者们对旅游文化的表述，大致有下面三种类型。

第一类认为，旅游文化是与旅游有关的物质财富与精神财富的总和。它是人类过去和现在所创造的与旅游活动紧密相关的精神文明与物质文明。有的学者还进一步指出，它包括两方面的内容：一是广义的，举凡旅游路线、旅游途中、旅游景点上一切有助于增长旅游者文化知识的物质财富和精神财富，都属于旅游文化的范畴；二是狭义的，举凡一切能够使旅游者在途中舒适、愉快并能提高旅游文化素质的物质财富和精神财富，都属于旅游文化的范畴。这两个旅游文化的概念既有联系，也有区别。前者，我们要求弘扬民族优秀文化；后者，我们要求加速旅游事业的现代化。

第二类认为，旅游文化是旅游主体、旅游客体和旅游媒介相互作用的结果。它不是旅游和文化的简单结合，而是旅游主体（旅游者的文化需求和情趣）、旅游客体（旅游资源的文化内涵和价值）、旅游媒介（旅游业的文化意识和素质）三者相互作用所产生的物质和精神成果。具体地说，潜在的旅游者由于受到旅游动机的冲击和旅游客体的吸引，在旅游业的介入下，实现了旅游，在旅游过程中产生欢快愉悦的心理状态和审美情趣，这种心态和情绪是旅游三要素中任何一个要素都没有的，这就是旅游文化最初和最核心的部分。因此，旅游者处于旅游文化的中心位置，旅游者在旅游活动中所显示出来的特殊的欣赏取向、审美情绪、心理状态及其文字、形象的记载，构成了旅游文化的主要内容。

第三类认为，旅游文化是旅游生活的一种文化形态，是旅游这一独特的社会现象体现出来的文化内涵。它是由旅游者与旅游从业者在旅游活动中共同创造的，说得具体一点，就是旅游者或旅游服务者在旅游观赏中或服务过程中所反映出来的观念形态及其外在表现。

这三类定义从不同角度揭示了旅游文化的本质属性。本书比较赞同"旅游文化是与旅游有关的物质财富与精神财富的总和"这一定义。因为它表述简洁明了，内涵具体，包含的内容也很宽广，避免了把对旅游事业有用的文化知识排除在外的消极后果。在这一定义的基础上，可以把旅游文化表述如下：旅游文化是人类过去和现在创造的与旅游关系密切的物质财富与精神财富的总和。凡在旅游活动过程中能使旅游者舒适、愉悦、受到教育，能使旅游服务者提高文化素质和技能的物质财富和精神财富，都属于旅游文化的范畴。

知识链接

湖北麻城杜鹃文化旅游节举办赏花、寻根祭祖等活动

人间四月天，麻城看杜鹃。第五届湖北麻城杜鹃文化旅游节暨首届"麻城孝感乡"寻根游活动日前开幕，来自四川、重庆等地的麻城移民后裔和国内外2万多名游客一起春日赏花、寻根祭祖。

此次旅游节于2016年5月20日结束，其间举办"麻城孝感乡"寻根游、杜鹃摄影大赛、旅游招商推介会、民歌大赛等活动。

祭祖大典暨寻根游仪式于2016年4月29日举行，四川、重庆等地的麻城后裔4500人参加大典。在现场，通过礼、颂、祭等方式，表达麻城后裔同根同祖的亲情。据了解，麻城孝感乡是我国古代有影响的移民集散地之一，在两次"湖广填四川"大移民中，麻城孝感乡都是集散中心。

麻城共有100万亩①杜鹃林，其中龟峰山有连片10万亩古杜鹃群落，2015年接待游客480万人次。

（资料来源：http://news.xinhuanet.com/ 2016—04/29/1118773668.htm。）

任务二　旅游文化的结构、特征与功能

一、旅游文化的结构

目前，学术界对旅游文化结构的理解，由于角度不同、标准不同，因此观点各异、纷繁复杂。归纳起来，主要有以下几种观点。

（一）按照现代旅游业的三大基本要素分

卢云亭先生从现代旅游业的三大要素出发，将旅游文化分为旅游主体文化、旅游客体文化和旅游介体文化三部分。

旅游主体文化是与旅游者的思想观念、心理特征和行为方式有关的文化，它包括旅游者自身的文化素质、兴趣爱好、性格心理、行为方式及旅游者的政治主张、思想和信仰，以及旅游者的职业、生活背景等。面对同一旅游客体，为什么不同年龄段、不同知识层次的旅游者认识不同，甚至差异很大，这就与旅游主体文化有关。例如，看庐山，有人认为是山，有人认为是峰，雄姿各不相同，具有哲学视野的苏轼在《题西林壁》中写道："横看成岭侧成峰，远近高低各不同。"这在很大程度上就是旅游主体文化的差异所致。

旅游客体文化是与旅游资源关系密切的文化，主要包括旅游历史文化、旅游地理文

① 1亩≈666.67平方米。

化、旅游饮食文化、旅游服饰文化、旅游园林文化、旅游建筑文化、旅游宗教文化、旅游民俗文化、旅游娱乐文化、旅游文学艺术等。

旅游介体文化是联系旅游主体与旅游客体，与旅游供给、旅游产品关系密切的文化，包括旅游餐饮文化、旅游商品文化、旅游服务文化、旅游管理文化、旅游文化教育、旅游政策和法规、导游文化和其他旅游中介文化。

（二）按照文化的结构模式分

旅游文化是文化大系统中的一个子系统，旅游文化的产生与发展，必然建立在一般文化的基础之上。于是，一些学者直接套用文化的结构模式，将旅游文化分为物质文化、制度文化和精神文化。

旅游物质文化也称旅游文化的物质层面，是指蕴藏丰富文化意义的自然景观和人文景观，及其附加的必要的旅游设施，以及为旅游者服务的交通工具、饭店、餐馆和其他设备。例如，建筑、园林、古人类文化遗址、雕塑等景观景物以及旅游商品等。

旅游制度文化也称旅游文化的制度层面，包括政府和旅游行政主管部门、旅游行业协会及旅游企业所制定的各种有关旅游的法律、法规、规定、办法、管理制度，以及旅游活动中各种社会规范和约定俗成等，如旅游法律法规、导游管理条例、旅游行业自律公约等。

旅游精神文化也称旅游文化的精神层面，包括蕴含于旅游主体的旅游活动以及旅游中介经营管理活动中的特定文化心理、价值观念和思维方式等精神内涵，以及引导、影响人们旅游实践的直接和间接地在旅游实践中抽象出来的价值观、审美情趣、思维方式等，如旅游主体形象广告等。人们经常可以从大众传媒中看到反映旅游目的地形象的广告语，如“七彩云南”，“天下四川，熊猫故乡”，“浪漫之都，时尚大连”，“美丽乡村，梦里故乡，江西婺源”，“记忆中原，老家河南”等，它们均属于旅游精神文化范畴，能唤起旅游者的无限遐想，吸引旅游者前往旅游。

旅游文化的物质、制度、精神三大层面要素，不是孤立的，通常是相互交织渗透，一起共同组织成旅游文化这一不同形态特质的复合体。它从简约发展到丰富，不断传承，并在一定的时空中延续。

（三）按照旅游文化的主体和旅游交换的过程分

考虑到旅游文化的两个主体和旅游交换的过程，可将旅游文化分为旅游消费文化和旅游经营文化。

旅游消费文化包括旅游消费行为文化和旅游审美文化。旅游消费行为文化主要研究文化和亚文化对旅游者旅游态度、旅游动机、旅游决策模式以及具体消费行为的影响过程、机理和具体表现形式；旅游审美文化则探讨旅游审美文化特征和基本类型以及不同文化时空下旅游审美活动的演变和差异等。

旅游经营文化可按照经营活动对象和范围的不同分为三个层次：一是旅游产品经营文化，亦称旅游产品开发文化，是指旅游资源转化为旅游产品的过程，内容包括旅游资源文化特质分析，旅游产品的文化规范、塑造和表现方法；二是旅游企业经营文化，是指旅游企业围绕国际化、人性化、个性化三大目标，在显在和潜在层面上的文化建设；三是旅游目的地经营文化，包括目的地旅游整体形象的确立与宣传，适于旅游发展的文化环境营造、旅游对当地社会文化的冲击和这种冲击对旅游业的影响、旅游目的地可持续发展中的文化调适等。

二、旅游文化的特征

旅游文化是一种特殊的文化系统。由于内容的博杂，其特点也就在很多方面表现出来。具有普遍性的特点主要有以下几点。

（一）综合性

首先，旅游文化种类繁多。它不仅包括与旅游过程中吃、住、购密切相关的饮食文化、建筑文化、美术等，还包括从不同层面、不同角度反映民族传统文化心理结构的文学艺术、宗教信仰、民俗风情等。

其次，旅游文化表现形态多样。旅游文化既有物化形态十分明显的文物古迹、美术作品，也有表现在意识形态领域中的道德观念、宗教信仰等。比如，通过分析一幅图画，我们不仅可以看到中国传统的绘画艺术风格，还可以从中窥见典型的人文心理世界；我们也可以通过一尊关公塑像向游人介绍中国人的道德观念、信仰标准。

旅游文化综合性的另一种表现是它内涵上的糅杂性。一个民族的旅游文化是长期历史积淀的结果，在其形成的过程中或综合了古今而博大精深，或杂糅了中外而独具特色。例如，中国的佛教就不是古印度佛教的简单移植，而是大量吸纳了中国儒、道思想观念，因而经过改造的佛教便具有相当显著的中国特色。由中国向朝鲜、日本输出的佛教也并非古印度佛教，而是典型的中国佛教。这就是说，朝鲜和日本佛教的根在中国而非印度。

（二）民族性

每个民族都有自己的民族文化。旅游文化的民族性就是这个民族的精神、性格和共同心理素质在旅游文化中的体现，也是与其他民族旅游文化的差异所在。不同民族的旅游文化观念和行为模式是不同的。例如，从旅游性格上看，中国旅游者大多比较内敛稳健，西方旅游者大多比较外向和具有冒险精神；中国人旅游注重内心感受，而西方人钟情于外部世界的观察与探求；中国人倾心于旅游的道德塑造，且富于人文情怀，而西方人则看重旅游的求知价值，充满科学精神。在中华民族内部，又有汉族与各少数民族的差异。例如，土家族喜欢住吊脚楼，而藏族人喜欢住碉楼。民族性是旅游文化的独特个性，是吸引旅游者的魅力所在。抹杀或者对本民族的特色视而不见，不仅不利于保持本民族的特色，久而久之也会失去对外族的吸引力。从某种意义上说，民族性是旅游文化的“灵魂”。有这样一个例子，一位美国游客到中国旅游，住进了某大城市的星级酒店，房间布置豪华精美，极富西方特色，但客人一觉醒来，却不知自己是在美国还是在中国。用早餐时，他看到中式餐厅雕梁画栋、描龙绘凤、古朴典雅，便向总经理要求把他的床放到餐厅来，他要在餐厅过夜。

（三）地域性

作为文化复合体的旅游文化，是众多特定地理范围空间的文化产物，不论是历史传承还是空间移动扩散，都离不开特定的地域。尽管从历史上看，人的地域行为的历史过程可远溯至游牧生活时代，地域行为深深地扎根于人类的进化史中，人们喜爱并且不愿离开自己及种族生活的地域。正所谓“十里不同风，百里不同俗”，“一方水土养一方人，一方人孕育一方文化”，因而世界上才有两河流域文明、玛雅文明、古希腊文明、尼罗河文明。我国地域广袤，历史悠久，人口众多，资源丰富多彩，特色突出。我国东西、南北之间在地形、气候、生物、历史等方面存在明显的差异，旅游文化的地域性特色非常明显。大体上，我国在人文景观方面可以分为东、西两个部分。东部以汉族文化为特色，西部以少数民族文化为特色。东部是汉族的发祥地和集中分布区，数千年来，汉族兼收并蓄，创造了汉字、汉语、汉医、汉药、汉服等博大精深的汉文化，并使汉文化成为中华文化的主体。西部是我国少数民族的主要分布区，尤其是维吾尔族、蒙古族、回族和藏族等，自然条件差别大，加上民族构成不同，所以西部在风俗习惯、节日庆典、宗教信仰、文学艺术、生产生活，以及食、穿、住、行、乐等方面与东部有很多不同。这些由不同区域、不同空间而形成的差异，无疑丰富了旅游文化的内容，增加了对旅游者的吸引力。

知识链接

地方进行旅游开发时应如何注重其旅游文化的地域性？

旅游文化的地域性要求它注重地方特色和乡土气息的体现，设计与突出有自身地域特色的旅游产品。文化的地域性，从根本上说，是一组社会中的一套文化特质和文化集结的组合，一种文化就是在一个地方共同体群落中发现的文化规划的聚合。因而，区域文化的亚文化特征，在诸如中国的华南、西北、东北或一些城市地区，都可以见到。所谓“十里不同风，百里不同俗”，就地设计，唯我独优地发挥地域之长，较好的例子有哈尔滨的冰雕旅游、吉林市的雾凇旅游，以及曲阜的三孔（孔府、孔庙、孔林）和六艺城的儒家始祖遗址及春秋文化的开发。不论是自然景观（冰雪、雾凇）的改造还是人文景观的加工利用，都带有鲜明的地域特征，有利于扬长避短，满足旅游主体追求殊异的旅游审美期待。

（四）传承性

传承性是从纵向、时间角度而言，与旅游文化地域性的横向、空间角度相对应。任何文化景观都是人类文化长期历史演变的结果。文化沉积，也说明了旅游文化有自身的文化层，是逐渐演变进化而来的。旅游文化的传承性，可以说体现在物质层面上的、制度层面上的和观念层面上的都有。

从旅游文化物质层面说，现存的自然景观，如名山草地、海洋湖泊一般都带有人类旅游文化的印记，人类把自身的烙印打在这些自然物上面，使后来的旅游主体不是从零出发欣赏自然美。现存的人文景观，既有古代社会留下的遗址胜迹，又有在古代建筑风格样式等影响下陆续构建的仿古建筑，凝结着古代旅游观赏心理。

从旅游文化的制度层面说，历史上陆续产生的旅游文化传统规则，仍不同程度地为后人所效法、运用。例如，古代中国的记述山水名胜的书籍，自《禹贡》《山海经》始，到《水经注》、《方舆胜览》等，从《洛阳伽蓝记》到《茅山志》，以及旅行名著《法显传》《大唐西域记》《徐霞客游记》等，保存了古人旅游的一条不成文的制度。又如英国旅行代理商托马斯·库克开创的团体旅游和旅行业务，也作为一项不断发展的制度而体现特定旅游思想，为人们广泛继承，并在此基础上派生和增加。

从旅游文化的观念层面说，有不少宝贵的旅游文化观念仍启迪着一代又一代的后来者，也有不少未必值得继承的相关观念影响着人们：如古代中国与西方都有的修身旅游观，如相沿至今的宗教朝圣旅游观，如古代中国视异域为夷邦的旅游观等。

旅游文化的传承性虽不全以人的意志为转移，但是，在现代旅游文化观念支配下的人类，却应该并且能够摆正对传统的态度，兴利除弊，推陈出新，在对各种旅游文化要素的选择、吸纳与加工融合中继承人类各民族的精华，从而开拓旅游文化的新视野。

（五）时代性

如果说我国古代旅游文化具有农耕经济条件下求稳、内向、保守等特征（如汉族明清古居民外实内虚、高墙围合等），近现代旅游文化则是在机器大生产条件下的商品经济开放性、流动性的延伸（如西餐开始进入中国是“西餐西食”等）。那么，当代旅游文化则具有在经济全球化、全球一体化背景下前所未有的国际性、融合性、广泛性和多样性以及个性、开放、活力的风格（如当下既有“中餐中食”“西餐西食”，更有“中餐西食”“西餐中食”）。

从旅游主体构成看，古代主要是帝王将相、皇亲国戚、达官贵人等上层贵族，现代则是普通大众，时代性特征同样非常明显。对于同一旅游客体而言，由于旅游审美的标准不同，古人可能并不视为美景的景观，而我们现代却有可能赞不绝口。

（六）体验性

旅游活动是一种文化体验活动，旅游者通过身临其境的参与，感受到文化氛围，得到潜移默化的教育。旅游文化不同于一般文化的概念，它不是抽象的，而是具体的，不是观念性的，而是感性的、直接性的。旅游者的消费和审美活动都是在旅游的过程中，通过视觉、触觉、听觉、感觉，全方位地调动人的感官系统去感受旅游环境的各种信息，获得美感享受和美感刺激，愉悦身心。旅游者对外部世界的接受功能，完全是通过他们积极主动地参与而实现的，是别人无法代替的。例如，我们没有到敦煌莫高窟之前，对它的了解是非常抽象的，只知道它是古老丝绸之路上的佛教艺术宝库。当我们深入到大漠深处的莫高窟时，感受到两种震撼：为在干旱、荒凉的戈壁沙漠，竟然保存着这么一座精美辉煌的已有1000 多年历史的佛教艺术宝库而感到骄傲；同时，我们通过参观亲眼看到，在许多艺术洞窟里，还留下 20 世纪初西方艺术强盗们明火执仗地掠夺中国文物的痕迹，感到非常气愤。我们还看到，从 20 世纪 30 年代以来，中国的艺术家们忍受着艰苦与孤独在荒漠中保护这些珍贵的文物，而深受感动。

三、旅游文化的功能

（一）凝聚功能

文化是人类联结和凝聚的纽带。生产方式、生活方式、传统习惯是影响人类聚合、分离的基础性东西，价值观念、思维方式、宗教信仰是影响人类聚合、分离的深层次东西。旅游文化的这种凝聚功能是与其教化、认知、启智、愉悦功能密切联系、不可分割的。

（二）教化功能

旅游文化的教化功能无处不在、无时不在。以旅游介体而言，优秀的旅游企业文化，可以促使旅游从业人员树立崇高理想、培养高尚道德、净化自己的心灵，使人学到为人处世的艺术，学到进行生产经营及管理的知识、经验，提高人的能力。以旅游主体而言，看到风采各异的民族文化成就时，会为我们国家的民族大团结而深深感动；看到长城，会为古代我国人民的伟大智慧和团结力量所折服；看到故宫、秦陵时，会为中华民族精湛的建筑艺术和高超的工艺水平而由衷地感到自豪。

（三）认知功能

旅游文化作为人类物质文化和精神文化的一部分，无疑具有极其重要的认知功能。例如，通过学习中国饮食文化，可以了解中国的八大菜系，了解中国源远流长的茶文化、酒文化的历史；通过学习西方饮食文化，可以了解西方的酒文化、咖啡文化以及中西饮食文化的差别；通过学习民俗文化，我们可以看到各个民族之间生产、生活方式的差异。

（四）启智功能

旅游文化能够启迪人的思维，培养人的想象力和创造力。旅游文化推动旅游主体创造了游记、山水诗词、探险小说、山水画、风俗画、风景摄影等文学艺术成就，涵盖了文学、美术、摄影等各个领域。

（五）愉悦功能

马斯洛需要层次理论显示，对文化的渴求是人类较高层次的需求。因此，人类对异国他乡的文化具有一种特别的新奇感，对高层次的文化消费具有特别的满足感，对优秀的文化具有强烈的愉悦感。例如，旅游文化通过旅游主体对旅游客体的游览，可以引发旅游主体的审美愉悦。旅游客体，尤其是自然景观，包含着自然的美感如形象美、色彩美、动态美、听觉美、嗅觉美等。其中，形象美给予旅游主体的审美感受是十分突出的，如泰山之雄、黄山之奇、华山之险、雁山之秀等都产生了审美的愉悦。

（六）辐射功能

旅游文化能够通过旅游介体（如旅行社、旅游交通和饭店等）在旅游主体和旅游客体之间传播。就旅游主体而言，它可以将客源地的文化传播到目的地，也可以将目的地的文化传播回客源地。就旅游客体而言，可以通过目的地的文化影响旅游主体，也可以吸收旅游主体带来的客源地文化。就旅游介体而言，既可以将企业文化带给旅游主体和旅游客体，又可以吸收旅游主体和旅游客体的文化。当然，文化的这种辐射功能具有两面性，因此，要想方设法传播、吸收先进的旅游文化，克服、排除落后的旅游文化，从而促进旅游文化的健康、持续发展。

（七）经济功能

旅游既是一种社会现象、文化现象，又是一种经济现象。旅游文化的经济功能表现在，不仅可以推动内需、解决就业、脱贫致富，还可以通过获取外汇、平衡国际收支、购买国外先进技术和设备，推动经济的不断发展。2006 年，国家旅游局对入境旅客抽样调查结果显示，80%的境外游客是为了感受中国文化而入境旅游，只有 20%的境外游客是奔着中国的自然景观来的。可见，五千年的华夏文明对国际游客有很大的吸引力。旅游文化的经济功能是非常强大的。

任务三 研究旅游文化的意义与方法

为了加快我国旅游事业的快速发展，应对国际旅游业的激烈竞争，从较高的起点和多种视角审视我国旅游业的发展，需要从文化的角度研究旅游业的现状，探索它的未来。

作为旅游专业的一门基础课程，旅游文化是一门理论与实践结合非常密切的应用课程，在旅游专业中具有特别重要的地位。本书通过对旅游历史文化、旅游宗教文化、旅游建筑文化、旅游园林文化、旅游饮食文化、旅游民族民俗文化等的分析，让未来旅游从业者能充分认识开发民族文化和保护民族文化对旅游事业的重要性，掌握旅游文化的脉络与各知识要点，为以后专业课程的学习奠定基础，同时也提高自身的素质。因此，研究旅游文化具有十分重要的意义。

一、研究旅游文化的意义

（一）有利于揭示旅游活动发展的机理

现代旅游现象，实际上是一项以精神、文化需求和享受为基础的，涉及经济、政治、社会、国际交流等内容的综合性大众活动。文化因素渗透在现代旅游活动的各个方面。马波在《现代旅游文化学》中指出，文化是旅游者的出发点和归结点，是旅游景观吸引力的根源，是旅游业的灵魂。旅游者的旅游行为是一种文化消费行为，其外出旅游的动机和目的在于获得精神上的享受和心理上的满足；旅游经营者要达到赢利的目的就必须提供一种能满足旅游者文化享受的旅游产品。人类的旅游活动从根本上说，是文化驱使的结果。学习旅游文化有助于从文化的角度来审视旅游活动，解释人类的旅游行为，以及为什么旅游成为人们生活不可或缺的组成部分的内在规律。

（二）有利于弘扬民族传统文化

旅游文化是一个国家旅游业保持自身特色的决定因素。人们常说："民族的东西是独特的，文化的流传是久远的。"一个国家的旅游业若缺少了自己本民族传统文化的底蕴，便失去了特色，不能反映本民族独有的精神内涵，也便失去了强大的吸引力。实践表明，但凡旅游业昌盛之国，莫不以旅游文化取胜。奥地利的旅游，几乎都与施特劳斯等音乐大师紧密相关；巴黎街道的命名，蕴含法兰西民族的历史掌故。我国旅游文化源远流长，博大精深。学习旅游文化可以合理地开发、利用一些文化遗存，整理、重视一些民族传统娱乐项目，可以增强民族自豪感，弘扬民族传统文化，促进社会的和谐稳定发展，也可以树立中华民族在世界民族之林的良好形象。因此，旅游文化是一个国家在发展旅游业的过程中保持自己民族特色的必然要求。

（三）有利于促进旅游产品质量的提高

旅游文化蕴藏着巨大的经济潜能。李刚在《宗教文化——重要的旅游资源》一文中指出，旅游是以一国一民族独特的文化招徕旅客赚取外汇的文化经济。为此，世界上许多旅游业发达的国家先后实行了"文化经济"新战略。美国洛杉矶文化旅游负责人曾经说过，文化旅游大概是美国增长速度最快的旅游项目，因为各个城市发展文化旅游可以获得相当可观的收入。韩国也积极采取多种措施大力发展文化旅游业，意欲将文化、旅游培育成21世纪的国家战略产业。从我国旅游业发展的实践来看，“文化搭台、经济唱戏”，已成为发展旅游业的一大特色和主要经验之一。因此，学习旅游文化有助于人们正确认识和了解旅游业的发展规律，自觉促进旅游产品质量与旅游经济效益的提高。只有明确了旅游资源的文化内涵及其开发的文化规律，才能使开发出来的旅游产品具有较高的文化品位和较强的生命力和竞争力，才能产生巨大的经济效益。

（四）有利于促进旅游者及旅游从业人员素质的提高

文化是提高人的素质，提高管理水平的关键。由于旅游文化大量地体现在旅游业的管理者及从业人员身上，其文化素质的优劣、经营管理水平的高低，直接影响旅游者能否获得良好的审美享受和精神满足，直接关系到旅游资源能否得到合理的开发和利用，进而影响到旅游业的发展。未来的旅游业的竞争主要是旅游文化方面的竞争，人们对旅游资源、旅游服务的需求更趋向于文化性强、科技水平高、具有参与性的项目。因此，旅游业管理者和从业人员的文化素质和经营管理水平必须相应地提高，才能与国际接轨，适应时代的要求，才能在旅游业立于不败之地。

（五）文化是旅游业创名牌、提高竞争力的法宝

在旅游活动中，旅游者物质方面的需求是较低级的需求，易于满足，而精神文化方面的需求，是一种高级而复杂的需求，很难得到满足，但又影响全局。旅游企业若不能满足旅游者精神文化的需要，便失去了存在的价值。同时，由于文化具有地域性、民族性、传承性等特点，往往为一个国家和地区所独有，很难模仿和复制，因此，在竞争中就减少了可比性，具有垄断的地位，易形成强有力的竞争能力，也易于创造自己的特色和名牌效应。名牌是旅游业竞争中的一种无形力量，更是促使旅游业走上可持续发展道路的一种宝贵的文化资源。因此，学习旅游文化，能够促使旅游业的从业人员认识旅游业发展的文化规律，从理论上提高自觉性，从而减少在经营开发活动中的盲目性，有效地按照经济和文化发展的规律来经营旅游业。

二、研究旅游文化的方法

（一）实地调查法

实地调查法是指研究者用各种手段直接地、系统地收集有关旅游文化现象的资料，通过对资料进行科学的分析研究，得出结论，并说明问题的过程方法。实地考察、实物认知、实在感知是旅游文化学习与研究不可替代的有效方法。实地调查法有两种：现场观察法和询问法。其基本程序是调查准备—调查实施—调查总结。

（二）文献考证法

文献考证法是通过对历史文献的整理和考证来研究旅游文化的一种方法。这种方法一般应用于旅游史的研究。文献考证方法是借用历史学考证的方法，对旅游文化的历史现状进行探讨。考证方法是具有科学性的研究方法，有一套行之有效的规范。

（三）比较分析法

1. 历史比较法

历史比较法，即对旅游文化进行纵向的分析和比较研究，如对不同历史时期的旅游文

化的分析和比较研究。

2. 类型比较法

类型比较法，即对旅游文化进行横向的分析和比较研究，如东方与西方、国家与国家、地区与地区、民族与民族旅游文化的比较研究。将不同的旅游文化因素进行比较分析，可以发现彼此之间纵向和横向的联系，进而认识或揭示旅游文化产生、发展和演变的规律。

项目回顾

本项目在阐释旅游和文化的定义的基础上，让学生掌握旅游文化的概念，熟悉旅游文化的结构和特征，掌握旅游文化的功能，并积极引导学生探索旅游与文化的关系，明确学习旅游文化的意义。在一系列的主动收集旅游文化案例的过程中，教会学生运用辩证的文化态度看待和分析旅游现象和问题，从而掌握旅游文化的研究方法，增强对我国旅游文化资源的学习兴趣和文化自信。

复习思考

一、判断题

1. 中国古代典籍《周易》中的“观乎天文，以察时变；观乎人文，以化成天下”，这大概是中国人论述“文化”之始。（　　）

2. 卢云亭先生从现代旅游业的三大要素出发，将旅游文化分为旅游主体文化、旅游客体文化和旅游介体文化三部分。（　　）

3. 一些学者直接套用文化的结构模式，将旅游文化分为旅游消费文化和旅游经营文化。（　　）

4. 现代汉语中所讲的“文化”一词是从日文转译而来的，源于拉丁语的 cultura，相当于英语中的 culture 和德语中的 kultur，其原意为耕种、栽培、教育、教养、修养、祭拜等，后来引申为物质生产与精神创造。（　　）

二、填空题

1. （　　）时期，“文化”一词才正式出现在刘向的《说苑・指武》。

2. “旅游文化”一词最早是由美国旅游学家（　　）和（　　）提出来的。

3. 孙尚清指出的，旅游在发展的一定阶段是（　　）产业，在发展的成熟期是（　　）产业。

4. 旅游文化的特征有综合性、地域性、民族性、（　　）、（　　）、（　　）。

三、简答题

1. 什么是旅游文化？如何理解旅游文化的功能？

2. 如何理解旅游与文化的相互关系？

3. 旅游文化的结构是什么？

4. 联系实际，谈谈学习旅游文化的意义。

四、实训题

分组调查本地的旅游景点，分析其文化内涵，结合本地旅游市场，讨论如何从旅游文化的角度增加旅游景点的市场吸引力。

项目实训

1. 收集 2015 年至今在我国景区进行旅游文化开发比较成功的案例，从中剖析取得成功的原因、思路和做法。

2. 全班分成若干小组，以小组为单位将案例分析做成 PPT，进行以上案例的分享和分析，举行一场小型分享会。

项目二　源远流长的历史文化

任务分析

知识目标

了解中国历史发展脉络，掌握中国主要朝代及主要大事，熟悉中国历史和中国文化科技发展的概况以及与旅游相关的中国历史文化小常识，掌握古代皇权政治、科举制度等知识要点。

能力目标

通过系统的理论知识学习，能够收集与旅游相关的中国历史文化常识。

素质目标

让学生掌握中国历史常识，并能够运用中国历史文化相关知识编写导游讲解词，从而培养学生的讲解能力。

案例导入

陕西宜君:历史变迁中传承千年文脉构建旅游宏图

在漫长的历史变迁中,陕西宜君从水而来,向不凡而去。

如今,那战国的魏长城虽是被战火洗礼和风雨侵蚀成的断垣残墙,但它还是散落在宜君大地上的文明因子。立足优势,长远谋划,全景宜君、全域旅游的建设手笔不断显山露水,人、景、城完美相融。

“最受摄影家喜爱的旅行目的地”,“最美中国自然生态人文生态”,“省级生态园林县城”……一块块金字招牌与深厚的历史文化底蕴交相辉映,景越来越美,人越来越富,城也越发的流光溢彩。

这一切荣誉,除了先天的生态自然人文优势助力之外,还得益于宜君县委县政府加速旅游业转型升级,构建全域、全时、多元的旅游发展宏图。

如果说宜君旅游正因全域框架而大肆绽放,那么那条主轴古驿道则是整个全域布局中的关键支撑。

众所周知,历史上宜君多以军事要塞、交通要道、古马驿站的角色出现在史料、遗址、传说故事中,那条续有千年文脉的神秘古路,凭借丰富的文化内涵,承载了宜君人的辉煌与自豪。

史料记载:宜君通驿始于唐,唐初辟有长安—延川道,置驿站九个;唐高宗、太宗多次至玉华宫,当时宜君县治附近之玉华街亦甚繁荣,有驿馆设置。

明洪武年间,在县东2.5公里设有云阳驿。宜君驿是古都长安通往陕北上郡、包头的重要驿站。长期以来,宜君作为传递官府文书和军事情报的人或来往官员在途中食宿、换马的场所,它担负着各种政治、经济、文化、军事等方面的信息传送和粮草储运的任务。

时至今日,这条宜君古驿道已演变成210国道宜君段,是沟通陕北与关中的一条经济动脉。

现在的210国道宜君段关城文化浓厚、长城遗址悠久、人文景点密集、自然风光迷人、旅游设施完善,沿线累计景观节点达20余处,成为210国道上的一道亮丽风景。

这条宜君旅游格局的主轴,对“一心一轴两门两翼”格局的构建起着有力的支撑作用,一条集生态观光、民俗风情、避暑养生、关城怀古为一体的旅游产业链正在逐步形成,带动着以生态旅游为主导的三产服务业蓬勃发展。

千百年来,这条连接古今的老驿路,成就了宜君的儒雅与自豪的个性。现在,宜君古驿不仅仅是一个典型的地理标志,而且还与整个旅游链条上的景观形成联动,突出文化核心,激发当地百姓激情,不断推动着当地旅游文化产业积极健康发展,成为助力百姓致富和社会进步的精神坐标。

如今,雄伟的关城城门、古朴的六郎台、高大的杨六郎雕塑(见图2-1),似乎都在向过路人诉说着当年的金戈铁马、英勇忠烈的故事。

图 2-1　杨六郎雕像

（资料来源：http://sn.ifeng.com/lvyoupindao/youzixun/detail_2015_09/08/4323468_0.shtml。）

任务实施

历史文化是旅游业的灵魂。旅游活动实际上就是在旅游机构的引导下，沐浴自然，感受历史。历史文化直接或间接地体现在众多的景点中。熟悉掌握历史文化知识，对提高旅游从业人员职业素质和保障旅游质量具有举足轻重的作用。

任务一　上下五千年

中国历史悠久，文化灿烂辉煌。中国是世界四大文明古国中唯一没有中断自身文化传承的民族，中华民族所创造的科技文化在世界上持续领先近 2000 年，为人类文明做出了巨大贡献，每一个中国人都应为此感到自豪。旅游工作者应该了解祖国的历史和文化，在工作中贯穿爱国主义精神。

一、原始社会时期

中国境内发现的最早的人类是 1965 年在云南省元谋县上那蚌村发现的元谋人，据测定，其距今约 170 万年。距今 70 万～20 万年的北京人，发现于北京周口店。北京人已能制作和使用石器，并能使用火和保留火种。距今约 1.8 万年的北京山顶洞人进入氏族公社阶段，已会磨制骨针，并学会了人工取火。迄今为止，在中国范围内，包括直立人、早期智人、晚期智人的遗址共发现有几十处。它们构成了一条相对完整的中国古人类进化链，证明中国古人类体质特征发展的连续性，中国人的主体部分是东亚大陆的土著居民。

距今五六千年，人类进入母系氏族公社的繁荣阶段，黄河流域的仰韶文化和长江流域的河姆渡文化为其杰出代表。仰韶文化以西安半坡遗址最为典型，人们已会建造房屋、定居生活，学会了制造弓箭、纺织，能够种植粟、麻、菜和饲养家畜家禽，尤其以在陶器上绘制彩色图案而异于其他文化遗存。陶器上的刻画符号可能是中国原始文字的萌芽，因此，仰韶文化也被称为“彩陶文化”。在浙江余姚河姆渡遗址发现的稻种，是目前确认的世界已知年代最早的栽培稻，证实中国是世界上最早种植水稻的国家。河姆渡人还最先建造了中国南方特有的干栏式房屋，最先发明打井技术。母系氏族社会中的妇女在社会生产、生活中起主导作用，氏族成员亲属关系按母系血统确定，实行集体族外群婚。

距今四五千年，人类过渡到父系氏族阶段，以山东大汶口文化、山东龙山文化、浙江良渚文化为代表。此时男子在社会生产、生活中居于支配地位，氏族成员的亲属关系以父系血统确定，手工业已从农业中分离出来，在贫富分化加剧的情况下，阶级对立出现，由此进一步导致原始社会解体，国家开始产生。

中国古代传说中的女娲、伏羲、神农、炎帝、黄帝，以及尧、舜、禹，先后处于母系氏族公社向父系氏族公社以至阶级社会过渡的阶段。在我国古代传说中，有一些堪称时代代表的人物。有巢氏构木为巢，反映了先人构筑自己居所的状况。燧人氏“钻木取火”，说明人类进入了人工取火的时代。女娲和伏羲传说是“蛇身人首”，兄妹互为夫妻，这是“龙的传人”的源头。伏羲又称“庖牺氏”，反映的是原始畜牧业的产生；伏羲还画八卦、刻文字代替“结绳记事”，说明了中华文字、文明的萌芽。神农氏教人种植五谷、尝百草发明医药等，成为远古中国农耕文明的代表和中医的起源。黄帝、炎帝战蚩尤的传说，反映了华夏远古部落争战、融合的过程。传说黄帝还做兵器，建造宫室和舟车，同时嫘祖养蚕、仓颉造文字、大挠作干支、伶伦制乐器等，说明中华远古文明达到全盛阶段。“中国五千年文明史”通常是从黄帝时代算起的。此后，尧、舜、禹的时代，处于我国原始社会向奴隶社会的过渡时期，他们都是通过部落联盟民主推选的方式（禅让制）担任首领的。

二、夏商周时期

1. 夏

公元前 21 世纪，禹的儿子启在一些富有的部落首领的支持下破坏了民主推选的禅让制度，登上王位，建立了中国历史上第一个奴隶制国家——夏，开始了“家天下”的王位传子制度。夏的国土由原来的中原地区扩充到了黄河流域和大江南北。夏朝已有国家统治机构、军队、刑法和赋税制度，夏人已会制造青铜器和玉器。夏的最后一个国王是桀，他是历史上有名的暴君。公元前 16 世纪，东边的商部落在首领汤的率领下起兵伐桀，灭掉了夏朝。

2. 商

图 2-2　司母戊大方鼎

商始建都于商丘，后几经迁徙，统治很不稳定，至商王盘庚时，为扭转局面，迁都于殷（今河南安阳），并进行改革，商的统治从此稳定下来，因而商朝又被称为殷朝。商朝基本上是王位世袭制，从兄终弟及、父死子继到商后期确立了嫡长子继承制，这也是后来周朝宗法制的重要基础。

中国有文字可考的历史是从商朝开始的。商朝的农业生产和畜牧业也空前繁荣，手工业达到较高水平，尤其是青铜器制作，司母戊大方鼎（见图 2-2）是迄今发现的世界上最大的青铜器。商朝的统治矛盾在中期后加剧，王权的争夺尤为激烈，同时还有奴隶的反抗斗争。商纣王荒淫无道，穷兵黩武。周武王起兵伐纣，在牧野之战后灭商，建立周朝，定都镐京（今西安），史称西周。

3. 周

西周实行分封制，把王族、功臣分封到各地为诸侯，建立诸侯国，扩大了王国的势力范围，还建立了宗法制，制定了礼和刑，来维护贵族内部的等级制度，镇压奴隶和平民。西周推行"井田制"，农业获得了发展，手工业分工更细，号称"百工"。公元前841年发生的"国人暴动"动摇了西周统治的基础，王室衰微，国力贫困，诸侯常常不来朝贡，这一年也是我国历史有确切纪年的开始。公元前771年，犬戎攻破镐京，周平王被迫迁都洛邑（今洛阳），西周统治结束，东周开始。

东周的前半期称为春秋（公元前770年—公元前476年），因鲁国的史书《春秋》而得名；后半期称为战国（公元前475年—公元前221年），因七大诸侯国连年征战而得名。

4. 春秋战国

春秋时期，周王室的势力一落千丈，逐渐失去了"天下共主"的地位，各国诸侯则乘机而起，打着"尊王攘夷"的旗号，争夺霸主地位。诸侯国之间的争霸虽然给百姓造成了巨大的灾难，但客观上促进了各民族的融合。

战国时期，主要的诸侯国有齐、楚、燕、韩、赵、魏、秦七国，被称为"战国七雄"。这一时期，各国之间纵横捭阖，兼并战争不断。为增强国力，各国先后进行"变法"，其中以商鞅在秦国的变法最为彻底，成效也最为显著。秦国的实力一跃而上，成为七国中的最强者，为日后统一六国打下了坚实的基础。

春秋战国时期是我国历史上经济、科技、文化大发展的时期。铁器在农业和手工业上的广泛使用使得社会生产力显著提高。战国时期牛耕得到推广，粮食产量进一步提高，各国都兴修水利，都江堰和郑国渠最为著名。战国时期的商业兴盛，商业城市众多。天文历法方面，测定了冬至、夏至日期；《诗经》中出现中国历史上第一次有确切日期的日食记录；《春秋》保存了世界上关于哈雷彗星的最早记录；《甘石星经》是世界上较早的天文学著作之一。医学方面，出现了名医扁鹊，他首创望、闻、问、切"四诊法"，成为中医诊断的基本方法。建筑技术方面，出现了被后代木匠尊为祖师爷的能工巧匠公输般（鲁班）。文学方面，出现了我国最早的一部诗歌总集《诗经》，伟大的爱国诗人屈原写出了《离骚》等不朽诗篇。

春秋时期社会剧烈变动，各派政治力量大分化、大改组。这一时期，思想家也纷纷涌现，老子和孔子就是其中的代表。

三、秦汉时期

1. 秦

公元前221年，秦王嬴政陆续消灭了韩、赵、魏、楚、燕、齐六国。秦的大一统是通过一系列充满暴力的战争来实现的，在当时的形势下，这是实现统一的唯一途径。从此，"海内为郡县，法令由一统"，秦朝成为中国历史上第一个统一的、多民族的中央集权制王朝。

秦朝建都咸阳，领土广阔，东至大海，西至青藏高原，南至岭南，北至河套、阴山、辽东。为巩固统一，秦王嬴政采取了一系列措施：将传说时代三皇、五帝尊号中的"皇"与"帝"结合起来，自称皇帝，以显示至高无上的地位，同时制定了一套尊君抑臣的朝仪和文书制度；设立和推行“三公九卿”的中央政府机构和地方郡县制的政治措施；采取统一度量衡、车轨、货币等经济措施；施行统一文字为小篆；焚书坑儒统一思想等文化措施；实施派兵北击匈奴、修筑长城，南击百越、开凿灵渠等军事措施。秦始皇的这些努力，终于使中央集权体制渐趋完备。秦虽国祚短促，但其开创的皇帝制度和中央集权制却一直被历代王朝所沿袭和发展，在历史上功不可没。

由于秦朝赋税、兵役和徭役沉重，刑法严酷，因而激起了尖锐的社会矛盾，爆发了陈胜、吴广领导的农民大起义，秦朝灭亡。随后经过 4 年的楚汉战争，刘邦战胜了项羽，建立了汉朝，定都长安，历史上称为西汉。

2. 汉

汉承秦制，但西汉初年吸取了秦朝灭亡的教训，实行休养生息的政策，使社会经济得到了恢复和发展，至汉武帝时，西汉国力达到了强盛。汉武帝刘彻是秦始皇以来又一位雄才大略的皇帝，他的主要贡献在于，把秦始皇创建、汉高祖刘邦重建的中央集权制进一步强化、完善，建立起空前强大的、统一的、中央集权制帝国。他颁布“推恩令”，彻底解除了诸侯王国对中央政府的威胁；将铸币和盐铁专卖权收归中央，强化经济统一；采取“罢黜百家，独尊儒术”的政策，设立“太学”，教授五经，以思想统一巩固政治统一，使儒家思想成为封建社会的统治思想等。汉武帝还采取了积极的对外政策，派大将卫青、霍去病攻打匈奴，保证了河西走廊的安全；在西北边地屯田，修长城；派张骞出使西域，打通了汉朝通往中亚的贸易通道，开辟了“丝绸之路”，把包括新疆在内的西域地区直接控制在中央政权之下。

西汉后期，土地兼并严重，社会矛盾激化。王莽夺权称帝，改国号为“新”，实行“改制”，其结果更加激化了社会矛盾，引发了农民起义，“新”朝灭亡。西汉皇室刘秀利用农民起义，建立汉政权，定都洛阳，史称“东汉”。东汉前期，社会出现了较为安定的局面，经济得到恢复发展。东汉中叶以后，外戚与宦官长期把持朝政，豪强地主称雄，政治异常腐朽黑暗，社会矛盾激化，最终导致黄巾大起义爆发，东汉政权在起义中崩溃，此后，中国历史陷入混战和大分裂的时代。

秦汉时期是中国各民族融合的时期，张骞两次出使西域，开通了“丝绸之路”，开辟了中西交往的新纪元。秦汉时期也奠定了中国科学文化在当时世界的领先地位，文学、史学、哲学和艺术大放异彩，对后世影响深远。

西汉初期已出现纸，表明中国是世界上最早发明纸的国家，东汉蔡伦改进造纸术，对中国和世界文化的发展做出了卓越贡献。两汉开始出现了一批重要的算学著作和学者，标志着中国算学的正式形成。西汉《周髀算经》是我国现存最早的天文历算和数学著作，书中有比较复杂的分数运算和开平方方法，还最早提出了勾股定理。东汉的《九章算术》是我国古代最重要的数学著作，它系统地总结了我国从先秦到东汉初年的数学成就，特别是其中负数的概念以及正数、负数的加减法运算法则，是具有世界意义的成就。东汉张衡创制了世界上最早利用水力转动的浑天仪，发明了世界上最早测定地震方位的地动仪。西汉编定的《黄帝内经》是我国现存最早的一部医书，东汉的《神农本草经》是我国第一部完整的药物学著作，东汉名医张仲景写成《伤寒杂病论》，奠定了中医治疗学的基础，被后世尊为“医圣”。华佗发明“麻沸散”，是世界医学史上的创举。西汉杰出的历史学家司马迁写成中国第一部纪传体通史——《史记》，被誉为“史家之绝唱，无韵之《离骚》”。东汉史学家班固写成中国第一部断代史——《汉书》。西汉时文学上流行赋和乐府诗，名家辈出。

这一时期，中国的铸铜、制漆技术和汉字传入朝鲜，铸铜、制铁技术传入日本，冶铸、水利技术远播中亚、欧洲地区。有学者认为，China 即印度梵文“秦地”一词的简化音，不少国家称中国人为“汉人”，称中国学为“汉学”，显示了秦汉文化的深远影响。

四、三国两晋南北朝时期

东汉政权崩溃后，社会动荡，民不聊生。经过地方势力的割据混战，曹操统一了北方，但是不久即遭到了孙权、刘备联军的抵抗，赤壁之战后，逐渐形成魏、蜀、吴三国鼎立的局面。这一时期，三国的经济都有所发展，魏国马钧发明浇灌工具翻车；蜀锦闻名遐迩；吴国造船业发达，卫温曾率万人船队到达夷洲（今台湾）。

魏灭蜀后不久，司马炎废魏自立，建立晋朝，定都洛阳，史称西晋。280 年，晋灭吴，南北归于统一。西晋维持着短暂的全国统一局面，不久由于内乱和异族入侵而灭亡。南逃的西晋皇族重新建立晋，定都建康（今南京），史称东晋。东晋偏安江南，与其对峙的主要是由中国北方的匈奴、鲜卑、羯、氐、羌（史称“五胡”）等族建立的十六国。420 年，刘裕废东晋恭帝自立，建立宋（史称“刘宋”），至 589 年，南方又经历了齐、梁、陈三朝，此四朝均建都建康，史称南朝。北方为鲜卑拓跋部建立的北魏所统一，之后北魏分裂成东魏和西魏，再后又分别被北齐与北周所取代，此五朝史称“北朝”。

这一时期，中国处于政权林立、南北分裂的状态，但北方出现各族人民大融合的趋势，江南地区得到开发，科学技术、文化艺术有所发展，在不少领域内取得了世界领先的成就。数学家祖冲之将圆周率的数值精确到小数点后第 7 位，比欧洲早 1000 多年；北魏农学家贾思勰所著《齐民要术》，是我国现存最早、最完整的农书；东晋书法家王羲之被后人尊为“书圣”。

知识链接

竹林七贤

“竹林七贤”是中国魏晋时期 7 位名士嵇康、阮籍、山涛、向秀、刘伶、王戎、阮咸的合称。他们都“弃经典而尚老庄，蔑礼法而崇放达”，生活上不拘礼法，清静无为，常聚集在竹林喝酒、纵歌。

五、隋唐时期

1. 隋

581 年，北周贵族杨坚废北周皇帝自立，建立隋朝，定都长安。589 年，隋灭陈，重新统一南北，结束了自东汉末年以来的大分裂局面。隋的统一表明，秦汉以来，以汉族为核心的中华民族已形成一个相当稳定的政治共同体，统一是大势所趋。隋朝建立后，为了巩固

统一局面，加强中央集权，对政治制度、经济制度做了一系列改革和创新。

隋朝建立三省六部制的中央政权体制，改地方州、郡、县三级为州、县二级，强化中央集权和对地方的控制；创建科举制，通过考试来选拔人才，科举制的设立开创了文官考试制度的历史，经过唐朝的发展，一直沿用到清朝；改革户籍制度，检查隐漏户口，增加财赋收入。至隋炀帝，为全力巩固隋朝版图和扩大影响，又采取了营建东都洛阳、经营西域和开凿以洛阳为中心的大运河等举措。尤其是运河的开凿，对加强与已成为全国经济重心的江淮、江南地区的联系，加强北方边防的控制，具有深远的历史意义，为南北的统一提供了具体而坚实的物质基础。

经过隋文帝、隋炀帝两代的努力，隋朝呈现出一派富庶强盛的景象。但隋炀帝刚愎自用、好大喜功，炫耀国威、滥用民力，终于被此起彼伏的农民起义所淹没。

2. 唐

618 年，李渊在长安称帝，建立唐朝。八年后，李世民继承皇位，改年号为“贞观”。唐太宗李世民鉴于隋亡于暴政的教训，采取了休养生息的政策。同时，他善于纳谏，任用贤臣，政治清明，在继承隋制的基础上进一步完善各项制度，加强统治。首先是完善官僚机构，提高政治效能；其次是重视官员的培养和选拔，发展和健全科举制；最后是进行宽简的法制建设。唐太宗统治的 20 多年间，社会经济逐渐繁荣，国力逐步强盛，出现了天下大治的盛况，史称“贞观之治”。其后的唐高宗和武则天统治时期，唐朝的社会经济持续发展，至唐玄宗统治前期，唐朝的繁荣昌盛达到了顶点。唐朝是当时世界上最发达的国家，也是中国封建社会发展的鼎盛阶段。

唐代农业发达，手工业先进，商业繁荣。唐都长安规模巨大，布局严整，是当时世界上规模最大、人口最多的大都市。长安城内有很多国家和民族的商人、使者、留学生，是一座国际性大都市。

唐朝的建筑、雕版印刷、天文、药学等都处于世界领先水平。《金刚经》是世界上现存最早的雕版印刷品。天文学家僧一行测算出地球子午线的长度，他主持编订的《大衍历》是当时最精密的历法。唐政府组织编写的《唐本草》是世界上第一部由国家编定颁布的药典，比欧洲早 800 多年。唐太宗办的医学校，比欧洲早 200 多年。医学家孙思邈著《千金方》，被誉为“药王”。唐代陆羽所著的《茶经》是世界上第一部茶叶专著，陆羽也被尊为“茶圣”。唐代学校制度完备，达到当时世界先进水平。史学家刘知几的《史通》是中国历史上第一部史学理论专著，杜佑的《通典》是第一部分门别类记载历代典章制度的新体例史书。唐代是我国诗歌史上的黄金时期，当时的文人几乎无一不是诗人，据清康熙时曹寅等人辑《全唐诗》，有诗 48900 多首，作者达 2300 余人，“诗仙”李白、“诗圣”杜甫及白居易等人的诗篇脍炙人口，传诵至今。书法在唐代也登上了艺术的高峰，书法大家辈出，最著名的有欧阳询、虞世南、褚遂良、薛稷、张旭、怀素、颜真卿等。唐代画苑也色彩缤纷，有姓名可考的画家达 400 余人，其中尤以盛唐吴道子最为有名。

总之，唐朝对外来文化兼收并蓄、为我所用，社会自由开放、进取创新，培育了一大批艺术人才。这个时代的诗歌、音乐、舞蹈、书法、绘画等都是空前绝后的，它们交相辉映，勾勒出美妙绝伦的盛唐气象。

对外交往上，唐朝和 70 多个国家通商，与亚、欧各国的交往出现了前所未有的盛况。唐文化是 7—9 世纪世界上最先进的文化，泽被深远，对亚洲和西方乃至世界文明的影响都是巨大而深远的。唐朝在世界上享有盛誉，中国人被称为“唐人”，这种传统一直延续至今，海外华人聚居的地方也被称为“唐人街”。

唐玄宗统治后期，由于其骄纵昏庸、重用奸臣，导致“安史之乱”，这是唐朝由盛转衰的转折点。之后，形成藩镇割据的局面，同时又出现宦官专权与官僚势力激烈斗争的现象，使得唐朝渐渐走向衰落和灭亡。

六、五代宋元时期

1. 五代十国

从 907 年朱温灭唐建立梁，到 960 年赵匡胤灭周建立宋，是五代十国时期。五代，是指在黄河流域地区相继建立的梁、唐、晋、汉、周 5 个王朝，为区别于先前已有此称呼的王朝，史称后梁、后唐、后晋、后汉、后周。这五代政权以中原王朝的正统自居，后世史家也奉其为正统。十国，是指在南方建立的 9 个割据政权：吴、南唐、吴越、前蜀、后蜀、闽、南汉、楚、南平，以及北方的北汉。五代十国是唐末藩镇割据的继续与发展。当中原地区忙于内战、改朝换代之际，南方诸国却处于相对和平状态，它们的立国分治，赢得了社会的相对稳定与经济的发展。在中国历史上，北方开始落后于南方，其转折点就在五代十国这半个世纪。

2. 宋朝

960 年，后周禁军统帅赵匡胤发动兵变，废后周自立，建立宋朝，定都东京（今河南开封），史称北宋。行伍出身的赵匡胤为了防止唐末五代藩镇割据的重演，采取一系列措施巩固统治。政治上，分割宰相权力，分离其兵权和财权，提高监察机构的权力和地位，同时加强对地方的控制。宋朝官僚政治取代了贵族政治，是历史的进步，但宋朝官僚机构重叠、臃肿，效率低下，官员享受极优厚的俸禄，财政支出巨大。军事上，通过降低地位、削弱职权等，使禁军统帅只负责训练士兵，疏远将兵关系，削弱地方军事力量，重内轻外，同时将征兵制改为募兵制，兵员数量直线上升，常年维持在百万左右。由于豢养着庞大的官僚和军队，日久年深，财政不胜负荷，“积贫”不可避免；由于一贯采取限制统帅职权、疏远将兵关系及“守内虚外”的政策，导致北宋虽然养兵百万，但军队战斗力低下，面临不断出现的外患时，暴露出军事上的无能，“积弱”也不可避免。

在北宋的北面和西北面，是契丹族建立的契丹国（后改称“辽”）和党项族建立的大夏（史称“西夏”），它们与北宋长期对峙并发生过多次战争，北宋通过议和、每年向它们进贡岁币的方式求得边境的一时安宁。东北的女真族兴起后，建立金国，并与北宋联合灭掉了辽国。1126 年，金军南下攻入东京。1127 年，赵构称帝，后定都临安（今杭州），历史上称为南宋，南宋与金长期对峙。

3. 元朝

13 世纪初，蒙古族兴起，其首领铁木真建立政权，被推举为大汗，尊称“成吉思汗”。此后力量不断壮大，先后灭亡了西夏和金。1271 年，成吉思汗的孙子忽必烈定国号为“元”，定都大都（今北京）。1276 年攻占南宋都城临安。元的疆域在中国历史上空前广阔，虽然它是由蒙古族建立的王朝，不可避免地带有民族压迫的色彩，但它继承并发展了历代中原王朝的传统，与其他王朝有着承上启下的一致性，其治理是卓有成效的。民族融合也得到了进一步加强，其建立的“行省制度”对后世影响深远，西藏正式成为中国行政区划的一部分。元朝后期，政治腐败，民不聊生，引发了大规模的农民起义，崛起于起义军中的朱元璋于1368年攻占大都，灭亡了元朝。

宋元时期在相对和平的环境中，社会经济都有较大的发展，科技、文化、艺术也获得了杰出的成就。不少历史学家认为，宋代物质文明和精神文明所达到的高度，在中国整个封建社会历史时期之内，可以说是空前绝后的。北宋时，江南、两广进一步开发，粮食、茶叶、丝绸、棉花的产量都有了较大的增长；手工业发达，出现了定、汝、钧、官、哥和景德镇等名窑名瓷；金、银、铜、铁等矿藏的开采量居当时世界首位。造船水平先进，海运规模巨大，商品经济发达，出现了世界上最早的纸币"交子"。元朝继续着宋朝的繁荣，元大都是闻名世界的商业大都市，意大利旅行家马可·波罗的《马可·波罗游记》激起了欧洲人对东方的向往。

宋元时期，不仅经济迅猛发展，经济重心南移，传统的科学技术也呈现出前所未有的巅峰状态。北宋毕昇发明了活字印刷，火药广泛应用于军事，指南针应用于航海。马克思曾精辟地指出：火药、罗盘、印刷术——这是预兆资产阶级社会到来的三项伟大发明，火药把骑士阶层炸得粉碎，罗盘打开了世界市场并建立了殖民地，而印刷术则变成新教的工具，并且一般地说变成科学复兴的手段，变成创造精神发展的必要前提的最强大的推动力。北宋科学家沈括的《梦溪笔谈》，被英国科技史学家李约瑟誉为"中国科学史上的里程碑"。元代科学家郭守敬推算出一年为365.2425天，同地球的公转周期相差无几，他编纂的《授时历》与现行公历年周期相同，比现行公历的确立早约300年。在思想、教育、史学、文学艺术等方面，儒家学派在北宋形成"理学"，私办书院盛行。司马光主持编写的编年体史书《资治通鉴》是一部通史巨著。词在宋代取得了最为辉煌的成就，而元代的散曲和杂剧最为著名。在书法、绘画上，北宋张择端的《清明上河图》是我国美术史上的不朽作品；北宋的苏轼、黄庭坚、米芾、蔡襄的书法成就斐然，人称"宋四家"；宋徽宗赵佶书画均精，创"瘦金体"书体；元代的赵孟頫书画成就均高，影响巨大；元代的黄公望则以山水画著名。

七、明清时期

1. 明朝

1368年，朱元璋在应天(今南京)称帝，建立明朝。朱元璋通过废除丞相、保留六部尚书、建立厂卫特务机构、推行八股取士、严惩贪官和在地方设三司等措施，加强中央集权封建君主专制统治，同时采取休养生息政策，鼓励垦荒、减免赋役、实行驻军屯田等，使社会经济迅速得到恢复和发展。至明成祖朱棣时，达到兴盛阶段。在元大都的基础上，修建北京城并迁都北京；派郑和七次出使西洋，经过亚非30多个国家和地区，成为世界航海史上的壮举。明中期后，倭寇屡犯东南沿海，戚继光率军奋战，终于肃清倭患。自16世纪始，一些欧洲殖民者到我国沿海进行侵略活动，1553年葡萄牙攫取了澳门的居住权。明后期统治腐朽，宦官专政，土地集中严重，连年灾荒，终于引发了大规模的农民起义。1644年，李自成率起义军攻占北京，推翻了明朝统治。

2. 清朝

崛起于东北的女真族于1616年建立金(史称后金)政权，随后改国号为"清"。1644年，趁起义军推翻明朝之机，清军进入山海关，迁都北京，随后镇压了农民起义军和各地反清力量，统一了南北。清朝初期，鼓励垦荒屯田，轻徭薄赋，重视兴修水利，经济逐步获得恢复和发展。清朝前期也是我国统一的多民族国家巩固和发展的重要阶段。收复台湾、抗击沙俄对我国黑龙江流域的侵略，维护了国家的主权和领土完整。平定西北的民族叛乱，加强对西藏的管辖，使多民族国家的统一得到进一步巩固。清朝虽强盛一时，但它的发展并未逾越中国传统封建专制主义体制的轨道。经济上，仍然以农立国；文化思想上，提倡封建纲常礼教，大兴“文字狱”；对外关系上长期闭关自守，盲目自大。1840 年，英国发动鸦片战争，清政府被迫同英国政府签订了丧权辱国的《南京条约》。鸦片战争之后，英、美、法、俄、日等国家不断发动战争，强迫清政府签订各种不平等条约，自此，中国逐渐沦为半殖民地半封建社会。

明清时期，农业生产的水平超过前代，以纺织、瓷器、丝绸、冶铁等为主的手工业发达，商品经济空前活跃。明朝时，中国的传统科技仍然在世界领先，出现了几部跨时代的科学著作。李时珍的《本草纲目》是当时世界上内容最丰富、考订最详细的药物学著作；徐光启的《农政全书》，集我国古代农学之大成；宋应星的《天工开物》，被誉为“中国 17 世纪的工艺百科全书”；徐霞客的《徐霞客游记》是地理学名著，他也是世界上研究岩溶地貌的先驱。

明清之际，带有民主色彩的学术思想开始出现，代表人物有李贽、黄宗羲、顾炎武、王夫之等人。《永乐大典》《古今图书集成》《四库全书》等巨著相继编纂完成。明清文学艺术成就巨大，四大名著接踵出现。明代的戏剧达到了高峰，名家名作众多，如汤显祖的《牡丹亭》、洪昇的《长生殿》和孔尚任的《桃花扇》等。书画艺术成就也较高，明代的文徵明、董其昌、唐寅，清代的“扬州八怪”等，对后代都颇有影响。

八、近现代时期

自 1840 年中国开始沦为半殖民地半封建社会开始，中华民族的危机就不断加深，洋务运动、戊戌变法、义和团运动等相继失败。1911 年孙中山领导辛亥革命，推翻了清朝的统治，同时结束了延续 2000 多年的封建君主制，建立了中华民国，中国历史翻开了崭新的篇章。但革命的果实随即被袁世凯窃取，随后又陷入军阀混战的局面。以孙中山为首的国民党和刚刚成立的中国共产党为挽救国家命运，实现了国共第一次合作。但在革命形势大好之时，蒋介石发动了反革命政变，大革命失败。

1931 年，日本发动“九一八”事变，侵占了中国东北，中国人民开始抗日。1936 年 12 月，“西安事变”爆发，蒋介石被迫接受停止内战、联共抗日的条件。1937 年 7 月 7 日，“卢沟桥事变”爆发，中国开始了全国性的抗日战争。1945 年，中国经过长期艰苦卓绝的抗日战争，最终赢得抗日战争的胜利。此后，围绕国家主权的重组和国家命运的选择，国共两党的分歧越来越大。经过 3 年解放战争，1949 年，国民党在大陆的统治土崩瓦解，退守台湾。1949 年 10 月 1 日，中华人民共和国成立，中国历史开始了新的征程。

案例分析

中华文化游

2011 年，国家旅游局将“中华文化游”的主题口号确定为“游中华，品文化”和“中华文化，魅力之旅”，并定于当年 1 月 1 日 0:00 在苏州举办“中华文化游首批海外旅游者欢迎仪式”，于1月1日10:00在贵州贵阳、福建武夷山、山东曲阜、河南登封4地举办“中华文化游”启动仪式。

分析：国家旅游局将2011年旅游主题确定为“中华文化游”目的是什么？

案例分析：目的在于共享中国丰富的文化资源。这既是外国游客游览、认识、体验中国的重要内容，对弘扬中华文化、丰富文化内涵、促进旅游与文化协同发展，具有十分重要而深远的意义，也是本国游客学习传承祖国的文化传统，增强中华儿女民族自豪感的重要途径。旅游是增进中外了解的重要途径。熟悉中国历史文化对于文化景观的解读具有重要作用。

任务二　历史文化小常识

一、姓氏称谓

（一）姓、氏

寻根问祖是中华民族根深蒂固的传统观念，我国具有历史悠久并持续不断的姓氏传统。据统计，我国现存姓氏有3500多个，而历史上出现过的姓氏有2.2万多个。

姓氏是一个人血统的标志。在先秦时期，姓和氏有不同的含义。

姓是一种族号，氏是姓的分支。姓的起源可以上溯到母系氏族社会。其作用是“别婚姻”，即识别、区分氏族，实行族外婚。姓原本表示妇女世代相传的血统关系，由女性方面决定，目前已知的古老姓氏，如姬、姜、嬴、妊、姒、妫等姓中均带有“女”字偏旁，就是母系氏族社会的痕迹。

“氏”原为“姓”的分支，起源于父系氏族社会，其主要作用在于“明贵贱”。起初，“姓”原是比“氏”更大的概念，是整个大部落的标志；而“氏”从属于“姓”，是指较小的、派生的氏族。黄帝轩辕氏即属于姬姓部落。氏成为古代贵族的标志，宗族系统的称号，用以区别子孙之所由出生。

战国以后，人们以氏为姓，姓和氏开始合二为一。到了汉代则全都叫作姓，并且自天子到庶民人人都可以有姓。这种用法一直延续到现在。

（二）名、字、号

1. 名

名是一个人区别于其他人的称号。古人幼时取名以供长辈呼唤。

2. 字

字是古人成年后取的别名，与名相表里，又叫“表字”。古代男子到20岁成人，要举行冠礼，标志其人可立身于社会了，要另取一个字。女子未许嫁时叫待字闺中，到了15岁许嫁时也要取字。

名和字在意义上一般是有联系的，字往往是名的阐释和补充，如诸葛亮，字孔明，“亮”与“明”是同义词；岳飞，字鹏举，“飞”与“鹏举”意也相近。

3. 号

号亦称别号。古人在名和字以外的别名，一般为尊称、美称，而呼人之号比呼其字更示尊重与客气。例如，李白号青莲居士，陆游号放翁，郑燮号板桥。另有一类号称诨号、诨名，即通常说的绰号、外号，如梁山好汉“智多星”“豹子头”“母夜叉”等，大多含亲昵、憎恶或开玩笑的意味。

古人在人际交往中，名具有“名以正体”的严肃性，一般用于谦称、卑称。上对下、长对少方可称名；下对上、平辈之间，称字不称名。一般情况下，直呼对方的名是不礼貌的。字具有“字以表德”之意，或以明志趣，或以表行第。因此，对人称呼常用字，字的使用率大大超过名。名人雅士的号则比字更加尊重、响亮。

二、帝王的谥号、庙号、年号及皇族称谓

（一）谥号

谥号是古代对死去的帝王、大臣、贵族按其生平事迹评定后，给予褒贬或同情而加给的称号。据记载自西周始有谥号，秦始皇废除，西汉又恢复。帝王的谥号，由礼官拟议经继位皇帝认可；臣下谥号由朝廷赐予。谥号是一些固定的字，大致可以分为以下三类。

(1) 谥号属于表扬的有：文、武、景、惠、烈、昭、穆等，如“经纬天地曰文”“威强睿德曰武”“布义行刚曰景”“柔质慈民曰惠”等。

(2) 谥号属于贬义的有：厉、灵、幽、炀等，如“好内远礼曰炀”“杀戮无辜曰厉”等。

(3) 谥号属于表同情的有：哀、怀、愍、悼等，如“恭仁短折曰哀”“在国遭忧曰愍”等。

朝廷重臣的谥号叫官谥，一般为1～2字，如诸葛亮谥“忠武”，萧统谥“昭明”，欧阳修谥“文忠”，岳飞谥“武穆”。官谥中也有恶谥和改谥的，如秦桧先谥“忠献”，后改“谬丑”。

谥号按理应该是对死者生前事迹和品德的概括，但实际上选用谥号出于统治者的需要，往往与事实不符，甚至是完全虚伪的。谥号在宋以后就有褒无贬了。

（二）庙号

庙号是帝王死后，其继承者在太庙立室奉祀，并追尊以某祖、某宗的名号。始于商代，明确称谓于汉代。一般是每个朝代的第一个皇帝称“祖”，如“高祖”“太祖”“世祖”；之后的嗣君称“宗”，如“太宗”“高宗”等。

（三）年号

年号是皇帝用以纪年而设置的称号。年号始于西汉武帝即位之年的“建元”。新君即位，于次年改用新年号，叫“改元”。一个皇帝在位期间，遇到重大事件，如祥瑞、灾异等，也常改元，如武则天在位期间，用了17个年号。年号一般用两个字，也有用三四个字的，如“中大通”(南朝萧衍)、“天册万岁”(武则天)、“太平兴国”(宋太宗)等。

习惯上，对隋以前的帝王一般称谥号，如汉武帝、隋文帝，因为此间的谥号大都为一个字，最多两个字，使用方便。唐至元的皇帝通常称庙号，如唐太宗、宋太祖，由于此间谥号较长，年号较乱，而用庙号最便利。明、清两代的皇帝，除明英宗两次即位当皇帝用了两个年号外，其余的均用一个年号，所以，人们常以其年号来称呼当时在位的皇帝，如“万历皇帝”“崇祯皇帝”“雍正皇帝”“光绪皇帝”。

（四）皇族称谓

1. 太上皇

皇帝父亲的尊号或把皇位让给太子而自己退位的皇帝。

2. 太皇太后

皇帝的祖母。

3. 皇太后

皇帝的母亲。

4. 皇后

皇帝的正妻。

5. 嫔妃

皇帝诸妾通称。例如，美人、贵人、才人、昭仪、婕妤、贵妃、贵嫔等称号。

6. 皇太子

皇帝诸子中皇位的法定继承人，也称为“太子”。

7. 皇太孙

由皇帝册立的有皇位继承权的嗣孙。

8. 公主

皇帝之女。汉代皇帝的姐妹称长公主，皇帝的姑母称大长公主。

9. 驸马

魏晋以后指皇帝的女婿，清代称“额驸”。

知识链接

一位导游率团游览清东陵，在“裕陵”前讲道：“爱新觉罗·弘历是清朝的第四位皇帝，现问各位团友一个问题，其死后却被尊为‘高宗法天隆运至诚先觉体元立极敷文奋武钦明孝慈神圣纯皇帝’，有谁能够解释这是为什么吗？”游客们都摇头表示不知。

这位导游向游客解释了原因：中国很多皇帝一般有很多名号，“弘历”是皇帝的名，其在位期间，臣民在说话和书写中都要避讳，“乾隆”是在其位期间的年号。明、清以后的皇帝多以其在位的年号称之，所以我们多称其为乾隆皇帝。乾隆皇帝死后的庙号是“高宗”，而“高宗法天隆运至诚先觉体元立极敷文奋武钦明孝慈神圣纯皇帝”是其死后的谥号和尊号的合称。乾隆皇帝死后被安葬的地方叫“裕陵”。

三、避讳

中国古代，人们言谈和书写时遇到与君父尊亲的名字相同的字时，通过用别的词语来代替、改字或缺笔等办法进行回避就叫避讳。对帝王及孔子之名，众所共讳，称公讳、君讳或圣讳。此外，晚辈也不能直言父辈尊亲之名，称家讳或私讳。

避讳之法，一般为改字、空字、缺笔、改读等。例如，因康熙皇帝名玄烨，所以，“玄鸟”

“玄武”“玄黄”等词语中的“玄”改为“元”,“玄武门”改为“神武门”,“玄武大帝”改为“真武大帝”;因唐太宗名李世民,而把“观世音”改为“观音”;《红楼梦》中林黛玉的母亲名敏,因此她读书时,凡遇“敏”字皆念作“密”字,写字遇到“敏”字亦减一二笔。避讳给语言文字带来较大混乱,但也能加以利用以解释古文书之凝滞,辨别古文书之真伪及时代。

四、科举制度

科举制度是中国古代特有的选官制度,就是由国家设立科目,定期举行统一考试,以选拔官吏。它正式开始于隋朝,发展于唐宋,完备于明清,于20世纪初被废除,在中国历时1300多年,影响深远。下面以明清科举考试为例,简要介绍其常识。

(一) 乡试

乡试通常每三年在各省省城举行一次,称为“大比”,因考期在秋天,故又称“秋闱”。参加乡试的是秀才,考取者称“举人”,已有做官资格。乡试第一名称为“解元”。

(二) 会试

会试在乡试后的第二年春天在礼部举行,故又称“春闱”,也称“礼闱”。考中者称“贡士”,第一名称为“会元”。

(三) 殿试

殿试是皇帝主试的考试,考策问,亦称“廷试”。殿试成绩分为“三甲”。

1. 一甲

一甲取三名,叫“赐进士及第”。第一名俗称“状元”,第二名俗称“榜眼”,第三名俗称“探花”,三人合称“三鼎甲”。

2. 二甲

二甲若干名,均叫“赐进士出身”;二甲第一名俗称“传胪”。

3. 三甲

三甲若干名,均叫“赐同进士出身”。

如果某人在乡试、会试、殿试中均考取第一名(解元、会元、状元),就叫“连中三元”。

五、四时、二十四节气

(一) 四时

四时,即春、夏、秋、冬四季。在商代和西周前期,一年只分春、秋二时,因此“春秋”就是指称一年。例如,《庄子·逍遥游》写道:“蟪蛄不知春秋”就是说蟪蛄命短,不到一年。后来历法逐渐详密,又分出冬、夏二时,所以,有些古书所列的四时顺序不是“春夏秋冬”,而是“春秋冬夏”。

有了四季,每一季有三个月,以孟、仲、季来表示。例如,春季的三个月分别作孟春、仲春、季春。以此类推,这些名词常常用作相应月份的代称。

(二) 二十四节气

二十四节气是我国历法独到之处,最早出现于汉代。它表示了地球在轨道上运行的24个不同的位置,刻画出一年中气候变化的规律。一年有二十四节气,它们依次称为:立春、雨水、惊蛰、春分、清明、谷雨、立夏、小满、芒种、夏至、小暑、大暑、立秋、处暑、白露、秋分、寒露、霜降、立冬、小雪、大雪、冬至、小寒、大寒。二十四节气的划定是我国古代天文和气候科学的伟大成就。2000 多年来,它在安排和指导农业生产过程中发挥了重大的作用。

知识链接

二十四节气歌

春雨惊春清谷天,夏满芒夏暑相连。

秋处露秋寒霜降,冬雪雪冬小大寒。

六、天干地支与纪年法

天干和地支合称“干支”,是我国传统的记录时间顺序的符号,取意于树木的干和枝,已有数千年历史。天干包括:甲、乙、丙、丁、戊、己、庚、辛、壬、癸。地支包括:子、丑、寅、卯、辰、巳、午、未、申、酉、戌、亥。十干和十二地支循环相配,共 60 种组合为一周,称为“甲子”或“六十花甲子”,周而复始,用以纪年,也可以记录日、月。以干支纪年萌芽于西汉,东汉时以朝廷命令的形式在全国通行。黄巾起义口号“岁在甲子,天下大吉”,说明当时民间已普遍流行这种纪年方式。近代史上的甲午战争、戊戌变法、辛亥革命等重大事件也是用干支纪年来表示的。

十二地支与十二种动物相配,构成十二生肖(属相),包括子(鼠)、丑(牛)、寅(虎)、卯(兔)、辰(龙)、巳(蛇)、午(马)、未(羊)、申(猴)、酉(鸡)、戌(狗)、亥(猪)。与抽象的干支纪年法相比,用生肖纪年既简便又形象,所以在民间广泛流行。

古人还把一天分为十二个时辰,用地支表示,如表 2-1 所示。

表 2-1　昼夜十二时辰与 24 小时对应表

子时	丑时	寅时	卯时	辰时	巳时
23—1 时	1—3 时	3—5 时	5—7 时	7—9 时	9—11 时
午时	未时	申时	酉时	戌时	亥时
11—13 时	13—15 时	15—17 时	17—19 时	19—21 时	21—23 时

除干支纪年外,常用的传统纪年方式还有帝号纪年法和年号纪年法等,前者如“周平王元年”“鲁孝公二十七年”,后者如“永乐十八年”“乾隆四十七年”。

七、阴阳五行八卦

阴阳五行是我国古代的一种自然哲学。“阴阳”原指向日为阳、背日为阴的日照向背,后扩展引申到相互对立、消长的两种现象、事物、联系等。例如,日月、天地、君臣、男女、夫妻、上下、刚柔、动静、强弱、前后等。

古人认为构成万物的基本要素是金、木、水、火、土五种物质，它们也代表了事物的五种基本作用、功能、属性和效果，称为“五行”。五行之间互相影响，形成“相生”“相克”的关系，构成了世界万物的变化发展，如图 2-4 所示。

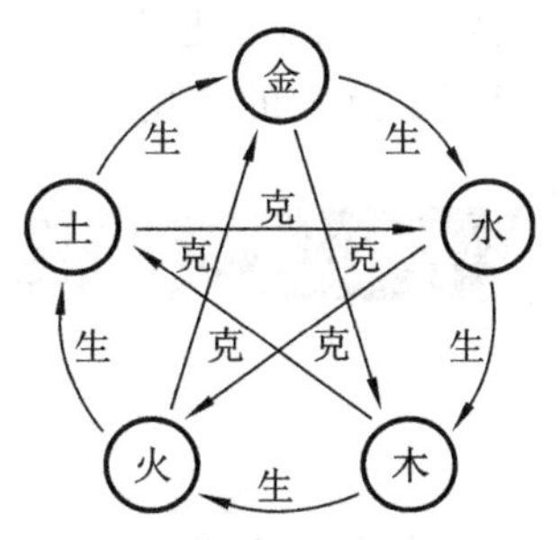

图 2-4　五行图

五行相生：金生水，水生木，木生火，火生土，土生金。

五行相克：金克木，木克土，土克水，水克火，火克金。

阴阳五行思想通过空间和时间两个方面的渗透，在古代中国逐渐沉淀为一种观念和思维习惯。例如，空间有五方，音乐有五声，文采有五色，人体有五脏。如表 2-2 所示。

表 2-2　五行、五色、五方、五脏、五音对应表

五行	五色	五方	五脏	五音
土	黄	中	脾	宫
金	白	西	肺	商
木	青	东	肝	角
火	红	南	心	徽
水	黑	北	肾	羽

八卦是《周易》中的八种符号，象征八种基本自然物象，如表 2-3 所示。

表 2-3 八卦表

卦序	卦名	符号	物象
1	乾	☰	天
2	兑	☱	泽
3	离	☲	火
4	震	☳	雷
5	巽	☴	风
6	坎	☵	水
7	艮	☶	山
8	坤	☷	地

八、四书五经、三纲五常

（一）四书五经

四书为《大学》《中庸》《论语》《孟子》的合称。宋代朱熹撰《四书章句集注》，始有“四书”之名。四书是封建社会知识分子科举考试的必读之书。

五经为《诗经》《尚书》《礼记》《易经》《春秋》五部儒家经典的合称。汉武帝时定，也是科举考试的必读之书。

（二）三纲五常

三纲五常是三纲和五常的合称，简称“纲常”。三纲即“君为臣纲”“父为子纲”“夫为妻

纲”;五常即仁、义、礼、智、信。三纲五常是封建伦理道德的规范化教条,对维护封建统治秩序起到了巨大的作用。

案例分析

中国的科举制度

坐落在南京夫子庙的江南贡院历史陈列馆,是中国唯一的一座以反映中国科举制度为内容的专业性博物馆。古代科举制度对中国人的择业观、教育观、价值观等产生了巨大而深远的影响,西方的文官制度,我国现行的教育制度、干部选拔任用等受其巨大影响。西方人将中国科举制度称为“中国第五大发明”,中国科举制度对中华民族以及全人类都是一个了不起的贡献。

分析:结合以上案例,谈谈在导游讲解中,如何介绍中国的科举文化。

提示:可将中国古代科举制度和国内外现代考试制度进行对比讲解。

任务三 中国古代思想与科学技术

梁启超说过,历史者英雄之舞台也,舍英雄几无历史。这些杰出的历史人物,通过改变自己的命运改变着人类历史的发展轨迹,他们自觉或不自觉地运用着这个历史的法则,推动着社会的前进。

一、思想先驱

(一) 老子

老子,姓李名耳,字聃。华夏族,楚国苦县厉乡曲仁里人。老子是我国古代伟大的哲学家和思想家,道家学派创始人,被唐朝帝王追认为李姓始祖。老子乃世界文化名人,世界百位历史名人之一,存世有《道德经》(又称《老子》),其作品的精华是朴素的辩证法,主张无为而治,其学说对中国哲学发展具有深刻影响。在道教中,老子被尊为道教始祖。老子与后世的庄子并称老庄。

老子的名著《道德经》,开创了我国古代哲学思想的先河。它是道家的主要经典著作,也是研究老子哲学思想的直接材料。《道德经》内容博大精深,历代注疏者不计其数,各国各派学者都从不同角度吸取其中的观点加以阐发。它在中国哲学史上做出了巨大的贡献,对中华民族的贡献也是不可估量的。它曾被苏联、日本、德国、英国等国视为古代哲学中的奇葩。美国《纽约时报》将老子列在世界十大古代思想家之首。

《道德经》是后来的称谓,这本书最初被称为《老子》而无《道德经》之名。其成书年代过去多有争论,至今仍无法确定,不过根据1993年出土的郭店楚简《老子》年代推算,成书年代至少在战国中前期。楚简《老子》校注,参看丁四新著《郭店楚竹书〈老子〉校注》等书。

《老子》以“道”解释宇宙万物的演变，认为“道生一，一生二，二生三，三生万物”，“道”乃“夫莫之命（命令）而常自然”，因而“人法地，地法天，天法道，道法自然”。除了朴素的唯物主义观点，《老子》一书中还包括大量朴素辩证法观点，如认为一切事物均具有正反两面，“反者道之动”，并能由对立而转化。此外，书中也有大量的民本思想：“天之道，损有余而补不足，人之道则不然，损不足以奉有余”；“民之饥，以其上食税之多”；“民之轻死，以其上求生之厚”；“民不畏死，奈何以死惧之”。其学说对中国哲学发展具有深刻影响。

（二）孔子

孔子，名丘，字仲尼，祖籍宋国夏邑（今河南省商丘市夏邑县），生于春秋时期鲁国陬邑（今山东省曲阜市），是中国著名的大思想家、大教育家、政治家。孔子开创了私人讲学的风气，是儒家学派的创始人。

孔子曾受业于老子，带领部分弟子周游列国十四年，晚年修订六经，即《诗》《书》《礼》《乐》《易》《春秋》。相传他有弟子三千，其中七十二贤人。孔子去世后，其弟子及其再传弟子把孔子及其弟子的言行语录和思想记录下来，整理编成儒家经典《论语》。

孔子在古代被尊奉为“天纵之圣”“天之木铎”，是当时社会上的博学者之一，被后世统治者尊为孔圣人、至圣、至圣先师、大成至圣文宣王先师、万世师表等。其儒家思想对中国和世界都有深远的影响，孔子被列为世界十大文化名人之首。

孔子的仁说，体现了人道精神；孔子的礼说，则体现了礼制精神，即现代意义上的秩序和制度。人道主义这是人类永恒的主题，对于任何社会，任何时代，任何一个政府都是适用的，而秩序和制度社会则是建立人类文明社会的基本要求。孔子的这种人道主义和秩序精神是中国古代社会政治思想的精华。

孔子晚年时期的最高理想称为“大同”。在大同的世界里，天下的人，不仅以自己的家人为亲，以自己的父母儿女为爱，而且相互敬爱，爱天下所有的人。老有所终，壮有所用，孩子们都能获得温暖与关怀，孤独的人与残疾者都有所依靠，男人各自有自己的事情，女人有满意的归宿。天下没有欺诈，没有盗贼，路不拾遗，夜不闭户，人人讲信修睦，选贤举能，大道之行也，天下为公。

知识链接

三　孔

山东济宁曲阜的孔庙、孔府、孔林，统称“三孔”，是中国历代纪念孔子，推崇儒学的表征，以丰厚的文化积淀、悠久历史、宏大规模、丰富文物珍藏，以及科学艺术价值而著称。另外，文学史上，也有“三孔”之说。

曲阜是孔子的故乡。孔子生前在此开坛授学，首创儒家文化，为此后2000多年的中国历史深深地打上了儒学烙印。以孔子为代表的儒家文化，按照自己的理想塑造了整个中国的思想、政治和社会体系，成为整个中国文化的基石。1994年，孔庙、孔府、孔林被联合国列入《世界遗产名录》。

孔庙，公元前478年始建，后不断扩建，至今成为一处占地327公顷的古建筑群，包括三殿、一阁、一坛、三祠、两庑、两堂、两斋、十七亭与五十四门坊，气势宏伟、巨碑林立，堪称宫殿之城。

孔府，建于宋代，是孔子嫡系子孙居住之地，西与孔庙毗邻，占地约16公顷，共有九进院落，有厅、堂、楼、轩463间，旧称“衍圣公府”。

孔林，亦称“至圣林”，是孔子及其家族的专用墓地，也是世界上延续时间最长的家族墓地，林墙周长7公里，内有古树2万多株，是一处古老的人造园林。

（资料来源：http://baike.baidu.com/。）

（三）孙子

孙子，名武，字长卿，齐国乐安人，春秋时期著名的军事家、政治家，尊称兵圣。后人尊称其为孙子、孙武子、百世兵家之师、东方兵学的鼻祖。

孙子由齐至吴，经吴国重臣伍员举荐，向吴王阖闾进呈所著兵法十三篇，受到重用为将。他曾率领吴国军队大败楚国军队，占领楚国都城郢城，几近覆亡楚国。

其著有《孙子兵法》十三篇，为后世兵法家所推崇，被誉为“兵学圣典”，置于《武经七书》之首，在中国乃至世界军事史、军事学术史和哲学思想史上都占有极为重要的地位，并在政治、经济、军事、文化、哲学等领域被广泛运用。《孙子兵法》还被译为英文、法文、德文、日文，成为国际著名的兵学典范之书。

（四）墨子

墨子名翟，鲁国人，大约生于公元前468年，死于公元前376年，是春秋末期战国初期的思想家、政治家、教育家、科学教，是墨家学派创始人。

墨子是中国历史上唯一一个农民出身的哲学家，墨子创立了墨家学说。墨家在先秦时期影响很大，与儒家并称“显学”。他提出了兼爱、非攻、尚贤、尚同、天志、明鬼、非命、非乐、节葬、节用等观点，以兼爱为核心，以节用、尚贤为支点。墨子在战国时期创立了以几何学、物理学、光学为突出成就的一整套科学理论。百家争鸣时，有“非儒即墨”之称。墨子死后，墨家分为相里氏之墨、相夫氏之墨、邓陵氏之墨三个学派。其弟子根据墨子生平事迹的史料，收集其语录，完成了《墨子》一书传世。

二、重大科技成果

中国古代科技源于生活，而生活需要各种实用技术。造纸、印刷、纺织、陶瓷、冶铸、建筑等中国人引以为豪的发明创造无不带有鲜明的实用烙印。

（一）中国古代的天文历法

1. 先秦时期

(1) 春秋时期，留下了世界上公认的首次哈雷彗星的确切记录。《春秋》记载，公元前613年，“有星孛入于北斗”，即指哈雷彗星，这一记录比欧洲早600多年。

(2) 春秋时期，我国历法已经形成自己固定的系统，基本上确立19年7闰的原则，这比西方早100多年。

(3) 战国时期，出现了世界上最早的天文学著作《甘石星经》，其中有丰富的天文记载，反映了那个时期人们对天文的认识。

2. 两汉时期

(1) 汉武帝时，天文学家制定出中国第一部较完整的历书《太初历》，开始以正月为岁首。

(2) 西汉关于太阳黑子的记录，被世界公认为是有关太阳黑子的最早记录。

(3) 东汉时，张衡从日、月、地球所处的不同位置，对月食做了最早的科学解释。

(4) 张衡发明制作的地动仪，可以遥测千里以外地震发生的方向，比欧洲早1700多年。

3. 隋唐时期

(1) 唐朝天文学家僧一行制定的《大衍历》，比较准确地反映了太阳运行的规律，系统周密，表明中国古代历法体系的成熟。

(2) 僧一行还是世界上用科学方法实测地球子午线长度的创始人。在实测中他认识到，在小范围有限的空间里得到的认识，不能任意向大范围甚至无际的空间推演，这是我国科学思想史上的一大进步。

4. 宋元时期

(1) 北宋科学家沈括的突出贡献在天文学方面，把四季二十四节气和12个月完全统一起来的"十二气历"更加简便，有利于农事安排。

(2) 元初设立太史局编制新历法。

(3) 元朝杰出天文学家郭守敬，提出"历之本在于测验，而测验之器莫先仪表"的正确主张，创制了简仪和高表等近20件天文观测仪器，主持了全国范围的天文测量。

(4) 郭守敬主持编定《授时历》，一年的周期与现行公历基本相同，比现行公历早300年。

(二) 历法著作

历法是中国古代天文学的重要内容，它不仅包括年、月、日、时、节气的安排，还包括日、月、行星运动，交食，晷影，漏刻，恒星出没，天空分区等。因此，中国古代历法有现今天文年历的性质。

现在保留下来的古老的典籍之一——《夏小正》，相传是夏代(约公元前21世纪—公元前17世纪)的历书。其中，记载有人们由观察天象和物候决定农时季节的知识。它原是《大戴礼记》中的一篇，后来单独成册流传，据考证，正文只有400多字。就天文知识来说，它按12个月的顺序记述了每月的星象，如早晨和黄昏出现在南方的星星，北斗柄的指向，银河在天空的位置，太阳到了恒星间什么地方等。此外，还有每月的气象、物候以及应该做的农事和政治活动。例如，"正月，启蛰，……鞠则见，初昏参中，斗柄悬在下"，这里"鞠"和"参"都是星名，"斗柄"就是北斗七星组成勺子形的把子。

这部书是否夏代的历书，学术界还没有定论，但它至迟在春秋时期(公元前770年—公元前476年)已经成书，而且根据书中反映的天象等情况，说明确有更早时代的资料。

自汉代(公元前206年—公元220年)起，就有完整系统的历法著作留传到现在，包括在各历史朝代中颁行过的和没有颁行过的历法共约100种，绝大部分收集在《二十四史》的《律历志》中，这是研究中国历法的资料宝库。现择要略做介绍。

1.《三统历》

《三统历》为西汉刘歆所作，一般认为是根据汉武帝太初元年(公元前104年)邓平、落下闳等人创作的《太初历》稍加修改而成。这是现存最早的一部完整历法，后世历法的基本内容这时大体都已具备。《三统历》共有七节：统母、纪母、五步、统术、纪术、岁术、世经。统母和统术讲日月运动的基本常数和推算方法，包括回归年、朔望月长度、一年的月数、交食周期、计算朔日和节气的方法等；纪母、纪术和五步讲行星的基本常数和推算方法，包括五大行星的会合周期、运行动态、出没规律、预告行星位置等；岁术讲星岁纪年的推算方法；世经讲考古年代学。《三统历》还明确规定，以无中气的月份置闰，并选取一个“上元”作为历法的起算点。《三统历》的这些内容，对后代历法影响极大，有的沿用至今。清代学者钱大昕、李锐、董佑诚等人都曾对《三统历》做过详细研究，日本、法国学者还把它译成日文和西方文字。

2.《乾象历》

《乾象历》为东汉刘洪所作。它对月亮运动的研究有了新进展，首次提出月亮近地点的移动（过周分），从而算出近月点长度，并在一近月点里逐日编出月离表，又首次提出黄白交角是 6°（兼数），首次提出交食计算中推算食限的方法，这些都对后代历法影响很大。

3.《皇极历》

《皇极历》为隋朝刘焯所作，未颁行。《皇极历》考虑太阳和月亮视运动不均匀来计算日月合朔的时刻，创立了等间距二次差内插法。这在中国天文学史和数学史上都有重要地位，后代历法计算日月五星运动使用的内插法多继承《皇极历》的方法并继续发展。

4.《大衍历》

《大衍历》为唐朝僧一行所作，后经张说和陈玄景整理成文，开元十七年（729 年）颁行，使用到天宝十年（751 年）。开元二十一年（733 年）传入日本，在日本使用近百年。《大衍历》结构严谨，条理分明，共有历术七篇，讲具体计算方法。另有历议十二篇（其中略例三篇），讲历法的理论问题，是僧一行为《大衍历》写的论文，通称《大衍历议》。《大衍历》的制定是从制造仪器开始的，经过实际观测确定基本天文数据，这是科学的方法。经过《大衍历》的制定，对太阳月亮运动不均匀现象有了正确全面的了解。通过实际观测，破除了长期流传的“寸差千里”的谬说。在计算方法上，《大衍历》创不等间距二次差内插法的公式，比起《皇极历》来又是一个进步。

5.《授时历》

《授时历》为元朝郭守敬所作。明代《大统历》继续用它的方法，前后共使用 360 多年，是古历法中使用最久的，也是在天文数据、计算方法各方面发展到高峰的一种历法。中国古典系统的历法到此为止，以后就有西方天文知识传入并影响到历法的编算。现存《元史·历志》里的《授时历经》上、下篇，是郭守敬在王恂（1225 年—1281 年）初稿基础上重新编定的。当时《授时历》虽已颁行，但各种数据用表、推步算法没有定稿。至元十八年（1281 年）王恂不幸去世，由郭守敬一人主持完成。他“比类编次，整齐分秒，裁为二卷”。《授时历》共有七部分，内容相似于《大衍历》；但采用等间距三次差内插法计算日月五星位置，又用弧矢割圆术和类似球面三角的方法根据太阳黄经求它的赤经赤纬。这两种方法在天文学史和数学史上都具有重要地位。目前，有许多中外学者在对《授时历》进行研究。

6.《崇祯历书》

《崇祯历书》由明末徐光启主编，李天经续成，从崇祯二年到七年（1629 年—1634 年）

前后共用五年时间完成。它从多方面引进了欧洲古典天文学知识，内容包括天文学基本理论，三角学，几何学，天文仪器，日月和五大行星的运动、交食，全天星图，中西单位换算等，采用第谷的太阳系结构系统，计算方法中翻译了哥白尼《天体运行论》中的许多章节，还有开普勒《论火星的运动》一书中的材料，历法计算中不用中国传统的代数学方法而改成几何学方法，这是中国天文学史和历法史上一个重要的转折。中国古代天文学体系开始向近代天文学转变。

明末未能根据《崇祯历书》来编算民用历书，清代开始使用根据《崇祯历书》编算的历书——《时宪历》，直到清末。在《四库全书》中有 103 卷本的《西洋新法历书》是传教士汤若望根据《崇祯历书》删改而成的。

（三）中国古代的数学成就

1. 两汉时期

《九章算术》约成书于东汉，分九章介绍了许多算术命题及其解法，是当时世界上最先进的应用数学，它的出现标志着中国古代数学形成了完整的体系。

2. 南北朝时期

(1) 魏晋时期的数学家刘徽，运用极限理论，提出了计算圆周率的正确方法。

(2) 南朝祖冲之精确地计算出圆周率是在 3. 1415926～3. 1415927 之间，这一成果比外国早近 1000 年。他的专著《缀术》对数学发展有杰出的贡献。

(3)《周髀算经》。在中国古代算书中，《周髀算经》《九章算术》《孙子算经》《五曹算经》《夏侯阳算经》《孙丘建算经》《海岛算经》《五经算术》《缀术》《缉古算机》等 10 部算书，被称为“算经十书”。其中，阐明“盖天说”的《周髀算经》，被人们认为是流传下来的中国最古老的既谈天体又谈数学的天文历算著作。它大约产生于公元前 2 世纪，但它所包含的史料，却有比这更早的。其中，提到的大禹治水时所应用的数学知识，成为现存文献中提到最早使用勾股定理的例子。

(4) 勾股定理。现在流传的《周髀算经》，都不是原来的著作，都经后人修改和补充过。《周髀算经》的本文，是周公与商高的问答部分；接下去的荣方与陈子问答部分，是《周髀算经》的续文。据《周髀算经》记载：“故折矩以为句广三，股四，径隅五。既方其外，半之一矩，环而共盘，得三、四、五。两矩共长二十有五，是谓积矩。故禹之所以治天下者，此数之所由生也。”这段话的意思是：将矩的两直角边加以折算成一定的比例，短直角边长(句)3，长直角边长(股)4，弦就等于 5，得成 3、4、5。句(勾)、股平方之和为 25，这称为积矩。大禹所用的治天下(指治水)的方法，就是从这些数学知识发展出来的。在世界数学史上，一般把勾股定理归功于公元前 5 世纪左右发现它的古希腊数学家毕达哥拉斯，因为他提出了定理的一般形式的叙述和证明，我国则稍晚。但实际上，商高关于勾股定理的认识，要比毕达哥拉斯早得多。《周髀算经》成书于公元前 2 世纪左右，所记载的周公与商高问答的事是在公元前 11 世纪左右。这个事实证明，我国古代数学家独立地发现并应用了勾股定理的一般情形，要比外国早得多。

(5) (测高、深、远的方法)测量太阳高度。陈子是周代的天文算学家，荣方是当时天文算学家的爱好者。在陈子教给荣方的各种数据计算的具体方法中，我们可以发现在 2000 多年前，我国对勾股定理的应用已达到十分熟练的程度。陈子测量太阳高度的方法可叙述为：当夏至太阳直射北回归线时，在北方立一8尺高的标杆，观其影长为6尺；然后，测量者向南移动标杆，每移动1000里，标杆的影长就减少1寸。据此可设想，当标杆的日影减少6尺，则标杆就向南移动了60000里，而此时标杆恰在太阳的正下方。据勾股定理和相似形原理可算得：测量者与太阳的距离为10万里。据记载，古希腊第一个自然哲学家泰勒斯也曾利用日影测出金字塔的高。他的方法是由一根立杆的影长和同时测得的金字塔的影长算出了金字塔的高度。泰勒斯被称为西方的"测量之祖"。泰勒斯的这一工作与陈子的工作大致在相同的时期，然而陈子的方法要比泰勒斯的方法水平高得多，泰勒斯只利用到相似三角形的知识，而陈子除了能利用相似三角形的性质外，还能熟练地运用勾股定理。

（四）中国古代的物理学成就

战国时期，物理学有较大成就。《墨经》中有大量的物理学知识，其中包括杠杆原理和浮力理论的叙述，还有声学和光学的记载。书中关于光影关系、小孔成像等，记载得很详细、很系统，被现代科学家称为"《墨经》光学八条"。

（五）中国古代的医药学成就

1. 先秦时期

扁鹊是战国时期最著名的医生，后代把他奉为"脉学之宗"，他采用望、闻、问、切"四诊法"，从脉象中诊断病情。切脉是扁鹊的主要成就。四诊法成为我国中医的传统诊病法，2000多年来一直为中医所沿用。

2. 两汉时期

(1) 战国问世、西汉编定的《黄帝内经》是我国现存较早的重要医学文献，它奠定了我国医学的理论基础。

(2) 东汉的《神农本草经》是我国第一部完整的药物学著作。

(3) 东汉末年的名医华佗，擅长外科手术，被人誉为"神医"。他发明的麻沸散，比西方早1600多年。

(4) 东汉末年的名医张仲景，被称为"医圣"，其代表作《伤寒杂病论》是后世中医的重要经典。

3. 隋唐时期

(1) 唐朝杰出的医学家孙思邈编写的《千金方》，全面总结历代和当时的医药学成果，并有许多创见，在我国医药学历史上占有重要地位。

(2) 吐蕃名医元丹贡布编著的《四部医典》，在国内外有重要影响。

(3) 唐高宗时期编修的《唐本草》，是世界上最早的、由国家颁行的药典。

4. 明清时期

明朝李时珍编写的《本草纲目》，记载药物1800多种，方剂1万多个，全面总结了16世纪以前的中国医药学，被誉为"东方医药巨典"。李时珍重视实地考察和试验观察，注意运用比较方法，所以，他对药物的认识和总结具有较高的科学价值。《本草纲目》对药物的分类反映了由低级到高级的生物进化观。李时珍还提出"鸟产于林，故羽似叶"的观点，反映了他在动物适应环境、相关变异以及遗传特征等方面的新认识。

（六）中国古代的地理学成就

1. 南北朝时期

(1) 西晋时期，裴秀是中国古代杰出的地图学家。他绘制出《禹贡地域图》，还提出了绘制地图的原则。

(2) 北魏时期，地理学家郦道元编写的《水经注》，通过为古书《水经》作注，以《水经》为纲，全面而系统地介绍了水道流经地区的自然地理和经济地理等诸方面的内容，是一部历史、地理、文学价值都很高的综合性地理著作。

2. 明清时期

明朝徐霞客编写的《徐霞客游记》，对石灰岩溶蚀地貌的观察和记述，早于欧洲约两个世纪。他还记录了一些地理发现，纠正了前代地理学著作中的一些错误。

（七）中国古代建筑学成就

1. 先秦时期

夏、商、西周的都城是全国政治、交通中心，都城有城门供居民出入，城内有整齐宽广的街道。

2. 隋唐时期

隋唐是中国古代建筑的成熟时期，取得了辉煌成就。

(1) 隋朝著名建筑师宇文恺主持修建了大兴城，唐朝在此基础上扩建为长安城。长安城政体设计合理，建筑规模宏大，体现了当时城市建筑的高超技术。

(2) 宇文恺采用图纸和模型结合的设计方法，是我国建筑技术上的一大突破。

(3) 隋朝工匠李春设计建造的赵州桥，是世界上最早的敞肩石拱桥，在世界桥梁史上占有重要地位。

3. 宋元时期

(1) 北宋末年李诫编写的《营造法式》是我国建筑史上的杰出著作。

(2) 辽代河北蓟县独乐寺、山西应县木塔，是我国著名的古代木结构建筑。

(3) 金代的卢沟桥闻名中外。

(4) 元大都建筑宏伟，城内有完整的排水系统。

4. 明清时期

明成祖命人在元大都的基础上营建北京城，约 80 万能工巧匠中，最有名的是木工蒯祥，被誉为“蒯鲁班”。北京城有三重，宫城外有皇城，皇城外有京城。宫城又称紫禁城。北京城的主体建筑都布置在中轴线上，中央官署集中在京城南部，钟楼、鼓楼位于城北。宫城的黄色琉璃瓦和红墙相配，充分体现出封建皇帝的威严。

（八）中国古代科技著作成就

1. 农学专著

(1) 北朝时期，贾思勰编写的《齐民要术》，系统地总结了 6 世纪以前黄河中下游地区农牧业生产经验、食品的加工与贮藏、野生植物的利用等，是中国现存最早最完整的农书。

(2) 明朝时期，徐光启编写的《农政全书》，综合介绍了我国传统农学成就，建立了一个比较完整的农学体系。书中还引入了《泰西水法》，介绍了欧洲先进的水利技术和工具。

全书60卷，分12门，其中“救荒”一门占全书三分之一，表明作者关心民间疾苦，也说明当时灾荒的严重和政局的衰败。

2. 手工业专著

战国时期，出现了手工业专著《考工记》。该书记述了齐国官营手工业各个工种的设计规范和制造工艺，不但在我国工程技术发展史上有重要地位，而且在当时世界上也是独一无二的。

3. 科技论著

北宋科学家沈括编写的《梦溪笔谈》，总结了我国古代主要是北宋时期的许多科技成就，在我国和世界科技史上有重要地位。英国学者李约瑟称沈括是“中国科技史上最卓越的人物”，《梦溪笔谈》是“中国科学史的里程碑”。

4. 生产技术综合著作

明代宋应星编写的《天工开物》，总结了明代农业、手工业的生产技术。书中还收录了一些国外传来的技术，这表明海外技术的不断传入已成为人们不可缺少的知识。国外学者称它为“中国17世纪的工艺百科全书”。

项目回顾

旅游工作人员只有具备了一定的历史知识，才能最大限度地满足旅游者求知的需求。本章主要介绍了中国历史朝代更替、历史文化常识、重要的思想及重大科学成果。通过本章的学习，使学习者对中国历史有了更清晰的认识。

复习思考

1. 中国历史上的“书圣”“茶圣”“诗圣”“画圣”分别指谁？他们是哪个朝代的人？其代表作是什么？

2. 什么叫“避讳”？避讳的方法有哪几种？请分别举例说明。

3. 什么是“三纲五常”？

4. 科举制度是如何演变的？

5. 中国古代是通过哪些方法纪年的？

6. 南京被称为“六朝古都”，指的是哪六朝？

项目实训

1. 用表格方式归纳中国原始社会各个历史时期的主要特点、代表性文化遗址。

2. 用表格方式梳理中国各个朝代的情况，包括年代、开国君主、这一历史阶段发生了哪些主要历史事件？

3. 搜寻“以各朝代的历史遗存为依托的著名旅游景观”，整理并选定景观中的历史文化游览内容，根据资料，编写5～8分钟的导游词一份。各组选出代表在全班汇报展示。

项目三　丰富多彩的自然景观

任务分析

知识目标

了解山岳景观、水域风光两种类型自然景观的概念及分类；熟悉我国山水文化的发展过程，以及山水文化的特征；掌握自然山水的美学特征。

能力目标

通过系统的理论知识学习，让学生了解我国著名的山水景观，以及景观背后的文化内涵。

素质目标

培养学生掌握自然景观的审美方法，并能运用旅游文学的相关知识进行导游讲解，从而提高导游讲解的知识性和文化品位，更好地欣赏山水景观并从中获得美的体验。

案例导入

黄山:世界自然与文化双重遗产,国家 5A 级旅游景区

黄山,世界文化与自然双重遗产、世界地质公园、国家 5A 级旅游景区、国家级风景名胜区、全国文明风景旅游区示范点。

黄山位于安徽省南部黄山市境内(景区由市直辖),是安徽旅游的标志,系中国十大风景名胜中唯一的山岳风光。

黄山原名黟山,因峰岩青黑,遥望苍黛而得名。后因传说轩辕黄帝曾在此炼丹,故改名为“黄山”。明朝旅行家徐霞客登临黄山时,曾对黄山的秀丽这样赞叹:“薄海内外之名山,无如徽之黄山。登黄山,天下无山,观止矣!”被后人引申为“五岳归来不看山,黄山归来不看岳”。黄山“四绝”包括:

1. 奇松

黄山松是松树里面一个独立的树种,大多数都生长在悬崖峭壁上面,风姿绰约,很有特色,大家耳熟能详的就是位于前山玉屏楼的迎客松。另外,在后山的始信峰,可以看到很多黄山奇松,又有话说:不到始信峰,不见黄山松。

2. 怪石

黄山怪石的形成是由于花岗岩体经历了漫长岁月,日晒雨淋、风化剥蚀、流水冲刷等,使那些石头粗坯受到了无数次的精雕细刻而形成的。其中的代表有:飞来石、梦笔生花、猴子观海、松鼠跳天都、鳌鱼驮金龟等。

3. 云海

云海是山岳风景的重要景观之一。所谓云海,是指在一定的天气条件下形成的云层,并且云顶高度低于山顶高度,当人们在高山之巅俯首云层时,看到的是漫无边际的云,如临于大海之滨,浪花飞溅,惊涛拍岸,故称这一现象为“云海”。日出和日落时所形成的云海五彩斑斓,称为“彩色云海”,最为壮观。黄山云海,特别奇绝。黄山秀峰叠峙,危崖突兀,幽壑纵横。气流在山峦间穿行,上行下跃,环流活跃。漫天的云雾和层积云,随风飘移,时而上升,时而下坠,时而回旋,时而舒展,构成一幅奇特的千变万化的云海大观,如图 3-1 所示。

图 3-1　黄山云海

4. 温泉

温泉景区在半山腰上，如果您从南大门上山，无论是到云谷寺还是慈光阁，都必须经过温泉景区。温泉景区的水质以含重碳酸为主，泉水异常清澈，无色无嗅，其味甘美，其水温常年保持在42 ℃左右，可饮可浴。温泉流量稳定，久旱不涸，每小时出水量48吨，具有一定医疗价值，对多种疾病有良好治疗效果。相传轩辕黄帝浴后，白发变黑，返老还童。古诗云："五岳若与黄山并，犹欠灵砂一道泉。"

（资料来源：http://baike.baidu.com/link?url=CJdJJaIc6RmkgEnDwL_ccnJri8n1_sAGNyxsTta1gdrhsCWWY28wHXDcZ7y3AQ0TfxWeU0aBHl8q-j1DaPNlPfNKwp6ZEN3-EhqhaVDw8W7。）

任务实施

我国是一个幅员辽阔、历史悠久、文化灿烂的文明古国。神州大地美丽富饶的山山水水是中华民族赖以生存和发展的物质宝库与精神家园。在我国旅游发展的过程中，作为人们普遍观赏的审美对象，山水首先进入人们的视野，成为人们心神向往的审美客体，并形成了由深远的历史积淀与广博的文化内容相结合的山水文化。

任务一　仁者乐山——山岳景观

山岳景观除自然美之外，往往还含有丰富的文化遗存构成自然和人文的巧妙结合。山岳景观是构成中国风景名胜区的主要类型，是游览的主要对象。

一、山岳景观的含义

山，通常是指由土石构成的显著高出地表的部分。我国把海拔500米以上的由土石构成的地表突起物称为山地，海拔500米以下的称为丘陵。岳，通常指高大的山，如五岳。山岳，是对山地的通称，是地球表面分布最广泛的一种地貌类型。山岳景观也叫山地景观，是指具有旅游观赏价值的山地。在世界上，山地很多，面积很大，但并非都具有旅游观赏价值。因此，山地与山岳景观（山地景观）的概念是不同的，而山地景观与山岳景观的含义基本是相通的。

山岳景观既是自然风景的基本类型之一，也是与其他造景要素相结合构成综合美景的要素之一。例如，山与水结合形成的山水美景、山与林结合形成的山林美景、山与建筑和文化结合形成的历史文化遗产等。在中国的历史文化中，"山水"基本就是"旅游"的代名词。过去，人们往往把旅游活动称作"游山玩水"。由此可见，中国的山岳景观在旅游活动中占有非常重要的地位。山岳是构成风景的基本要素，是造景、育景的舞台和骨架，也是其他风景不可缺少的背景和借景。有些山地如嵩山还具有科学研究价值，被中外地质学家公认为是研究地球发展历史和地壳构造运动的“天然地质博物馆”；还有些山地如嵩山、太行山、王屋山等拥有丰富的文化遗产，具有重要的社会历史价值，被人们誉之为“历史文化宝库”。所以，山岳景观是重要的旅游资源，是一个国家或地区旅游业发展的物质基础。

二、山岳景观的类型

山岳景观按其地质地貌成因，可分为花岗岩地貌景观、变质岩地貌景观、砂岩峰林地貌景观、丹霞地貌景观和岩溶洞穴景观等几种主要类型。

（一）花岗岩地貌景观

花岗岩由于风化、崩塌等外力作用，常形成峭壁悬崖、孤峰擎天、石柱林立等奇特景观，令人叹为观止。我国花岗岩山地分布广泛，许多名山几乎全部或大部分为花岗岩构成，其中有些已成为国家级风景名胜区和自然保护区。黄山的莲花峰、炼丹峰和天都峰三峰鼎立，华山的东、西、南、北、中五峰相峙，天柱山的天柱峰，九华山的观音峰也都是这种地貌景观的典型，并成为具有重要吸引力的旅游景观。

（二）变质岩地貌景观

变质岩是岩浆岩、沉积岩由于所处的地质环境和理化条件的变化，使原来岩石的矿物成分和结构发生改变而形成的岩石。我国由变质岩构成的名山很多，大江南北分布广泛，如泰山、嵩山、庐山、五台山、苍山、武当山、梵净山、孔望山、花果山、南明山等等。

（三）砂岩峰林地貌景观

特殊的地层岩性、高角度裂隙的发育、特殊构造地位、新构造运动的抬升等一系列因素造就了砂岩峰林地貌景观的形成。湖南省西北部的武陵源风景区是我国独特的砂岩峰林地貌景观，共有 4000 多处砂岩石峰，形成峰林、峰柱、方山、石林、峡谷、嶂谷、幽谷等奇特的砂岩峰林，集神、奇、秀、野等特色于一体，峭壁万仞，千姿百态。

（四）丹霞地貌景观

丹霞地貌整体感强、线条明快质朴，体态浑厚稳重，丹山碧水，引人入胜，具有奇、险、秀、美的丹崖赤壁及千姿百态的造型，因而具有很高的游览价值和观赏价值，是我国重要的地质地貌旅游资源。丹霞地貌景观较著名的有：广东仁化丹霞山（见图 3-2），福建武夷山，浙江方岩，江西圭峰、龙虎山，安徽齐云山，甘肃麦积山、崆峒山，贵州梵净山，四川窦山、青城山等。

（五）岩溶洞穴景观

岩溶洞穴是一种重要的旅游资源。岩溶峰林神奇秀美，洞景迷人。我国岩溶景观以广西桂林（见图 3-3）、阳朔一带为代表，峰林形态多呈圆形或锥形，在翼部多呈单斜式。广西有“无山不洞”之称，如桂林七星岩、芦笛岩等；贵州有著名的黄果树石林和天星桥石林。我国岩溶洞穴景观资源特色纷呈，千变万化。

图 3-2　广东丹霞山

图 3-3　广西桂林山水

三、我国著名的山岳景观

（一）华夏五岳

自古以来，说起祖国的大好河山，都会提到三山五岳。所谓三山，是指传说中蓬莱三岛为海上三仙山，那里虽然风光秀丽，但除了偶尔出现的海市蜃楼外，却无山可言。五岳早有定论，乃东岳泰山、西岳华山、北岳恒山、南岳衡山、中岳嵩山，其中以东岳为首。

1. 东岳泰山

作为五岳之首的泰山（见图 3-4），是一座有着极其深厚的文化积淀的历史名山。如果说黄河是中华民族的母亲河，那么泰山就是中华民族的神山、祖山。泰山自古以来与中国的其他四座名山——南岳衡山、西岳华山、北岳恒山、中岳嵩山合称“五岳”，泰山有“五岳之首”“天下第一山”之美称。

图 3-4　泰山

2. 西岳华山

西岳华山，是我国著名的五岳之一。它位于陕西省华阴市城南，海拔 2200 米，秦、晋、豫黄河金三角交汇处，南接秦岭，北瞰黄河，“远而望之若花状”，故有其名。又因其西临少华山，故称太华山。

3. 南岳衡山

南岳衡山是我国五岳之一，位于湖南省衡山县。由于气候条件较其他四岳为好，处处是茂林修竹，终年翠绿；奇花异草，四时放香，自然景色十分秀丽，因而又有“南岳独秀”的美称。魏源曾在《衡岳吟》中写道：“恒山如行，岱山如坐，华山如立，嵩山如卧，唯有南岳独如飞。”衡山山势雄伟，绵延数百公里，号称有七十二峰，其中以祝融峰、天柱峰、芙蓉峰、紫盖峰、石禀峰最有名。祝融峰是衡山的最高峰。“南岳四绝”，即祝融峰之高，方广寺之深，藏经殿之秀，水帘洞之奇。

4. 北岳恒山

北岳恒山，位于山西省大同市，主庙建于主峰天峰岭南山腰间，天峰岭景区即恒山景区，恒山被誉为"塞外第一山"。

5. 中岳嵩山

嵩山属伏牛山脉，其主体在今登封市境内，东邻省会郑州，西邻九朝古都洛阳。嵩山古称外方山，周平王东迁洛阳后，以左岱（泰山），右华（华山），嵩山位于中央，是为天地之中，故定嵩山为中岳。武则天天册万岁元年(695年)封禅嵩山时，改中岳为神岳。北宋以后，又称之为中岳嵩山。嵩山主要由太室、少室二山组成，山体从东至西横卧，蜿蜒70公里，故有"华山如立，嵩山如卧"之说。嵩山之顶名曰峻极，古有"嵩高峻极"和"峻极于天"之说，站在峰顶远眺，北可望黄河之雄，南可眺山川之秀。

（二）四大旅游名山

在中国的旅游名山中，知名度最高的是安徽的黄山，明代旅行家徐霞客两次登临，并留下"东岳归来不看山，黄山归来不看岳"的名句。江西的庐山以著名的避暑胜地及历代名人特别是国、共两党留下的人文景观而著称。福建的武夷山素有"奇秀甲东南"之誉，以独特的"碧水丹山"闻名遐迩。浙江的雁荡山则以"寰中绝胜"和"东南第一山"驰名中外。

（三）四大佛教名山

孤悬碧海清波之中的"海天佛国"普陀山是观音菩萨的道场；素有华北屋脊之称的山西五台山是文殊菩萨的道场；地处四川盆地、常有金顶佛光奇观的"峨眉天下秀"的峨眉山是普贤菩萨的道场；位于皖南，号称山有四百八十寺的九华山是地藏菩萨的道场。

普陀山位于钱塘江口、舟山群岛东南部海域，普陀山素以观音道场闻名于世，与山西五台山、四川峨眉山、安徽九华山，并称为中国佛教四大名山。普陀山景区包括普陀山、洛迦山、朱家尖，总面积41.95平方公里。其中，普陀山本岛12.5平方公里，最高峰佛顶山海拔292米。它既有悠久的佛教文化，又有丰富的海岛风光，古人称之为"海天佛国""人间第一清静境"。

（四）四大道教名山

道教是我国本土宗教，源于古代的巫术、方士、神仙。东汉末年，沛国丰县人张道陵，对方术和神仙家思想核心进行总结，以老子为教主，以《道德经》为经典，招聚门人，组成五斗米道，在社会上传播，于是道教便正式产生。

任务二　智者乐水——水域风光

一、水域风光的含义

水域风光指的是水体及所依存的地表环境构成的景观或现象，即以自然水体为主构成的景观。它有观赏、游乐、疗养、度假等旅游功能。"有水则灵"是对水景的高度概括。水体景观按其性质分为：河川（如桂林漓江）、湖泊（如江西鄱阳湖）、瀑布（如贵州黄果树瀑布)、泉水(如山西晋祠难老泉)和海洋等水体景观。

二、水域风光的类型

水域风光类旅游资源按水体性质，以及自然界水色的基本形态，可分河川、湖泊、瀑布、泉水、海洋等旅游资源。

(一) 河川旅游资源

河川即河流，乃沿地表浅形低凹部分集中的经常性或周期性水流，较大的称为河或江，较小的称为溪。河流的补给来源主要是雨水，也有冰雪融水和地下水。河流发源地叫河源，流注海洋、湖泊或另一河流的入口叫河口，流路通常根据其特征分为上游、中游和下游，这些河段各自都有其独特的形态和景观。江河水景多分布在大河上中游，这里河流水面窄，河道迂回曲折，两岸奇峰罗列，山水比例适宜，山光水影，景物成双，富有意境美。

如我国长江著名的三峡景观(见图 3-5)是处于长江上游；漓江上游河段的“几程漓江水，万点挂山尖”如人间仙境；钱塘江上游的富春江，江水清澈、澄碧，两岸青山连绵，怪石嶙峋，景色奇秀。江河下游，河流展宽，河水平静流淌，时而贴近山麓，时而展延平川，两岸山势和缓，或呈现冲积平面景观，经济文化发达，人文景观丰富，特别是在江河入海口景观开阔壮丽，河海景观皆引人入胜。在干旱区有些河流，最后没于沙漠；石灰岩地区有些河流经溶洞和裂隙而没于地下，成为地下河流(又称“暗河”或“伏流”)。

图 3-5　长江三峡

河川是一种具有多种功能的地理实体。人类旅游事业离不开它育造的美好景观。河川旅游意义主要表现在以下几个方面：

(1) 河川常是生产发达，人物荟萃的地方，文物景观丰富多彩。

(2) 交通发达，物产丰富，供应优越，通信方便。

(3) 河川常是山川相映，自然景色与人文景观相配合，现代与古代相结合，最适于观赏游览，更易激发人们的情趣。

(4) 在河川区旅游，能够捕捉到以水景为主的综合美，如漂流泛舟、划船、游泳、观赏各种河流风景地貌(如三角洲、河岸、峡谷、跌水等)、文物古迹、滨水建筑物等与河流相关的一切景物。

(5) 在河川区旅游，对旅游者来说还具有经济实惠、路程少的好处，在河水中乘游船漫游也较为舒适，而且见闻多，景点密集，供应物品的量和质俱佳，易满足旅游者的需要。世界上许多河川如尼罗河、亚马孙河、密西西比河、多瑙河、莱茵河、恒河等都蕴藏着丰富的旅游资源，都成为旅游者选择的主要目的地。

(6) 一些河川旅游资源为发展特殊专项旅游提供了条件，如河川漂流、源头探险、地下河探险等，一些水质特殊的“甜河”(如希腊境内的奥尔马加河)、“酸河”(如哥伦比亚东部莱斯火山区的雷欧维拉力河)、“香河”(如非洲安哥拉的勒尼达河)等对旅游者有一种神秘的吸引力。

世界上许多河流本身富含旅游资源，都可以或已经成为世界著名的旅游胜地。例如，印度河、恒河、幼发拉底河、底格里斯河、顿河等。

我国是一个山高水长，河流众多，河川旅游资源十分丰富的国家。我国河流按水系来分可划分为外流河和内流河两大类，流域面积在1000平方公里以上的河流有1500多条，若把中国大小河流流线加在一起，总长度超过42万公里。我国主要的河流旅游资源有：中国第一大河——长江，其干流流经我国11个省级行政区，沿河旅游资源丰富，景点星罗棋布，交通便利，是我国著名的"黄金水道"和"黄金旅游线"。最典型的景观资源集中于三峡区，它由长江切穿上升的巫山山系而形成，高山深谷，峡锁大江，峭壁对峙，惊涛险滩，神奇的传说，丰富的文物，景色壮丽。中国第二大河——黄河，黄河流域为中华民族的摇篮之一，它哺育了中华民族的文明，但黄河泥沙含量过大，进入华北平原后，两岸大堤相夹，成为"悬河"或"地上河"奇观。黄河流域文化古迹众多，高原风光，塞上江南，黄土风貌，千里平野等，都对游客有吸引作用。此外，还有黑龙江、珠江、塔里木河、淮河、湘江、钱塘江、闽江、澜沧江等，都蕴藏有丰富的旅游资源。

（二）湖泊旅游资源

1. 湖泊的成因

湖泊是在自然地理因素综合作用下形成的，地球的内力作用和外力作用都可以形成湖盆。湖盆的积水部分叫湖泊，湖泊的体积大小不一，大的如内陆咸海，小的如池塘。

2. 湖泊旅游资源的类型

湖泊类型多种多样，从成因来看可分为：由地壳运动产生断裂凹陷形成构造湖，其中以断层湖最为常见，如云南昆明滇池；火山口及熔岩高原的喷口可以形成火口湖，典型的如长白山天池、云南腾冲大龙潭火口湖等；冰川作用形成冰蚀（碛）湖，著名的有波兰的希尼亚尔德湖，我国西藏地区的诸多湖泊，如帕桑错、布托错等；山崩、熔岩流或冰川阻塞河谷可形成堰塞湖，如我国东北的镜泊湖、五大连池、藏东南的易贡错、古乡错等；干旱地区风蚀盆地积水可形成风蚀湖；浅水海湾或海港被沙堤或沙嘴分开形成泻湖，典型的如杭州西湖；石灰岩地区由岩溶作用形成的溶蚀洼地或岩溶漏斗积水而成岩溶湖，如贵州省威宁县的草海、织金县的八步湖，云南中甸的那帕海、丽江拉石坝海等；河流自行裁弯取直后分割可形成牛轭湖，如著名的白洋淀；人类经济活动所建造的湖泊——人工湖，大的叫水库，小的称堰塘。

按盐分高低还可把湖泊分为淡水湖、微咸水湖、咸水湖、盐湖等。

3. 湖泊景观欣赏

人们常用"湖光山色"来形容自然风光的幽美静谧，妩媚诱人。一个风景区有了秀丽的湖光，山色更加增辉，有了绿水环绕、湖光波影、岸边垂柳，自然风光才能够绚丽多姿、生机盎然。湖泊是水文旅游资源中一个重要的组成部分。它们有的身居高山，银峰环抱；有的静卧原野，烟波浩渺。它们像一颗颗光彩夺目的蓝色宝石，镶嵌在世界各地，给秀丽的大自然增添了无限的风采。作为旅游资源，它具备了形、影、声、色、奇等吸引要素。湖泊旅游资源在世界各地分布较为普遍，而且大多数已开发利用，其中尤以淡水湖开发利用程度最高，因为它的分布大多与平原、盆地、河流相联系，周围植被景观较好，为文化和交通中心，文化历史较为悠久，大多成为一些著名的旅游区。

4. 我国的湖泊旅游资源

我国的湖泊分布相当广泛，但又相对集中，主要集中在青藏高原湖区、东部平原湖区、东北平原湖区、云贵高原湖区、蒙新湖泊区五大区域，大小湖泊有 2 万多个，以及大大小小的上万个人工湖遍布全国。这些湖泊都有丰富的旅游资源。著名的旅游湖泊区有：杭州西湖、鄱阳湖、洞庭湖、太湖、滇池、洱海、五大连池等。

湖泊是在长期的自然演变中形成的，它是一个完整的生态系统。但湖泊的水体与河流不同，流动性差，水体循环较慢，一旦污染，很难治理，所以，在开发利用湖泊资源时，应特别注意防止湖水污染，让湖泊为人类提供更多的物质财富，更长久地为人类精神文明服务。

(1) 杭州西湖。

西湖三面环山，面积约 5.66 平方千米，绕湖一周近 15 千米。湖中被孤山、白堤、苏堤、杨公堤分隔，按面积大小分别为外西湖、西里湖、北里湖、小南湖及岳湖等五片水面，苏堤、白堤越过湖面，小瀛洲、湖心亭、阮公墩三个小岛鼎立于外西湖湖心，夕照山的雷峰塔与宝石山的保俶塔隔湖相映，由此形成了“一山、二塔、三岛、三堤、五湖”的基本格局。

(2) 无锡太湖。

太湖南缘位于江、浙两省的分界线上，整个湖面归江苏省所辖。太湖水域辽阔，面积有 2420 平方千米，其湖底较为平坦，地势为东高西低，同陆上地形相反；平台山岛西北有一条新月形凹槽，为太湖最深处。太湖河港纵横，河口众多，入湖水道多源于西部山区，有源于天目山的苕溪水系和合溪，源于宜溧山区的南溪及源于茅山的洮滆水系等。出口河道多集中在太湖东部和北部。

(3) 新疆天池。

天池，位于新疆阜康市，“天池”一名来自乾隆四十八年(1783 年)乌鲁木齐都统明亮所作的《灵山天池统凿水渠碑记》。

(4) 昆明滇池。

昆明滇池位于昆明南部，面积约 298 平方千米，是云贵高原上第一大湖，由地层断裂下陷而成，形似半月，环湖两岸有狭长的平原，西部湖岸陡峭，丘陵逼近湖岸。入湖河流有二十多条，湖水经西面流入，向北入普渡河，流入金沙江，水位落差大。滇池属于高原湖泊，岸边有金马、碧鸡二山东西夹峙，池上烟波浩渺，一碧万顷，风帆点点，景致极佳。这里四季如春，微风习习时，两岸垂柳轻舞，万顷碧波，平静如镜，显示出奇秀之美；狂风暴雨时，波涌浪逐，白浪滔天，有排山倒海之势，显示出刚劲之美。

(5) 洞庭湖。

洞庭湖(见图 3-6)是中国的第二大淡水湖，跨湖南、湖北两省，它北连长江，南接湘、资、沅、澧四水，号称“八百里洞庭湖”。洞庭湖的意思就是神仙洞府，可见其风光之秀丽。其最大的特点便是湖外有湖、湖中有山。

图 3-6　洞庭湖

(6) 鄱阳湖。

鄱阳湖是中国第一大淡水湖，位于九江至湖口的江湖相接处，上承赣、抚、信、饶、修五江之水，下接我国第一大河——长江。在正常的水位情况下鄱阳湖面积约 2933 平方千米，容量约 149.6 亿立方米，是长江水量的调节器。

(三) 瀑布旅游资源

瀑布是河流的一部分，当河水自河床跌坎或悬崖处倾泻而下时，便形成瀑布。

瀑布的成因是多种多样的。有的是地层抬升、断裂或者沉降凹陷而成；有的是火山爆发，熔岩流堰塞河道而成；有的是山体崩塌，泥石流滑动，堵塞河床，形成了堆土石坝而成；有的是地层岩石软硬不一，长期流水侵蚀，使河床断裂面发生明显的高差变化所致；有的是泉水从山中涌出，越过断崖山洞，飞流直下的结果。此外，冰川的侵蚀和堆积等也可以形成小型的瀑布。这些成因中最主要的还是因流水对河底软硬岩层侵蚀差别所形成的瀑布，在软硬岩层的出露处，硬质岩层突露于易侵蚀的软质岩层之上成为陡崖，水流便从这里陡落成为瀑布。河水经过河床，有时沿着几处梯级下泻，形成多级瀑布。

自然界的瀑布随地区年内降水状况而不同：既有降水丰沛地区的常年瀑布；也有只在雨季呈现而在少雨或干旱时消失的间歇性瀑布；还有在多雨季节气势壮观，随着雨季衰退而泄流有所逊色的节律性变化的瀑布。

瀑布旅游资源有着重要的旅游意义。瀑布是山水结合，别具风格(形、声、动三态)的旅游资源，它常常形成千岩竞秀、万峰争流、飞泻千仞、蔚为壮观的旅游胜地。瀑布与青山、深潭、白云、蓝天、文物、古迹相结合，组成一幅幅动态的图画。瀑布以其宏大的造型、磅礴的气概、咆哮的巨响、洁白的色态吸引勇敢者去进取，促进弱者去锻炼，开拓沉思者的胸怀，给人以勇敢、坚定、果断、健美等品质的陶冶。

观瀑是一项诱人的观赏旅游活动。为利用这一特殊资源，许多瀑布对岸岩顶处常建观瀑亭，供游人观赏、休息。

我国幅员辽阔，地质构造复杂，南北各地分布有众多的、举世闻名的、不同类型的瀑布。瀑布旅游资源一般可分为以下几种类型。

1. 名山瀑布

名山瀑布如江西庐山的三叠泉瀑布、王家坡瀑布、黄龙潭瀑布，雁荡山十八瀑布等。

2. 岩溶瀑布

岩溶瀑布如浙江金华洞的岩洞瀑布、云南九乡的雌雄瀑布、湖北神农架的“百丈挂彩”等。

图 3-7　黄果树瀑布

3. 火山瀑布

火山瀑布如长白山瀑布、广东从化温泉三瀑等。

4. 高原瀑布

高原瀑布如贵州梵净山瀑布等。

在我国，以瀑布为主体景观的旅游区有：贵州的黄果树瀑布(图 3-7)、黄河中游的壶口瀑布、黑龙江镜泊湖的吊水楼瀑布等。

(四) 泉水旅游资源

泉是地下水的天然露头。当潜水面为地面

切断时，地下水即可出露于地面，此种渗出的水常称为渗出水，如果渗出的水源源不断地流走，又具有固定的出口，在地质上就叫泉。泉水中具有特种化学成分和气体成分，矿化度在每升 1 克以上，对人类肌体显示良好生物生理作用的称为矿泉。泉水中水温高于当地年平均气温的泉称为温泉。据其水温高低又可分为沸泉、热泉、温泉三种。有的矿泉又是温泉，但温泉并非都是矿泉，矿泉也并非全为温泉。

泉，既可供旅游者饮用，又作为水源，为河流和湖泊的补给者。矿泉是优良的泉水旅游资源，既是河、湖之源，又可供饮用和戏水、观赏之用，还具有治病、防病的功效。这在我国已有悠久的历史和丰富的经验，其他国家，如法国、日本、罗马尼亚、保加利亚等都很重视泉的旅游功能。如果水温在 34 ℃以上者(温泉)，除具有一般泉水功能外，还可作为旅游者沐浴、戏水、游泳之用，发挥其疗养保健功效。

此外，在我国，泉水还与我国传统的茶文化、酒文化有着密不可分的关系。“西湖双绝”的龙井茶、虎跑水久负盛名，“泉井酒醇”亦为世人所公认。

我国各种类型泉水旅游资源非常丰富，分布极为广泛，是世界上泉水资源多的国家之一。我国以泉为主体资源、以泉闻名的旅游地很多，最具代表性的有“泉城”——山东济南，有名可考的泉水就有 100 多处，最著名的有趵突泉(见图 3-8)、珍珠泉、黑龙泉、玉龙潭四大泉群。此外，还有河北邢台的百泉、浙江绍兴的半月泉、甘肃敦煌的月牙泉、云南大理的蝴蝶泉、昆明的黑龙潭、南京的汤山温泉、西安骊山的华清池、内蒙古的阿尔山温泉、黑龙江的五大连池矿泉等。

图 3-8 济南趵突泉

我国还有一些观赏及科研价值较高的奇泉。例如，安徽寿县的喊泉，人对泉喊叫，就有泉水涌出，大喊泉水就大涌，小喊小涌，不喊不涌；冰泉，陕西蓝田有一井泉，水落泉中，立刻成冰，三伏天亦如此；双味泉，位于江西于都紫阳观，泉井逢单日水酸，逢双日水甜，一年四季皆如此；喜客泉，是位于贵州安顺市平坝区的一眼珍珠泉，游人对泉水鼓掌，泉水就冒出气泡，在左边鼓掌，左边就冒出气泡，在右边鼓掌，右边就冒泡，好像在欢迎参观的客人；在四川广元市龙门山上，有一眼含羞泉，把一块小石头往泉里扔，泉水受到回声与波震的影响会倒流，过一会儿又重新冒出；在河南省睢县还有一条带有槐花香味的香水泉，人称槐花水。各种不同的泉共同组成了我国丰富的泉水旅游资源。

(五) 海洋旅游资源

海洋是一个广阔的天地，是一个范围很大、内容丰富的统一整体。海岸带是海洋与陆地的接触带，处于水、陆、生物和大气相互作用之中。海岸带旅游是指在海岸带以内，包括海洋、海滨、海滩等进行观赏、游览、休息及各种海上娱乐活动。

绚丽的海洋若与文化古迹、山水风景、娱乐设施相结合，便可构成旅游者最向往的游览、消遣和疗养地。有人把太阳(sun)、海洋(sea)、海滩(sand)称为最吸引游客的“3 S”资源，而同时具备三个“S”的就是海岸带。

海岸带作为旅游资源是从海水浴的普及开始的。18 世纪英国人最早开始进行海水浴,以后逐渐向欧洲大陆发展,并从海水浴发展到海岸景观欣赏和以海岸为舞台的形形色色的旅游活动。海岸带旅游资源包括浅滩、沙滩、奇岩巨石、岛屿、海底景观、海洋生物,以及海上观日出、海上观潮等海岸自然风光;又包括作为人文景观的灯塔、渔港、渔村、码头等,以海岸为旅游活动舞台的海水浴、帆船、游艇、舢板、冲浪、滑水、垂钓,以及在海滩上拾蛤蜊、贝壳等活动。游客到了海滨会忘却工作中的烦恼、闹市中的喧哗,犹如走进了一个令人赏心悦目的美好天地。海滨气候温暖湿润、夏季凉爽,空气中含有大量的负氧离子,空气清新,可促进人的血液循环,增进身体健康。现在以海滨疗养为中心的休养娱乐活动已风靡世界。

我国著名的海岸带旅游区有:大连海湾,河北的北戴河、南戴河,山东的青岛、烟台、威海海滨,浙江普陀山海滨,福建厦门海滨,广东的汕头,海南的天涯海角,台湾的基隆等。

1. 北戴河海滨

它位于河北省秦皇岛市的西部。这里气候宜人,长约 10 千米的沙质海滩,沙软潮平,背靠树木葱郁的联峰山,自然环境优美,是我国北方一处理想的避暑胜地。

图 3-9　三亚亚龙湾

2. 青岛海滨

它位于青岛市区南部沿海一线。青岛海滨的风光汇山、海、城于一体,融自然与人工为一炉,是国家级自然风景区当中少数位于城市中心的风景区。

3. 三亚海滨

三亚(见图 3-9)是海南省热带滨海旅游的港口城市,在海南岛南端。三亚海滨的天涯海角是著名景点。

三、我国著名的水域风光

(一) 长江三峡

长江三峡位于中国的腹地,是瞿塘峡、巫峡和西陵峡三段峡谷的总称。它西起重庆市奉节,东迄湖北宜昌市,跨重庆奉节、巫山和湖北的巴东、秭归、宜昌,长 193 千米。

三峡地跨重庆、湖北两省市,两岸崇山峻岭,悬崖绝壁,风光奇绝。随着规模巨大的三峡工程的兴建,这里更成了世界知名的旅游热线。

三峡旅游区景区众多,其中最著名的丰都鬼城、忠县石宝寨、云阳张飞庙、瞿塘峡、巫峡、西陵峡、宏伟的三峡工程、大宁河小三峡等。

(二) 黄河壶口瀑布

由山西吉县西行,即可看到水势汹涌,涛声震天,景色壮丽,国内外罕见的黄河奇观——壶口瀑布。"黄河之水天上来,奔流到海不复回"是唐代著名诗人李白脍炙人口的佳句,勾画出了大河奔流的壮观景象。千百年来,这里游人络绎不绝,流连忘返。滔滔河水从千米河床排山倒海似的涌来,骤然归于二三十米的"龙槽",如壶之口,形成极为壮观的壶口瀑布。《书·禹贡》记载,“盖河漩涡,如一壶然”,壶口即因此而得名。

(三) 钱塘观潮

世界上有两大涌潮现象:一处在南美洲亚马孙河的入海口;另一处则在中国钱塘江北岸的海宁市。海宁潮,又称钱江潮,是世界一大自然奇观。据传观潮之风,始于汉代而盛于宋代,南宋时便把每年农历八月十八日定为观潮节。

知识链接

五大名山:东岳泰山、西岳华山、南岳衡山、北岳恒山、中岳嵩山。

中国四大名瀑:雁荡大龙湫瀑布、贵州黄果树瀑布、黄河壶口瀑布、黑龙江吊水楼瀑布。

中国五大淡水湖:江西鄱阳湖、湖南洞庭湖、江苏太湖、江苏洪泽湖、安徽巢湖。

任务三　以山水为载体的文化形态

我国拥有众多的名山胜水,不仅自然景观雄奇秀丽,而且沉积着深厚的文化。中国山水文化,就是指在我国的自然山水中蕴涵和引发的文化现象。这是中国的宝贵财富,也是全人类的自然与文化遗产,在世界上有显著的地位。

一、山水文化的发展过程

山水文化的发展过程大体经历了三个时期,即自然崇拜—宗教与审美—审美与科学。

(一) 自然崇拜

从人类最早的文字记载来看,在人类社会早期,自然崇拜现象已十分普遍了。由于人们对大自然缺乏科学认识,将各种自然现象,如日、月、天、地、山、川等,当作自然神加以崇拜,借以寄托人们精神和心理的祈求。

《山海经》所记的几百座山,都有不同规格的祭祀,说明当时自然崇拜很普遍。在诸多自然崇拜对象中,山和水逐渐成为大自然的代表,五岳四渎则象征神州大地。帝王封禅泰山包含祭祀天和地、祭祀四渎,亦代表了天下河川。封禅祭祀主要是出于“神道设教”,即为了政治目的,借自然山水之神来加强对人民的精神统治。群众祭祀山水之神,是祈求吉祥平安、五谷丰登,亦带有功利性。这就从远古时期祭祀具体的山水,发展到祭祀那些富有象征意义的名山大川,从而把名山大川从普通的作为物质利用的对象中分离出来,保护起来,作为象征性的祭祀对象,加以崇拜。这是先秦时期人与自然精神关系的主要方式,也是当时名山大川的主要功能,相应地,也产生了一系列山水祭祀文化。

在普遍自然崇拜中,民间也萌发了自然山水的审美苗头,如《诗经》中一些歌颂自然山水的诗句,如“泰山岩岩,鲁邦所瞻”,“嵩高维岳,峻极于天”等。有的学者、思想家、隐士对人与自然的关系有了新的见解,如老子认为“人法地,地法天,天法道,道法自然”。庄子提出“天地与我并生，而万物与我为一”。理论虽模糊抽象，但都力图探索解析人与自然的内在关系，提出自然至上，天人合一的思想，这对后世关于人与自然精神关系的发展，产生很大影响。孔子提出“仁者乐山，智者乐水”的山水观，认为山和水的形象内蕴涵着值得人们效法和崇拜的美德，值得作为审美对象欣赏。

（二）宗教与审美

秦统一中国以后，国家统一，交通便利，人们的地理视野扩大了。至汉代，中国产生道教，传入了佛教，宗教在人们的精神生活中逐渐产生影响。道教认为名山是神仙之居所，故上山修炼，以求成仙得道。佛教则要求信徒彻底转变自己的世俗欲望，通过苦修以求解脱。出于教义和修身养性，他们把名山胜境作为超脱尘俗的“佛国仙山”，进行宗教活动的理想场所。道教和佛教虽与自然神崇拜有许多联系，但它们之间有着很大的区别，即宗教是崇拜人神鬼神，而自然崇拜是崇拜自然神。“天下名山僧占多”，他们占名山胜境，只是借助于自然环境，推行宗教，不是崇拜自然山神和水神。

魏晋南北朝时期，游览自然风景已成为士大夫、文人们的新风尚，自然山水开始成为人们独立的审美对象。士人、诗人、画家、官宦、僧人和道士们常常集结于名山大川之间，欣赏山水，清淡玄理，吟诗作画，参禅悟道，创建寺庙、开发风景而结成朋友。可见，中国名山大川的开发和建设，一开始便有许多有文化素养的人士参与。优美的自然风景激发了他们的灵感，于是悟之于胸，发之于笔端，开辟了中国山水文化的新纪元。在中国文学史上产生了山水诗，在中国绘画史上诞生了山水画派。风景的审美亦从“比德”阶段，进入了“畅神”境界，即自然景观已成为人的一种情感观照的对象。自然山水已独立地进入了人们的审美意识之中。作为审美对象的自然山水——风景的概念也产生了。

人与自然的精神关系，经魏晋南北朝的发展，完成了从自然崇拜到宗教与审美的转变，并产生了崭新的山水美学、山水文学、山水绘画以及渗透在名山大川之中以寺庙宫观为主的人文景观文化。风景区的拓展也沿着宗教审美的道路而展开。士族豪富进而把自然山水引入自己的居住环境，营造山水园林，以随时享有大自然之美。

唐宋时期，经济发达，文化繁荣，宗教隆盛，文人学士游览名山大川、群众性的朝山进香和游览活动相当盛行，这就大大促进了名山胜水的建设，不仅有寺庙、宫观等宗教建筑，而且有许多驿馆、书院、亭阁、路桥及摩崖石刻等文化景观点缀于自然山水之间。即使是寺庙、宫观，也无不渗透着山水审美意识。大批山水诗人、山水画家、山水文学家和跋山涉水的旅行家，为追求自然风景之美，而踏遍天下名山大川。他们寄情山水，触景生情，著之于文字，再现于书画，将山水文化推上了历史高峰，在整个社会文化中所产生的巨大影响，已不在宗教文化之下了。

唐宋时期出现了大批闻名全国的名山大川和游览胜地，不仅有传统的五岳、五镇、四渎，以及省、府、县的十景八景系统，而且形成了道教的“三十六洞天”“七十二福地”和佛教的“四大名山”等诸多名山胜景系统。此外，还出现了许多著名的风景游览城市，如杭州、苏州、扬州、桂林等。现在我国大多数国家级风景名胜区，在唐宋时期就已成名。

明清时期，反映人与自然精神关系的山水文化虽无重大突破，但也在继续发展，尤其是风景区的建设实践和理论方面皆有重大贡献。如明代武当山的规划、设计和建设实践，以及计成所著的园林建设理论专著——《园冶》，都显示了中国在风景建设和造园艺术方面的特色和成就。现存于风景名胜区的人文景观，大多是明清时代的作品。

（三）审美与科学

清末以后，帝国主义入侵，社会动荡，战争频繁，风景文化趋于衰微。然而，现代自然科学的传入和在我国的兴起，却给风景文化增添了新的内容。对于自然山水成因规律的科学探索，虽然早有不少科学家做出过卓越的贡献，如宋代沈括，考察雁荡山风景地貌的成因，认为是流水对地形的侵蚀作用形成的。明代地理学家徐霞客，前后用三十年时间，遍历中国名山大川，不仅洞察山川的美学特征，而且探索其成因，尤其对岩溶地貌的考察研究，都走在世界前列。但是用现代自然科学来研究名山大川的自然景观，还是开创于20世纪之初，而全面广泛地研究风景区的自然科学，如地质、地貌、植被、野生生物、水文气候、生态等科学，则是20世纪二三十年代以后，尤其是新中国成立后的事。自然景观的典型性，多具有很高的科学价值，也就是说中国传统山水观认为具有美学价值的自然景观，今天从自然科学观点来看，也往往具有其科学价值。所以，这些风景区，不仅是审美对象，而且也是科学研究对象，也是了解地球演变、沧海桑田的天然博物馆，是进行自然科学普及教育的课堂。

二、山水文化的形式及特征

从人与自然精神关系发展过程来看，山水文化是由不同文化素养、不同追求的人，在与大自然精神交往的过程中，通过人景效应或称风景效应，相应产生的一系列特有文化。人景效应是指人与大自然精神往复作用升华过程中所产生的感应、激发、启迪、陶冶、融合、悟化等复杂的精神心理作用。人景效应强度与自然风景质量成正比，即景越好，强度越大。

（一）山水文化的形式

作为人对自然物质精神相互作用结晶的山水文化，是人类文化宝库中的一个系统，它包括山水精神文化、山水物质文化和山水科学文化。

1. 山水精神文化

山水精神文化是指人们通过人景效应，悟之于胸，发之于笔墨，凝之于诗、画、文、哲等意识形态的结晶，如山水文学、山水艺术、山水哲学等。

2. 山水物质文化

山水物质文化是指以人文景观形式存在于风景区的文化，如风景建筑、寺观庙宇、路、桥、坊、石刻等。

3. 山水科学文化

山水科学文化是指人们精神上所追求的自然山水客观实体及反映其实体客观规律的认识科学，构成机理的自然科学，包括反映中国人山水观的种种形式美的自然景观的客观映象，如风景的形象美——雄、奇、险、秀、幽、奥、旷，风景的色彩美、线条美、动态美、音响美等山水科学美学及山水自然科学，风景区的地质学、地貌学、生态学、气象学、山水文学等。山水精神文化、山水物质文化和山水科学文化既各有特点，又是互相联系互相影响的。

（二）山水文化的特征

名山大川、自然风景区是山水文化的发源地。山水科学文化是它的干流，它是直接反映和认识其自然形态和自然规律的科学，尽管人的认识是主观的，但总是不断向客观规律接近。不管这种认识深度如何，正确与否，都不会改变自然景观的客观性，因而也不会损害自然风景，后来者仍可去研究和认识它。

山水物质文化是以人文景观形式存在于自然风景之中，是人主观创造的物质实体，要占风景空间。其优秀作品成为沟通人与自然精神交往的桥梁，而劣者则会破坏自然风景。即使是佳作，如果多了，同样也会影响乃至破坏自然风景、改变风景性质，最终也改变了山水物质文化本身，而成为别的什么文化。

山水精神文化是导源于风景区的真山真水，以意识形态形式流向社会注入人们的心田，成为一派沁人肺腑、清冽甘美的特殊文化流。它不仅陶冶人的情操，而且给后来的山水审美者以先导和启迪。山水精神文化触景而生，激情而作，不占风景空间。景越美，人景效应越强，因而所产生的精神文化也越丰富，这种发展是无限的。以泰山的颂诗为例，从《诗经》中的“泰山岩岩，鲁邦所瞻”，到当代的泰山颂诗，形成连续两千多年泰山诗的长河，它除了给人们以泰山美的享受以外，不给泰山景观实体增减任何东西。由于这种无限的山水精神文化是源于有限的纯洁优美的自然风景，因而影响中国山水文化枯荣盛衰的关键是在于如何发现和保护山水文化源地——自然风景区，精心建设风景区有限的山水物质文化，进而发展无限的山水精神文化。

任务四　自然山水的观赏与美学体验

山与水的配合，是各种景观组合的核心和基础。我们常说的“山清水秀”“山光水色”“山环水绕”等，都是山岳和水体协调配合并融为一体所形成的景观特色。常言说，山无水不秀，水无山不活，这就是山与水相得益彰的构景关系。

欣赏山水景观是一种全身心、立体式的审美体验过程，在视觉之于景观形象、听觉之于鸟语松风之外，嗅觉的审美感受也十分重要。久居闹市的现代人一旦进入深山旷野，闻到花草的芳香，呼吸到新鲜空气，会感到肺腑清净，精神振奋，获得一种以生理快感为特征的审美体验。此外，山水景观作为一种奇特的自然资源，其美学价值十分巨大，能够满足游客多元化的审美需求。

一、自然山水的美学特征

（一）形象美

无论是自然景观还是人文景观，总是以某种形态存在着。不同的形态形成了不同的美感，如起伏的山体、广袤无垠的草原等。

（二）色彩美

色彩是事物的基本属性之一，对人的感官最富有刺激性，如姹紫嫣红的花草树木、绚丽斑斓的鸟兽鱼虫、光彩夺目的朝晖夕阴、晶莹光洁的冰雪雾凇、色彩缤纷的建筑服饰等，都以其特有的色彩引人注目。

（三）声音美

声音悦于耳，大自然中存在许多美妙的声音，如泉水叮咚、溪流潺潺、莺啼婉转、雨打蕉荷、林海松涛、浪涛澎湃等。风声、雨声、涛声、瀑布声、流泉声、鸟鸣声等大自然发出的各种自然声响，能令人获得听觉的享受。

（四）嗅觉美

嗅觉给人一种想亲自体验的美感，同时也具有审美价值，如武夷山流香、峭壁上的兰花、涧边的石蒲，清香阵阵，令人陶醉。

（五）动态美

运动或相对运动的景物给人以美感，如奔腾的江河、跌落的瀑布、飞溅的浪花、水中的游鱼、空中的飞鸟等。

（六）结构美

人工建造的景物都追求结构完美，自然界中景观也有许多结构美的表现。例如：岩石的结构与构造，植物的花、叶形态组合，动物的躯体与花纹，它们都或排列有序，或对称均衡，显得非常和谐。

（七）质感美

质感是物体的各种物理属性或化学属性，人们对景物质感美的感受需要首先在自己头脑里构建一个标准，然后再对景物质感进行比较，最后得出该景物的质感美。例如，用水泥模仿竹木，用硅胶模仿人的皮肤等。

（八）综合美

各种美结合在一起又形成了综合美。一般而言，形态美和色彩美在综合美中起支配作用，是景区美学价值的决定性因素。

二、自然山水的审美

我们要遵循形式美—文化美—象征美的思路去进行审美活动。

（一）做好观赏前的准备

旅游之前做好充分的准备，通过多种渠道获取景区的资料，能够在心理上对景区有一个整体的认识，为更好地欣赏景观做好准备，从而在旅游过程中能有重点、有目的性地进行观赏，能够在有限的时间内观赏到最有价值的旅游景观。

（二）把握好欣赏时机

许多景观对时间的要求较高，只有在特定的时间内才能观赏到，或者才能观赏到最佳的景象。例如，钱塘江大潮最佳观赏时间是农历八月十五到十八、北京的香山红叶在每年的秋季等。

（三）选择好观赏位置

“横看成岭侧成峰，远近高低各不同。”诗句说明了位置对景观的影响十分重要，选择好位置进行观赏景物在造型地貌和园林观赏中十分重要。例如，昆明西山“睡美人”最佳的观赏位置是昆明南郊，园林中的构景技巧如抑景、对景、漏景等要求观赏者在观赏景物时要特别注意观赏位置的选择。

（四）安排好观赏节奏

由于人在一定时间内对景物的接受具有一定的限度，所以，只有合理安排观赏节奏，才能获得最佳的观赏感受。

（五）留意特殊的观赏姿态

画家为了增加透视感，通常采用眯眼睛来观赏自然景观。在观赏雁荡山时，若以仰面向后的姿态，可看到雁荡山不仅形似雄鹰，更有展翅欲飞之态，极其生动。

知识链接

庐山景观的主要特征

庐山风光以“奇、秀、险、雄”闻名于世，素有“匡庐奇秀甲天下”的美誉。相传在周朝有匡氏七兄弟同上山修道，结庐为舍，由此而得名。庐山有大汉阳峰、五老峰、香炉峰等，山间经常云雾弥漫，所以，人们常说“不识庐山真面目”。

庐山具有独特的第四纪冰川遗迹，是中国第四纪冰川学说的诞生地，遗留着由古季风环流产生的独特的风沙丘群。

庐山北部以变质核杂岩构造为主，形成一系列秀丽的岭谷地貌，庐山南部和西北部则有一系列的断层崖，形成雄伟高峻的五老峰、观音桥、秀峰、石门涧。山地中分布着宽谷和峡谷，外围则发育着阶地和谷阶。山上和山麓地带都存在着古地面。在庐山与长江的交接地带，鄱阳湖的形成与扩张，塑造出一系列独特的湖滨地貌，形成了多种地貌的汇集，表现出极高的地理地质科学价值与旅游观赏价值。

庐山有众多的奇峰、怪石、壑谷、瀑泉、岩洞等，形成了奇特瑰丽的山岳景观。云雾缭绕，夏季凉爽，是庐山气象的显著特征；土壤呈垂直分布现象；昆虫形成了庐山特有的种群。

项目回顾

旅游行业的从业人员只有具备了一定的自然景观类知识，才能最大限度地满足旅游者求知的需求。本项目主要介绍了中国山岳景观和水体景观。通过本项目的学习，使学习者对中国自然资源及其承载的文化有更深入的认识，并学会欣赏自然景观，从而获得美的体验。

复习思考

1. 什么是山岳景观？山岳景观分为哪几种类型？

2. 什么是水域风光？水域风光分为哪几种类型？

3. 简述山水文化发展的三个时期。

4. 如何对自然山水进行审美？

项目实训

1. 用表格的方式归纳山岳景观和水域风光的分类及其代表性景点。

2. 在我国著名的山水景观中选择一个自己感兴趣的景点，编写5分钟左右的导游词一篇。各组选出代表在班级进行讲解展示。

项目四 旅游聚落文化

任务分析

知识目标

简单了解聚落文化形成与发展的过程，聚落文化与旅游的相互关系，熟悉旅游聚落文化的基本含义和类型；熟记中国历史文化名城的类型与其代表的古城名城；熟记中国聚落文化中古村落的类型及其代表，能运用以上所学进行古城和古村的文化讲解。

能力目标

能够根据不同历史文化名城特点对其进行归类，并能进行简单的文化讲解和导游词创作。掌握历史文化名城、名镇、名村的地域分布、种类形态、旅游价值及功能等。基本能辨析旅游与聚落文化的关系，把握利用聚落文化进行旅游开发的规律和原则。

素质目标

认识聚落文化是人类文化生态体系中的一个极为重要的组成部分，形成对聚落文化保护的紧迫感。引导学生赏析聚落文化的美学风格，培养对旅游聚落文化的文化亲切感与自豪感。

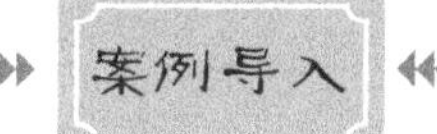

卧龙古镇进行大手笔旅游开发

卧龙古镇项目位于中国历史文化名城，楚文化、汉文化、三国文化的发源地——湖北省襄阳市。2016年，襄阳古镇文化旅游发展有限公司以当地几千年来的人文文化为背景，以当地的传统明清建筑为平台，拟建成展示当地几千年来的人文文化及传统明清建筑文化的城市旅游文化综合体。据悉，卧龙古镇旅游文化综合体项目核心区紧邻国家5A级旅游风景区——古隆中风景区，项目占地2000亩，其中古镇文化旅游核心区占地1200亩，配套房地产住宅区占地800亩，总投资约65亿元，分三期建成，集吃、住、行、游、购、娱六大旅游要素于一体，将建一条人文大街、两条水系（水岸酒吧、茶吧街），以及襄阳府（游客接待中心）、过街楼、古戏台、城门楼、旅游商品街、古玩字画街、珠宝玉石街、民族服饰街等。卧龙古镇项目核心区建设完成经过三年运营后，预计年接待游客800万人次，将成为鄂西生态文化旅游圈中重要的游客集散中心及旅游二次消费场所。

任务实施

聚落文化在长期的历史发展过程中，积累和保存了大量的古代建筑和文物史迹，体现了特定时期的社会的经济基础和丰富多彩的民族文化。它是华夏文明的重要组成部分，也是人类文明发展史上的重要组成部分。现在聚落文化已经成为重要的旅游资源，吸引了大量的国内外旅游者前来参观旅游。

任务一　聚落文化概述

一、聚落文化释义

聚落，本义是指村落，后来泛指人群聚居的地方，包括都市、城镇和乡村等。它是在一定地域内发生的社会活动和社会关系，是由共同成员的人群所组成的相对独立的地域社会。聚落是一种空间系统，是一种复杂的经济、文化现象和发展过程，是在特定的地理环境和社会经济背景中人类活动与自然相互作用的综合结果。我国传统聚落文化经千年的发展与变迁，与其原来的模式相比，表面形式虽然不断发生改变，但它仍然蕴含着宗法时代的乡土文化和乡土生活的几乎所有方面，是有一定外部范围和一定内部结构的系统性整体。

二、聚落文化的形成和发展

在历史上，村落先于城市形成，城市的形成和发展又促进了村落的发展。但村落也是社会生产力发展到一定阶段的产物。

（一）中国村落的发展

在原始社会，人类为了生存必须建立适当的居住地，以防暑御寒、遮风避雨和防止野兽袭击。但是，人类初期并没有固定的栖息地，主要是利用自然洞穴藏身。原始村落多建在森林茂密的低山林区，以便于狩猎和采集。此外，在海边、河边进行着原始的捕鱼活动。由于人们完全依靠天然食物，如兽、树果、草类等，而这些天然食物容易枯竭，食物的获取具有强烈的季节性和地域性，因此人类活动的区域经常大范围的移动，居住地流动不定。

随着生产力的发展，人类逐步走向饲养家畜、栽培作物、生活安定的定居生活。在新石器时代中期，农业与畜牧业发生分离，产生人类社会的第一次大分工，出现了从事农耕业生产的人类的固定居民点——村落，我国村落文化的形成正是这次革命的结果。距今7000～8000年以前，在我国黄河流域和长江流域已出现相当进步的农业经济，产生了长期性的村落。这些原始村落无疑是以原始农业的兴起为依托的，同时又促进了原始农业的发展。距今6000年以前，我国西安半坡村氏族公社是大型固定的农业村落，特别是在居住区外还发现了具有防御作用的壕沟。

随着生产力的进一步发展，人们生活的产品有了富余，交换自己不能生产的生活资料有了可能，这促进了人类社会的第二次大分工，即商业、手工业与农业的分工。随之村落发生了根本性变化，出现了专门从事商业、手工业的城市，村落则以农牧业为主。商业性城市对村落的发展发挥着农产品集散地和物资供应中心的作用，极大地促进了村落经济的发展及村落数目的增加和规模的扩大。工矿业城市的出现，带来了服务于城市的郊区农业村落的发展。加工业城市的发展，尤其是农产品加工业的发展，极大地促使专业性村落的出现，并随加工业城市的发展而不断发展。

村落是我国乡土社会的基本经济单位，是乡土社会人群聚居、生息、生产的地方。我国封建社会的大村，多以大地主宅地为中心，四邻住着佃户或者帮工。村落中阶级对比明显，地主居住着宽敞的院落和砖瓦大房，佃户则居住在茅草小屋中。村落街道以通往地主宅地的干道为中轴，而通向四周佃户住宅的都是些羊肠小路。这些村落是我国传统文化中的一份丰富宝藏，具有浓厚的本土文化特色，是旅游开发的宝贵资源。

（二）中国城市的发展

人类进入奴隶社会后，产生了第三次社会大分工，出现专门从事交换的商人，形成一些人口相对集中、规模大小不等、以产品交换为中心的场所——集市。集市的发展促进了集镇的形成，并为城镇的产生奠定了基础。由于阶级的出现以及部落之间的战争，人类开始在聚集区周围筑城，进而产生了最早的城市。

我国城市的发展经历了漫长的发展历程。距今大约5500年出现了标志着人类文明的早期城市。在河南偃师二里头发现的宫殿遗址，一般认为是我国迄今所发现的最早的宫殿遗址。在二里头还发现有青铜器、陶器等。在二里头附近的尸乡沟还发现一座商城遗址。继商之后的周王朝为巩固其统治，实行分封制。为防御和保护领地，统治阶级把筑城看作是立国之本。“立国”就是在自己的封地内选择适中的地点，营建可以防守的城池。因此，早期城市的功能是以政治、军事为主的。周朝初的城市，主要分布在黄河中下游地区，但向北已扩展到太原、北京附近，向南则至汉水、淮河流域。自此之后，我国城市的分布就以这一地区为中心，逐渐向四周发展。

自春秋开始，我国奴隶制社会逐渐走向解体，至战国时代后期封建制度最后得以确立。这一时期诸侯割据，相互攻战，筑城防御十分重要，因此坚固的城墙、庞大的城池便因战争而产生。属于这类城市的有齐国的临淄、秦国的咸阳、燕国的下都、赵国的邯郸、魏国的大梁、楚国的郢都、齐的临淄等。其中，齐国的首都临淄城，周长有 14 千米，城中的商业十分发达。秦统一后的首都咸阳城、汉朝的长安城，以及唐朝的长安城、宋朝的开封城、杭州城等，都是当时世界上著名的大都市，城市内部功能已经相当齐全。北宋时，开封人口最多时估计超过 100 万，是我国有史以来较为可信的第一个百万人口城市。元、明、清三代，全国最大的城市是北京。它代表了我国封建礼制的典范，充分反映了封建统治者利用城市规划来维护其统治。除北京外，全国还有多个大中城市，如南京、苏州、杭州、广州、福州、武汉、成都、重庆、开封、济南、临清等。其中，广州作为明清实行禁海政策后的唯一对外开放城市，发展尤为迅速，成为仅次于北京的全国第二大城市。

1840 年的鸦片战争，迫使清政府打开闭关自守的大门，开始加入世界经济体系。从 19 世纪中叶起，资本主义工商业首先在沿海沿江城市中出现，随后波及东北和内地广大地区。尽管这些发展从本质上说是服务于资本主义世界经济体系需要的，但随着商品生产的发展，形成一批近代工商业城市，其中上海、天津、大连、青岛、广州、重庆等城市迅速崛起，其地位逐渐超过临近的苏州、北京、济南、成都等传统城市。同时，随着资本主义工业的发展，产生了不少新兴城市，它们多为矿业或工矿业城市，如抚顺、鞍山、本溪、唐山、焦作、大冶、萍乡、玉门等。由于我国煤铁资源主要分布在北方地区，因此新兴城市也多位于东北及华北地区。这样，自魏晋南北朝以来，我国城市主要在南方发展的趋势发生了逆转，北方再次成为城市的主要发展区，其中东北成为我国近现代城市化速度最快的地区。

三、聚落文化与旅游的关系

中华民族古老的聚落文化为世界积累了创造人类生活环境的丰富经验，是现代中国人引以为自豪的珍贵遗产。它蕴涵了各民族先辈披荆斩棘的艰辛和繁衍生息的历程，凝聚着华夏祖先的智慧和心血，已成为巨大的文化财富。保护聚落文化和开发传统聚落文化旅游是世界的发展趋势，它除了可以让本国人直接拥有重温过去文化的功能外，更是象征民族传统与独立于世界的积极意义。因此，传统聚落的有无，不会直接严重影响一国居民的生活和经济，但却是提高本国人民传统精神文化与人文素养的最佳途径。

传统聚落文化作为一种旅游资源，具有很大的吸引力，尤其是大中城市。城市是一个国家或一个地区政治、经济、文化的中心，是物质财富、精神财富最为集中之地，在人类文明发展史上占有十分重要的地位。城市大都选择在交通便利、依山傍水之地，具有丰富的生态旅游资源；城市经过从古到今的发展积累，历史文化积淀非常丰厚；城市建筑历朝总是在不断拆旧建新，成为历史轮廓的具象体现；城市都是一定地域的商业中心。更可贵的是，由于城市所处地域不同，地质地貌情况不同，加之政治经济文化的侧重不同，因而风格不一，这是永远开发不尽的潜在的旅游资源，对于科学研究、商务活动、观光探奇者都是有价值的目的地。传统村落也同样是一种宝贵的旅游资源，它不同于城市生活的形式，容易成为城市居民心中休闲的象征，使传统村落成为满足休闲的场所。适度开发传统聚落文化资源，可以激发旅游者返朴归真的情怀，寻求传统文化的安闲与宁静。

同时，旅游的深入开发也促进了传统聚落文化的保护和复兴。旅游业是一项文化性很强的产业，旅游者正是为了追求一种身心上的跨文化的享受才参加旅游活动的，越是具有异质文化特色的旅游地对游客的吸引力就越大。为了满足旅游者追求不同的文化体验的需求，原先在当地视若无睹或者几乎被人遗忘的传统习俗和文化活动得到恢复和开发，传统的民间艺术受到重视和发扬，濒临湮灭的历史文物得到修复和维护。北京故宫、苏州园林、丽江古城和安徽黟县古村落等已作为重要的人类文化遗产被列入联合国教科文组织世界遗产名录，这些凝聚着中华民族悠久历史文化的名胜古迹不仅作为独特的人文旅游资源受到外来游客的欢迎，而且大大激发了人们对中国传统文化的自豪感。

案例分析

武汉投资29亿元建设盘龙城国家考古遗址公园

2013 年，武汉市投资 29 亿元，动工建设以盘龙城遗址保护为核心的国家考古遗址公园，其遗址博物馆建筑设计方案将以国际招标形式征集。

据了解，盘龙城遗址公园规划范围 6.55 平方公里，空间布局采用三个"圈层"概念：以 1.39 平方公里核心保护区为第一层，遵循"严格保护"原则，进行遗址本体保护工程和考古发掘；以 2.55 平方公里一般保护区为第二圈层，主要修建遗址博物馆和保护展示工程；以 2.6 平方公里建设控制地带为第三圈层，进行主题公园建设和服务功能项目开发。

盘龙城遗址(见图 4-1)距今已有 3500 多年，是商王朝在南方的政治、军事和经济中心，迄今保存有完整的城墙和壕沟。在盘龙城遗址局部发掘中，出土了青铜器、玉器、陶器等多种文物。位于长江流域的盘龙城遗址的发现，推翻了以往公认的"商文化只存在于中原地区"的观点。

据介绍，盘龙城国家考古遗址公园建成后，不仅有利于该遗址的保护，也将为湖北增加一处黄金旅游景点。

图 4-1　盘龙城遗址想象复原图

(资料来源：http://news.ifeng.com/history/kaogu/detail_2013_07/31/28126902_0.shtml。)

任务二 中国历史文化名城

历史文化名城，是指保存文物特别丰富并且具有重大历史价值或者革命纪念意义的城市。成为历史文化名城，要有悠久的历史，较多的历史文化遗存，丰富的传统文化内容。历史文化名城是重要的人文旅游资源，不仅对研究历史与文化，考察古代建筑艺术，研究城市建筑艺术，研究古人的民俗风情等具有重要价值，而且对旅游业的发展也具有重要意义。

一、历史文化名城的含义和特点

截至2016年，国务院公布了100多座国家级历史文化名城。公布历史文化名城，是加强我国文物保护和城市建设的一项重大措施，我国的历史文化名城中，有三分之二是我国历史上的建都之处，是文明财富的集结之地。这一确定对于保护祖国的历史文化遗产，发扬优秀的民族传统文化产生了深远影响。

我国历史文化名城绝大多数是历史悠久的古城市，地处中华文明的摇篮和发祥地。它们拥有辉煌的历史和丰富的文物古迹，集中反映了不同时代的民族精神和风貌，是人文旅游资源的荟萃之地，特别是已公布为国家级历史文化名城的城市，是我国文物古迹最集中的地方。《中国名胜词典》所选收的全国名胜古迹词条中，有许多词条来源于历史文化名城。无论是各座历史文化名城所蕴藏的名胜古迹的绝对数量，还是这些历史文化名城中的单体历史古迹所拥有的文物量，其数量、质量都是其他类型城市望尘莫及的。例如，截至2016年，革命圣地延安的革命文物保护单位的数量超过200处。这些历史文化名城的一景一物，既是历史的积淀，也是历史的再现，必然会引起旅游者的遐想，发思古之幽情。

我国历史文化名城一般具有自然景观与人文景观的交融性，具有一流的观赏性与历史的纵横感相结合的特殊韵味。“全国十大风景名胜”中的万里长城、桂林山水、杭州西湖、北京故宫、苏州园林、承德避暑山庄、秦陵兵马俑等7处在历史文化名城中。我国历史文化名城虽然历经历史上的兴衰起伏，但至今仍都有一定的城市规模，处于或大或小的区域政治、经济、文化和交通中心的地位。它们不仅是观光旅游的好去处，也是购物旅游、商务旅游、会务旅游的理想之地。所有的历史文化名城连为一体，更从多方面、多角度、多层次地体现了人类的总体文化和发展轨迹，共同组成人类文明的壮丽画卷，共同演奏出气势恢宏的历史乐章。

二、历史文化名城的类型及其特色

我国幅员辽阔，民族众多，地理和人文环境复杂多样，历史文化名城又遍布全国各个省份，因而这些历史文化名城风格迥异，各具特色。依据其性质和构成，历史文化名城大致可分为古都类、风景名胜类、交通军事重镇类、特色风貌类和革命纪念地类等五种类型。不过，这种分类只能说明大致的范围，有的历史文化名城可能同时属于几种类型。

（一）古都类历史文化名城

古都类历史文化名城是历史上帝王居住过的城市，曾是国家政治、经济、文化中心，都保留着一定数量的历史遗迹或革命文物，是我国悠久历史的缩影，也是民族文化的窗口。

古都以军事堡垒和政治中心的作用为主。所谓“筑城以卫君”，昭示了都城的君本位思想。城有城墙，城外有池，合称城池，外城称郭。君主居住在城中的宫殿里，施行统治。宫殿是政权、军权、祭祀权的最高集中地，构成了中国古都的主体。古都的建筑既反映了当时国家的政治、经济、军事状况和思想文化面貌，也反映了当时的建筑风格和艺术水平。在我国历史上，因经济发展、民族融合、诸侯割据、朝代更迭等原因，曾成为都城的地方很多，如偃师、西安、咸阳、开封、洛阳、杭州、北京、南京、苏州、临淄、大理、成都、沈阳等。但大多因年代久远、战火不断，多已毁坏，或湮没地下，或被洪水毁坏，所以，留下来的古都建筑并不多。在众多的古都中，较为著名的古都有安阳、西安、洛阳、北京、南京、开封、杭州等。

1. 安阳

安阳位于河南省最北部，是我国历史上最早的一座都城，是中华古老文化的发祥地之一。早在公元前 14 世纪，商王盘庚就迁都于此，直至纣王灭亡。安阳是著名的世界文化遗产——殷墟的所在地，是汉字之都、甲骨文之乡、民族英雄岳飞的故里、红旗渠精神的发源地。安阳自古人杰地灵，历史文化积淀深厚，被誉为文字之根、文化之根、人祖之根。这里流传着大禹治水、文王演易、妇好请缨、苏秦拜相、西门豹治邺、岳母刺字、韩陵定国寺等历史故事。

2. 西安

西安被称为“十朝古都”，曾先后有西周、秦、西汉、前赵、前秦、后秦、西魏、北周、隋、唐在此建都，历时 1000 余年。西安，古称“长安”，意为“长治久安”。西安是举世闻名的世界四大文明古都之一，居中国古都之首，是中国历史上建都时间最长、建都朝代最多、影响力最大的都城，是中华民族的摇篮、中华文明的发祥地。中国历史上的四个鼎盛时代周、秦、汉、唐均建都西安。“西罗马，东长安”是其在世界历史地位中的写照。西安是著名的丝绸之路的起点，位于西安临潼的秦始皇陵兵马俑被誉为“世界第八大奇迹”。

3. 洛阳

洛阳位于河南省西部、黄河南岸，从中国第一个王朝夏朝开始，先后有东周、东汉、三国魏、西晋、北魏、隋、五代、唐等王朝在洛阳建都，“普天之下无二置，四海之内无并雄”。洛阳是中国历史上唯一女皇武则天定都的城市，也是中国历史上唯一被定命名为神都的城市，以洛阳为中心的河洛文化是中华民族文明的源头与核心，河图洛书在此诞生，儒、释、道、玄、理肇始于此。丝绸之路与隋唐大运河在此交汇。洛阳牡丹亦闻名天下，洛阳也被世人誉为“千年帝都，牡丹花城”。洛阳拥有三项世界文化遗产，沿洛河两岸分布着东周王城、汉魏故城、隋唐洛阳城等都城遗址。

4. 北京

北京是我们伟大祖国的首都，是我国的政治、交通和文化中心，北京是全球拥有世界遗产众多的城市之一。北京是金、元、明、清都城，历时 700 余年。北京自金朝起成为古代中国首都，为元、明、清三代的北京城建设奠定了基础。

5. 南京

金陵(南京)有“虎踞龙盘”之称,从公元3世纪至5世纪初,先后有三国时期的东吴,东晋,南朝宋、齐、梁、陈,南唐,明初,太平天国及辛亥革命时都在此建都。南京简称“宁”,位于长江下游沿岸,是江苏省省会。

6. 开封

开封古称汴梁、汴京,简称汴,位于河南省中东部,迄今已有2700余年的历史。开封是一座具有悠久历史的文化名城,是中华民族的主要发祥地之一。著名的皇家名园“艮岳”,集中国名岳大山诸特色于一园,史家称其为中国园林史上承前启后的杰作。闻名遐迩的相国寺、延庆观、禹王台等,都具有较高的历史文化价值。

7. 杭州

杭州是浙江省省会,长江三角洲南翼中心城市,有“东南第一州”之称。“上有天堂,下有苏杭”,杭州也是中国著名的风景旅游城市之一。元朝时曾被意大利著名旅行家马可·波罗赞为“世界上最美丽华贵之城”。

上述七大古都分布于中华大地的东西南北中,多位于经济富饶之区,雄踞制内御外的要塞之地,地处王朝全境的中心地区,或虽然偏处一隅却总有便捷的水、陆交通线与八方异域保持联系。古都名城是历代帝王的都城所在地,是各朝各代政治、经济、文化中心,都存留着一定数量的历史文物与遗址、遗迹,是我国历史发展的缩影,也是回顾中国历史的窗口。

此外,有的历史文化名城曾经是某一朝或某一政权的都城,一般是地区统治的中心。例如,邯郸是战国时期赵国的都城,苏州是春秋时期吴国的都城,成都是三国时期蜀汉和五代十国时期前蜀与后蜀的都城,沈阳是金朝、清初的都城等。

(二)风景名胜类历史文化名城

风景名胜类历史文化名城是指自然资源突出,知名度较高,自然风光与名胜古迹融为一体的城市。这一类型历史文化名城包括苏州、杭州、扬州、大理、桂林、承德等城市。

1. 苏州、杭州、扬州

苏州是吴文化的发祥地和集大成者,亦为中华文明的重要发源地,是传统文化发达、历史底蕴深厚、风景秀丽如画的城市。苏州素以山水秀丽、园林典雅而闻名天下,有“苏州园林甲天下”的美称。其因小桥流水人家的水乡古城特色,而有“东方威尼斯”的美誉。苏州既有园林之美,又有山水之胜,自然、人文景观交相辉映,加之文人墨客题咏吟唱,使苏州成为名副其实的“人间天堂”。苏州、杭州、扬州同是江南经济中心,康熙、乾隆下江南都是在这三个城市驻跸,加之盐业、漕运、织造的繁荣,因此这里富商云集,会馆、绸缎店、酒楼、花肆、青楼、浴池、茶社、剧场等星罗棋布。为争宠王室和自我消遣,富商们皆以建造园林为盛,湖上园林、宗教园林、住宅园林都有修建,徽派、苏派、浙派的建筑艺术得到发挥。至今在苏州、杭州、扬州城内,具有一定规模、保持完好的园林不下百处。在这三座城市中旅游,进入任何一座园林,都会欣赏到自然曲折的清流,修饰叠砌的池沼假山,鳞次栉比的楼阁亭台。在这里,人工美和自然美达到高度和谐统一,是一幅立体的画,是一首无声的诗。

2. 大理

大理地处云南省中部，位于苍山洱海之间。苍山景色向来以雪、云、泉著称。经夏不消的苍山雪，是久负盛名的大理"风花雪月"四景之最。洱海是一个风光明媚的高原湖泊，在风平浪静的日子里泛舟洱海，那干净透明的海面宛如碧澄的蓝天，给人以宁静而悠远的感受。大理白族自治州是一个以白族为主的多民族地区，境内居住有彝、回、苗、汉等民族。大理文化是中原文化、藏传文化、东南亚文化及当地民族文化融合的产物，是中华民族文化宝库中重要的组成部分。

3. 桂林

桂林地处广西壮族自治区东北部，自古享有"桂林山水甲天下"之美誉。因为有桂林山水，桂林才成为世界著名的风景游览城市。以漓江风光和喀斯特地貌为代表的山水景观，千姿百态。

4. 承德

承德，旧称"热河"，位于河北省东北部，承德避暑山庄是中国十大风景名胜之一。承德境内资源丰富，自然风景、名胜古迹闻名遐迩。秦汉以后，历代的中央政权都曾在此设置过行政管理机构。清帝康熙时开始兴建避暑山庄，直至乾隆年间才告结束。山庄建成后，清朝曾有 7 位皇帝在此驻跸。帝王们在此消夏理政，使这里成为全国第二个政治中心。

（三）交通军事重镇类历史文化名城

军事重镇名城大多为古代交通枢纽和军事要塞，历来为兵家必争之地，通常具有"一夫当关，万夫莫开"的重要功用。它们有的横亘于古丝绸之路上，有的静躺在古河流港湾中，有的雄踞在狭道岔口。由于历史原因，此类名城至今仍然是交通枢纽和国防重镇，保留了大量的驿道、古代交通的历史遗迹，或留下了古战场遗址和军事防线残痕。徐州、泉州、保定、宜宾、张掖、喀什等均可划入此类名城之中。

1. 徐州

徐州，古称彭城，位于江苏省西北部，是苏北最大的城市。帝尧时彭祖建大彭氏国，彭城因而得名。徐州是彭祖文化、两汉文化的发源地，地处南北方过渡地带，为北国锁钥、南国门户，向来为兵家必争之地。现代战争中就有抗日战争时期以徐州为中心的徐州会战和解放战争时期的淮海战役。

2. 泉州

泉州地处福建省东南部，是中国历史上对外通商的重要港口，有着上千年的海外交通史，是一座历史悠久、风光秀丽的开放港口城市。宋元时期，泉州对外贸易发达，是古代"海上丝绸之路"的起点，享有"东方第一大港"的盛誉。

（四）特色风貌类历史文化名城

此类名城是指比较完整地保留了某一时代或几个时期的历史风貌的城市，或者是具有特殊民族风貌的城市。这些城市多分布在少数民族聚居的区域，具有明显的民族特征和地区文化特色，如呼和浩特、拉萨、江孜、喀什、平遥等。

1. 呼和浩特

呼和浩特是具有 400 多年历史的塞外名城，北依大青山，南临黄河，自古为内蒙古草原民族的重要聚居地。呼和浩特市区建筑造型各异，颇具特色。其建筑外墙大多贴有乳白、粉白、米黄、深黄色和蓝色的面砖，象征着纯洁、高尚和欣欣向荣。这些颜色和市内饰有各式云形图案的穹庐式建筑，构成了极富民族特色的城市市容。

2. 拉萨

拉萨藏语为“神仙居住的地方”，素有“日光城”之美誉，是具有1300多年历史的高原古城。公元7世纪，藏王松赞干布成立吐蕃王朝，定都拉萨，并开始大兴土木，修建宫殿寺庙，拉萨逐渐成为西藏的佛教圣地。拉萨充满着迷人的宗教色彩。

3. 江孜古城

江孜古城具有600多年的历史，是原西藏地方政府驻地。该城历史悠久，古迹众多，著名的景观是1904年抗击英军入侵时所建的宗山炮台遗址。

4. 喀什

喀什是古丝绸之路我国最西端的城镇，具有典型的维吾尔族城市风光。

这些特色风貌类历史文化名城除反映悠久的少数民族历史外，还形成了独特的民族风情。

5. 平遥古城

平遥古城旧称“古陶”，位于山西省晋中市。始建于西周宣王时期，是一座具有2700多年历史的文化名城。平遥曾是清代晚期中国的金融中心，并有中国目前保存最完整的古代县城格局，也是我国以整座古城申报世界文化遗产获得成功的古县城。

（五）革命纪念地类历史文化名城

此类名城是近现代许多革命事件的发生地，富有革命传统，有丰富的革命遗址、遗迹、遗物和建筑等。特别是中国共产党领导下的革命活动遗迹，具有革命传统教育意义，是建设社会主义先进文化的主要内容。遵义、南昌、延安、上海、广州、武汉、祁县、长汀等，都是典型的革命纪念地类历史文化名城。

1. 延安

延安古称延州，是中国革命的圣地，在中国现代史上占有极为重要的地位。从1935年到1948年，延安是中共中央的所在地，是新中国解放战争时期的总后方。十三年间，中国共产党在此领导中国人民经历了抗日战争、解放战争，以及整风运动、大生产运动，召开了中共七大，改变了中国历史发展的进程。毛泽东等老一辈无产阶级革命家在这里培育了自力更生、艰苦奋斗、实事求是、全心全意为人民服务的延安精神。

全市境内的革命文物达200多处，其中最为重要的是延安市区内的凤凰山旧址、杨家岭旧址、枣园旧址、王家坪旧址、子长县瓦窑堡等国家级文物。省级革命文物有：陕甘宁边区政府旧址，南泥湾旧址，志丹县、安塞县革命旧址和旧居，刘志丹陵园，谢子长陵园，洛川政治局会议旧址等。

2. 南昌

南昌，又名豫章、洪城，地处江西省中部，为江西省省会，全省政治、经济、文化、科技、交通中心，古谚就有“七门九州十八坡，三湖九津通赣鄱”之称。南昌既是国家历史文化名城，又是革命英雄城市。1927年，第一次国共合作破裂，国民党反动派大肆屠杀共产党人和革命群众。为反抗国民党的反动统治，周恩来、朱德、贺龙、叶挺、刘伯承等人领导的八一南昌起义打响了武装反抗国民党的第一枪，揭开了中国共产党独立领导武装斗争和创建革命军队的序幕。

三、历史文化名城的旅游价值

历史文化名城是我国文物古迹集中分布区，也是中华民族悠久历史文化的标志，具有十分重要的旅游价值。

历史文化名城所包含的古建筑以及文物古迹等，是历史、经济、科学、文化、艺术的载体，蕴含着极其丰富的历史内涵和文化背景，是高层次和高品位的旅游文化资源，为旅游者学习历史知识、继承优秀传统文化提供了直观的生动的绝好教材。

从总体上看，每一座历史文化名城的各个横断面都反映出某一历史时代物质文明和精神文明的最高水平，而它们的纵切面又是中国历史长卷中的一个画面，映照出时代的进步和社会风貌的变迁。同时，这些历史文化名城往往还保存了大量的古陵墓、古建筑、古园林、古寺庙、古石刻雕塑等文化遗迹，保存了大量的青铜、玉石、陶瓷、金银、竹木等反映古老东方文化神韵的文物精品。所以，旅游者在历史文化名城中及其附近地区游览时，常常会因一景一物的触动而引发思古之幽情，进而对某一历史时期的军政大事、典章制度、重要人物及其活动、文化艺术乃至风土民情有一个较全面的了解。例如，当旅游者游览了沈阳之后，就会对清初的历史有初步的认识；游览了北京之后，又对元、明、清的历史有了一定的体会。

同时，游览历史文化名城还能够帮助旅游者从整体上把握中国历史发展的基本脉络，培养旅游者宏大的历史观。例如，当旅游者去观察中国古都的地理分布状况时就会发现，我国古代各主要王朝的首都存在的变迁轨迹。沿着这条轨迹去探寻，无疑将会使我们更好地认识中国历史发展的特点与规律。

历史文化名城不仅拥有丰富的人文景观，而且其所处的自然环境往往也是山清水秀的，从而形成了人文景观与自然景观相互交融、相得益彰的特点，给人以美的享受。

早在七八千年前的新石器时代，我国各地的先民们在选择居住地时，就已经懂得如何处理向阳、背风、近水、防涝等问题。至战国时代，更是形成了一些城市选址的基本准则，主张建设城市要选择依山傍水的地形，以免受旱涝之害，节省开渠引水和筑堤防涝的费用。秦汉以后，由于受阴阳五行、风水诸说的影响，历朝历代在选择都城时，除了考虑政治、经济、军事因素外，还往往十分看重都城及其周围地区的山水形势是否壮观，自然景色是否秀丽，能在多大程度上满足王公贵族游山玩水的需要。定都之后，如果水源不足，历代统治者即使动用大量的人力、物力和财力也要获得水源，如汉朝开凿郑渠，隋唐修建运渠，元朝开凿通惠河等。同时，历代统治者还致力于都城及其周围地区自然风光资源的开发与利用，形成了一些邑郊风景区，如杭州的西湖、南京的玄武湖、北京的颐和园等。这些风景绝佳的游览胜地，能给旅游者以独特的审美感受，同时还可以满足旅游者寻求精神家园、怀念传统、返璞归真、追求轻松的精神需求。

游览历史文化名城不仅能够丰富旅游者的历史文化知识，提高旅游者的审美能力，而且还是培养旅游者爱国主义情操的极好场所。雨果曾经说过，最伟大的建筑物大半是社会的产物而不是个人的产物，与其说它们是天才的创作，不如说它们是劳苦大众的艺术结晶。它们是民族的宝藏、世纪的积累，是人类社会才华不断升华所留下的结晶。我国每一个时代的历史文化名城所遗留下来的古迹文物，都代表着那一时代的历史文明和人民的创造，包含着巨大的精神力量，展示着中华民族辉煌的历史和灿烂的文化，可以增强民族自信心，激励旅游者的爱国情感。

任务三 中国特色古村落

古村落一般具有悠久的传统、古老的文化艺术、迷人的古代建筑、众多的历史古迹、可口美味的佳肴，对旅游者具有强烈的吸引力，是旅游者向往的地方。有些古村落今天已经成为现代化城镇，有着现代化都市风光和现代化的购物中心，人们既可以游览具有浓郁民族情趣的古文化乡镇，又可以领略现代化城市风貌。

一、特色古村落的地域分布

我国特色古村落主要分布在安徽省、浙江省、江苏省一带，北方的陕西省、山西省等地也有分布。

安徽省是我国古村落比较集中、富有特色也具有观赏价值和研究价值的省份之一。这里得山水精气，天地大观，文风昌盛，才俊辈出，形成了徽派古村落建筑群。一般所说的徽派古村落建筑群，主要是指安徽省境内长江以南地区，在清末以前形成的具有历史、艺术、科学价值的民居、祠堂、书院、牌坊、楼台亭阁及水口等建筑相对集中的村落建筑群。这些古村落建筑的特点是笃守古制，信守传统，推崇儒教，凝重古朴，隐僻典雅，自然大方，与大自然保持和谐。皖南的歙县、黟县、休宁、祁门、绩溪等古村落不但分布集中，而且具有鲜明的地域文化背景，它们是以明清时期徽商资本为经济基础，以宗法观念为社会基础，在徽文化熏陶下造就出来的有典型地方特色的村落。黟县是历史上的江南名县，这里的自然景观与人文景观十分丰富，素有“小桃园”的美称。其境内的古民居星罗棋布，至今仍有众多保存完整的古民居，被称为“明清民居博物馆”，远近闻名。这些古民居大多带有浓郁的中国传统文化特色，其布局之工，结构之巧，装饰之美，营造之精，集中体现了中国传统文化的精粹，其中西递、宏村、关麓、屏山、卢村、塔川等古民居建筑村落更能让旅游者感受到其中蕴藏的极其丰富的文化内涵。特别是作为最典型的古村落类型的西递、宏村已被联合国教科文组织列入世界文化遗产名录，是中外旅游者的旅游胜地。

江苏省属于典型的江南水乡，特别是在阳春三月、桃红柳绿的季节，江苏古村落所展现的韵味，无疑是每个中国人理想中的天上人间。这里的古村落主要集中在苏州周边，而且与其中心城市的建筑风格有着惊人的相似，其特点是清雅明慧、精细玲珑、讲究情趣。同里是江苏省保存较为完整的水乡古镇之一，周围五湖环抱，东临同里湖，西接庞山湖，南临叶泽湖、南星湖，北枕九里湖，碧绿的湖水为同里围出了一方天地，素有“东方威尼斯”之称。枫桥是著名的苏州古镇，唐代诗人张继的一首《枫桥夜泊》，写尽了枫桥愁思和古刹禅意，使得枫桥从此成为后人探幽寻胜的向往之地。角直、木渎、光福、锦溪、沙溪、高邮等，建筑古香古色，在艺术风格上别具一番淳朴、敦厚的乡土气息。

陕西省内的古民居大多是融合了京、晋、冀、秦风格的四合院民居，院落具有很强的封闭性，屋身低矮，屋顶坡度低缓，还有相当多的建筑使用土坯墙，装修极为简单，风格质朴敦厚。这里的古村落还有一个特点就是周围大多建有高大的围墙，隐蔽的暗道，居高临下的哨楼等，形成了具有防御功能的城堡式建筑群落。

山西省的古民居独具特色，大都气势威严，高大华贵，粗犷中不失细腻，平面而又立体的表现形式，彰显出四平八稳的姿态，体现了以礼为本的建筑特色。

闽南的古民居相对比较集中，特色也较为突出，有人称之为“红砖建筑文化区”。这一地区的民居建筑在外墙、外顶上普遍使用红砖红瓦，形成了外观华丽、装饰丰富、色彩鲜艳的建筑风格，如图 4-2 所示。

图 4-2　闽南红砖建筑

重庆的古村落群，既有浪漫奔放的艺术风格，又蕴藏着人类无穷的想象力，依山傍水的建筑与当地的少数民族风俗紧密联系在一起，有着无穷无尽的文化气息，显露出豪迈中轻巧的一面。此外，云南、湖南、江西、广西、贵州、四川等地的古建筑也都独具特色，都是中国古村落文化中灿烂花朵。

二、特色古村落的基本类型

我国古村落众多，其中不乏有着百年历史以上的古村落。我国古村落蕴藏着许多精美绝伦的艺术珍宝和深重悠远的远古文化，是一种具有特殊景观形态和文化内涵的乡村人文景观，一般都较完整地保留了某一时代或几个时期的历史风貌。

（一）历史文化遗迹类古村落

古村落最重要的是其深厚的历史文化背景。这些古村落在选址、布局上，都具有强烈的宗族文化色彩和耕读文化色彩，都是浓缩了中国本土文化色彩的经典遗存。

1. 安徽西递

安徽西递（见图 4-3）是黄山市最具代表性的古村落，距今已有近千年的历史。相传北宋皇祐年间（1049 年—1054 年），唐太宗的后代前往金陵，途经西递，被这里的秀丽山水所吸引，称赞这里有“天马涌泉之胜，犀牛望月之奇”，认为这里是理想中的世外桃源，于是迁居至此。从此，隐李姓而改为胡姓，繁衍后代，并有“李胡两家亲和而不通婚”的规矩。鼎盛时期，西递全村有 600 多座华丽宅院、99 条巷子，街道纵横交错，人口近万，多为富商巨贾。到明清年间，又大兴土木，建房、修祠、铺路、架桥，将西递建设得更加气派、堂皇。西递全村至今仍有保存完好的明清民居 120 多幢，居住着 200 多户胡姓人家。远远望去，西递村是一片线条简洁的黑瓦铺成的屋顶和高大的白墙，黑白相间，错落有致。民居多设计成“回”字形，四周有回廊，中间是天井，雨水从四面屋顶流入天井，俗称“四水归堂”，据说反映了徽商“肥水不流外人田”的心理。

图 4-3　安徽西递

2. 山西运城“宰相村”

山西运城“宰相村”(裴柏村)也是游人向往的地方。历史上赫赫有名的裴氏家族是一个久负盛名的大家族，先祖始于秦，自秦汉，历魏晋，到隋唐而极盛，五代以后余荫犹存，家族丁旺文盛，德显文章久隆不衰。这里有“将相后妃，公侯一门”之说，可供参观的文物古迹众多。

3. 乌镇

乌镇(见图 4-4)自古崇尚文学，多诗礼之家。自宋代以来，文人荟萃，人才辈出，仅明、清两代就曾出过 29 名进士，77 名举人，镇上有宋状元坊、明登科坊等。乌镇是首批中国历史文化名镇、中国十大魅力名镇、全国环境优美乡镇、国家 5A 级景区，素有“中国最后的枕水人家”之誉，拥有 1300 年建镇史。乌镇是典型的中国江南水乡古镇，有“鱼米之乡、丝绸之府”之称。乌镇具有 6000 余年悠久历史，是全国 20 个黄金周预报景点及江南六大古镇之一。从 2014 年起，乌镇成为世界互联网大会永久会址。

4. 浙江俞源

俞源是浙江金华境内的古民居群，我国唯一的笼罩着浓厚道教神秘色彩的太极星象村，是个按天体星象布局的村落，再现的是一幅完整的天体星象图，堪称东方奇观，如图 4-5所示。这里现存宋、元、明、清四代不同风格的古建筑近 400 幢。此外，诸葛村、溪口、岩头村、芙蓉村、苍坡村、蓬溪村、石塘、绍兴、安昌等的建筑也都精细玲珑，各具特色，不仅反映了当时的建筑特点和风格，而且反映了当时人们的审美情趣，有着丰富的历史文化内涵。

图 4-4　乌镇

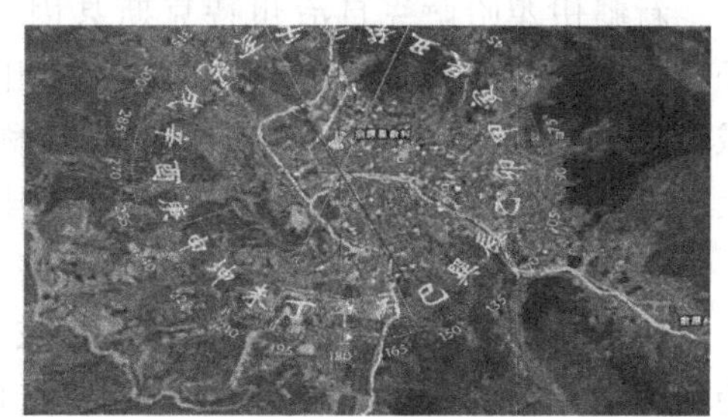

图 4-5　太极星象村

（二）独特建筑类古村落

古村落的面貌通常是由其古老的建筑所决定的，古建筑的布局和结构在很大程度上也左右着聚落的人群的生活方式。如今保存下来的建筑绝大部分散布在乡村，通常被称作乡土建筑，其布局结构、刻画装饰无不深深浸染着传统文化精神，能最直接、最突出地反映地域特色。

1. 江苏周庄

周庄（见图 4-6）是典型的江南水乡古镇。元末明初，沈万三经商而富，使这里成为粮食、丝绸、陶瓷、手工艺品的集散地，成为苏州的一个巨镇。周庄四面环水，犹如浮在水上的一朵睡莲，镇中水道形成“井”字形，因河成街，粉墙黛瓦、花窗排门的房屋傍水而筑。深宅大院，重脊高檐，河埠廊坊，过街骑楼，穿竹石栏，临河水阁，古色古香，水镇一体，呈现一派古朴、明洁的幽静，是江南典型的“小桥、流水、人家”。全镇 60％以上的民居都为明清建筑，仅有 0.47 平方公里的古镇有近百座古典宅院和 60 多个砖雕门楼。例如，元末明初巨贾沈万三后裔所建的沈厅，明初中山王徐达之弟徐逵后裔所建的张厅，都是明清时期住宅的典型。

图 4-6　周庄

2. 安徽宏村

安徽宏村建于明永乐年间，按地理风水思想，依地势将仿生学运用到村落的设计与建筑上。整个村落布局似牛形，所以被人们称为“牛形村”。全村以高昂挺拔的雷岗山为“牛头”；满山青翠苍郁的古树为“牛角”，村内鳞次栉比的建筑群为“牛身”；碧波荡漾的月沼水塘和南湖为“牛胃”“牛肚”；穿堂绕屋、九曲十八弯的人工水圳是“牛肠”；村西虞山溪上，架起四座木桥为“牛脚”。这样便形成了“山为牛头，树为角，屋为牛身，桥为脚”的牛形村落。高处俯瞰，整个村落就如一头悠闲斜卧在山前溪边的青牛。

3. 浙江岩头村

浙江岩头村的浚水街，一渠清水穿村而过，它是居民洗涤之源、生活之链，既能增强人们的秩序观念、群体意识，同时又具有审美意义上的以空间换时间、集小景为大景的作用。

4. 新疆特克斯县县城的八卦街

新疆伊犁哈萨克自治州特克斯县因八卦布局而闻名（见图 4-7）。特克斯县城按《易经》八卦布局而成。整个县城形成路路相通，街街相连，神奇迷宫般的 64 卦街道布局，县城呈放射状圆形，面积约 8 平方公里，被称为凝固的《周易》、有形的《周易》。2001 年荣膺上海大世界吉尼斯之最，2007 年被列入国家历史文化名城。

5. 湖南凤凰古城

凤凰古城是中国历史文化名城，国家 4A 级景区，曾被新西兰著名作家路易艾黎称赞为中国最美丽的小城，如图 4-8 所示。其地理位置可概括为：“西托云贵，东控辰沅，北制川鄂，南扼桂边”。这里与吉首的德夯苗寨，永顺的猛洞河，贵州的梵净山相毗邻，是怀化、吉首、贵州铜仁三地之间的必经之路。作为一座国家历史文化名城，凤凰的风景将自然的、人文的特质有机地融合到一起，吸引着四面八方的游客前来游览。

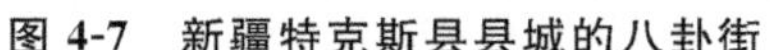

图 4-7　新疆特克斯县县城的八卦街

图 4-8　湖南凤凰古城

（三）优美环境类古村落

古村落特别是少数民族古村落，有相当一部分分布在较偏僻地区，道路崎岖，交通不便，但它们却能以秀丽宜人的自然风光、奇异的地方景观和风俗吸引众多的旅游者。云南丽江古城、黑龙江漠河、山东蓬莱，以及江南水乡风景秀丽、具有“小桥、流水、人家”风韵的小镇比比皆是。

1. 丽江古城

丽江古城是中国历史文化名城中唯一没有城墙的古城，据说是因为丽江世袭统治者姓木，筑城势必如木字加框而成“困”字之故。丽江古城是丽江纳西族自治县的中心城市，这里集中了纳西文化的精华，是充满神秘的地方。植物探险家兼人类学家约瑟夫·洛克博士，从 1922 年到 1949 年在丽江生活了 28 年，他把以丽江为中心的滇西北神奇的风情写成系列文章不断介绍到西方去。英国小说家詹姆斯·希尔顿根据洛克的报道写成了长篇冒险小说——《消失的地平线》，书中写道：“一个充满神秘色彩的、深藏的高山和富饶的‘蓝月亮’峡谷之间，有一座座使人陶醉的田园式庭院的‘世外桃源’。”他所写的“世外桃源”就是云南丽江，而且他给它取名为香格里拉。这正好和丽江的老君山山脉沿金沙江到梓里的铁链桥一线广大山区名称相似，因为这里清末就叫“香格里雄”，现存的古碑可以作证。

2. 黑龙江漠河

黑龙江漠河是我国东北的一个边陲小镇，“地处极边，寒威过盛”。此地景观极为奇特，主要是气候十分神奇。冬天日出东南，日落西南，夜长昼短，最短的白昼仅数小时；夏天日出东北，日落西北，昼长夜短，晚 11 时黑天，过两个小时就天亮。农历夏至前后为白夜，五六天内，晚 11 时到凌晨 1 时可在野外看书写字，因此有“不夜城”之称。在这里我们可以看到极光，如图 4-9 所示。极光形态多变，出现时色彩鲜艳夺目，变幻无常，有的如光幕、光冕、光带、光弧，有的似光束、光柱。极光的结构为片状、线状或斑状，由于不断运动，就像流星雨一样。

图 4-9　黑龙江漠河极光

3. 山东蓬莱

山东蓬莱的蓬莱阁，殿阁凌空，下临大海，云雾缭绕，是海市蜃楼著名的观察点。北宋科学家沈括在他的《梦溪笔谈》一书中写道：登州海中，时有云气，如宫室、台观、城堞、人物、车马、冠盖，历历可见，谓之“海市”。北宋大诗人苏东坡曾亲往蓬莱阁，用5天时间期待等待蜃景，最后写下著名的《海市诗》，成为千古绝唱。

4. 西塘古镇

西塘镇位于江浙沪交界，是浙江省嘉善县北部的经济、文化和交通中心，是一个具有深厚文化底蕴的千年历史古镇。西塘地势平坦，一马平川，依河而建，水面宽阔，廊棚绵长，风景秀丽，素以“桥多、弄多、廊棚多”而闻名于世，处处碧波荡漾，家家临水入影。

（四）商贸古镇类

我国历史上的“四大名镇”，即湖北的汉口镇、江西的景德镇、河南的朱仙镇、广东的佛山镇，至今古镇风貌仍然清晰可见，每年吸引着众多的游人。

1. 汉口镇

湖北省武汉市的汉口，位列四大名镇之首，处于长江中游，古代以水运为主，武汉有“九省通衢”之称。汉口是武汉市的一个重要组成部分，它与武昌和汉阳分别隔长江和汉江相望。由于地理位置优越，在武汉三镇中，汉口作为集镇，形成最晚，但是发展最快。至明朝末年，汉口已经相当繁华。至20世纪初，汉口已经成为一个具有相当规模的大城市，被称为“东方芝加哥”。

2. 景德镇

景德镇坐落在黄山、怀玉山余脉与鄱阳湖平原过渡地带，雄踞长江之南，素有“江南雄镇”之称。景德镇由于制瓷历史悠久，瓷器质地精良，文化底蕴深厚，对外影响巨大，“瓷都”两字成了景德镇的代名词。弥足珍贵的陶瓷遗迹、精湛奇妙的陶瓷技艺、流光溢彩的陶瓷制品吸引了众多游客前来游览。

3. 朱仙镇

朱仙镇，位于河南省开封市南20公里处，是历史文化名镇，人文景观众多，文物古迹星罗棋布。有中国三大岳庙之一的朱仙镇岳飞庙，有中国木版年画鼻祖的朱仙镇木版年画，有建筑风格堪称东亚第一大清真寺的朱仙镇清真寺，有古开封城遗址等名胜古迹。朱仙镇木版年画起源于唐，兴于宋，鼎盛于明清，历史悠久，源远流长，是我国四大木版年画之一。岳飞曾在这里大败金兵，取得朱仙镇大捷。

4. 佛山镇

今广东省的佛山市，位于珠江三角洲北部，我国南方著名的手工业城镇，今为我国四大丝织业中心之一。古籍记载：“诸宝货南北互输，以佛山为枢纽，商务益盛。”繁荣的商贸带动了以手工业为主的制造业迅速发展。到明清时期，佛山镇逐步发展成为岭南地区商品集散地和冶铸、陶瓷、纺织、中成药等制造业的中心，以至与京城、汉口、苏州合称为“天下四聚”。

三、特色古村落的文化体验

村落文化是以农耕经济为基础的。人类社会由旧石器时代向新石器时代过渡，农耕经济便开始出现。与农耕经济形式相适应，人类聚居采取了村落形式。村落文化就是人类由游牧、采集、狩猎生活走向定居生活所产生的一种文化形态。这种文化的产生和发展，不仅表现着人类生活方式的变化，而且显示了自己的一系列特征。开发特色古村落旅游，不仅可以使旅游者深刻理解农耕文化的特定内涵，而且还可以使旅游者深刻理解不同区域里古村落的各自地理、民族、历史风貌。

古村落是由一定规模的古民居建筑群组成的，是一种明显不同于其周围基质的人文景观空间，具有独特的景观效应。在建筑外观上，从屋顶、屋身到基座，古村落的民居都有很大的差别。例如，各地降水量的大小会影响到房屋的建筑形式。一般情况下，降雨量多的地区，屋顶坡度大，以利泄水；在干旱的地区，则采用小坡度屋顶建筑，并可利用屋顶晾晒粮食。再如，建筑材料的选择也完全与各地区的自然环境直接相关。山区建筑多采用石料砌墙，建筑门楼，甚至用板岩铺设屋顶；山区建筑往往依山就势，傍山而筑，高低参差，错落有致，形成立体建筑景观。植被也影响到村落建筑的选取。草原地区主要用草（小叶樟）做屋顶铺盖材料；林区用树木捆扎叫作“马架子”的建筑；云南西双版纳地区人们多用竹木作为建筑材料，傣族竹楼是云南民族风情旅游的重要景观。这些房屋都是利用不同自然资源建成的，显示出了不同的文化特质。在这些古村落民居的内部建筑结构和艺术装饰上，其建筑用材、巧妙的力学、采光、防火等建筑技术，以及木雕、砖雕、石雕、彩绘等精美的艺术作品，都成为古村落旅游观赏资源最主要的依据。

古村落保留的价值不仅是古老建筑本身，而且是赋存其中的文化内涵。古村落的旅游价值主要体现在它的历史文化内涵上，古民居建筑的技术观赏性和艺术观赏性都是一种外在形式，最终要归结到对古村落历史文化内涵的理解上来。古村落民居生动地反映了耕读文化和宗族文化。耕读文化、宗族文化是中国农村封建社会文化的主要内容。比如，楠溪江古村落的民居最能表现“耕”者坦诚、率真、淳厚的胸怀和“读”者崇尚淡泊自然、潇洒脱俗的价值取向；民居物质建筑主题始终表现为“耕”可致富，“读”可荣身，从而体现了“朝为田舍郎，暮登天子堂”的耕读文化。以苍坡村为例，它是按“文房四宝”的思想布局而建的。村中有长方形的水池，是为砚；池边有长石条，是为墨；石条外有条笔直的砖街，是为笔；整个村是方的，是为纸。这样文房四宝齐全，构思巧妙，寓意为文人辈出，反映出读书致仕、光宗耀祖、名垂史册的心理。

正是由于“耕读世家”的数代繁衍生息，逐渐形成了庞大的宗族。各宗族都建宗祠、修族谱、定族规，形成一村一姓的宗族社会，这样又形成了宗族文化。宗族文化的核心表现是宗祠建筑文化。宗祠是宗族的象征，起着团结宗族、维护封建秩序的人伦秩序的作用，因而在古村落民居布局中十分重视宗祠等公共活动中心的位置。楠溪江古村落许多村内都设有大小不等的若干宗祠，其中最重要的一座为大宗祠，为纪念建村的始祖而建，其余均为各房派宗祠。宗祠是礼制建筑，因而格局严谨，程式化程度很高，而且大多被围于高墙之中，不像民居建筑那样灵活。民居内的雕刻和绘画，也都包含了极其丰富的文化内容，雕刻上的花鸟、植物、人物、戏曲、神话、寓言和故事，都内涵丰富，韵味深长，表达了人们美好的愿望，展现出人们丰富的内心世界和价值取向。

古村落以“古”“幽”为突出特色，它一方面来自古建筑本身，另一方面在很大程度上取决于幽静的自然环境对它的烘托，古村落幽静的环境与古老的建筑景观一起构成了其特有的“意境文化”，渗透出独特的古韵氛围。我国古代人对居住地的选择，实质上是对地理环境的综合感知和评价，他们十分讲究人与环境的协调共荣，认为人不能离开自然环境生存，人只能适应，择优利用自然环境建造居宅是他们的中心指导思想，我国大多古村落都符合这一择地思想，自然环境都十分优美。可见，凝结于古村落生态景观中的核心内容是古代“天人合一”的建筑理念和风水观念。例如，坦下村民居背山面溪，村后临山有成片森林，绿草如茵，山石如画；村前入口处视野开阔，一片田园风光；石筑寨墙上的凉亭风姿诱人，该村落民居使人感到和谐含蓄的美。再如，芙蓉村的如意街，利用水面组织村民公共活动空间，远山、农舍、书院、亭桥的倒影荡漾在池水中，构出优美的耕读环境。这里的流水不仅有实用和美学意义，还有风水学上的深层意义，它有唤醒村民的环境意识、重温文化空间，从而使族风村俗世代相传的作用。

项目回顾

本任务首先对聚落文化进行了简单释义，梳理了聚落文化形成与发展的历程，并分析了聚落文化与旅游的关系。在此基础上重点介绍了聚落文化中旅游价值、文化内涵、审美情趣都较高的中国历史文化名城和古村落，对中国历史文化名城和古村落的基本特点和类型进行了深入细致的介绍。在此过程中学习了对中国历史文化名城、名镇、名村的地域分布、类型特点，加深了对其旅游价值及功能、美学风格、文化体验的认知等。

复习思考

一、知识训练

1.（　　）是我国乡土社会的基本经济单位，是乡土社会人群聚居、生息、生产的地方。

2. 元、明、清三代，全国最大的城市是（　　）。

3.（　　）、（　　）、（　　）和安徽黔县古村落等已作为重要的人类文化遗产被列入联合国教科文组织世界遗产名录。

4. 我国历史上的“四大名镇”是（　　）、（　　）、（　　）、（　　）。

项目实训

1. 请介绍您所在的城市中一处著名的古城、古镇、古村。（任选其一）

建造的年代：　　　　所在省市：

建造者：　　　　面积规模：　　　　美（别）称：

文化特色：

组成部分：

使用功能：

旅游价值：

根据上述提示请写一段600字左右的导游词，并在课堂上讲解。

目的：学生能灵活将所学的旅游聚落文化的知识运用到导游词创作中。

要求：至少包括上述5个要求，可结合PPT或视频进行讲解。

2. 播放旅游纪念系列音乐专辑《我们远去的家园》中的《青瓦白墙恋徽州》《大理雪月觅风花》《丝路花雨锁泉州》等歌曲片段，让学生通过感受歌曲意境，来竞猜歌曲中反映的旅游聚落文化中古城、古镇、古村的名称。

项目五　中国古代建筑文化

任务分析

知识目标

了解和熟悉中国古代建筑的起源与发展、特征、主要类型；掌握中国古代建筑文化取向；掌握中国宫殿建筑、坛庙建筑、陵墓建筑和中国古典园林的基本知识。

能力目标

通过系统的理论知识学习，能讲解中国古代各时期建筑的类型和特征。

素质目标

让学生掌握不同类型的中国古代建筑，并能利用中国古代建筑的文化取向，设计、讲解中国古代建筑导游词。

案例导入

武汉一单位40名员工报名参加了一旅行社的“京城之旅”4晚5日游。第一天将游览明十三陵，第二天和第三天则要游览颐和园、天坛和世界五大宫殿之首的北京故宫。第四天和第五天主要游览北京的其他景点。

假设你是接待这个旅行团的北京当地地陪，你将如何对明十三陵、颐和园、天坛和故宫等建筑做介绍呢？

任务实施

梁思成说过，建筑之始，产生于实际需要，受制于自然物理，非着意创制形式，更无所谓派别；其结构至系统，即形式之派别，乃其材料环境所形成。建筑被誉为“人类历史文化的纪念碑”，是人类文化的结晶，是历史的缩影。中国建筑具有悠久的历史传统和光辉的成就，是中华文明的重要组成部分，它和欧洲建筑、伊斯兰建筑并称世界三大建筑体系。

任务一　中国古代建筑概述

一、中国古代建筑的起源与发展

建筑是随着社会的发展而发展起来的。它和社会的经济、政治、思想和风俗等方面有着密不可分的联系。中国古代建筑的起源与发展也是如此，它随着各个时代政治、经济的发展，产生了不同的特点，同时又反证出这些特点所产生的当时的社会思想意识和文化特点。

（一）原始社会时期的建筑

原始社会初期，以天然洞穴为住所是普遍现象。北京周口店遗址是中国建筑史上最早的实物资料，它说明已经懂得用火的北京人解决居住问题的“建筑”是天然石灰岩洞穴。

进入氏族公社阶段，出现了人工建筑的萌芽，半穴居、地面建筑开始出现。黄河流域以仰韶文化为代表，当时的人为了取水方便，会在河谷附近利用岸边高地挖掘洞穴居住。在陕西半坡遗址则发现了方形或圆形浅穴式房屋。在长江流域的河姆渡文化遗址中则出现了大片榫卯结构的干栏式建筑遗存。人类过渡到父系氏族公社阶段后，手工业从农业中分离出来，阶级对立出现，国家开始产生，私有财产出现，地面建筑开始出现。在山东龙山文化时期的居住遗址中，西安客省庄一座“吕”字形平面的房屋最具代表，此时的房屋面积变小，室内有窖穴，地面上铺“白灰面”也是龙山文化时期的建筑特点。

（二）奴隶制社会时期的建筑

公元前21世纪，夏朝的建立标志着我国进入了奴隶制社会。从夏经商到西周而到达奴隶社会的鼎盛时期，创造了灿烂的青铜文化，建筑水平也有很大提高。

夏商时期，建筑体系逐渐成长，夯土台、宫殿、城市、陵墓均有发展，夯土技术成熟。河南偃师二里头一号和二号宫殿遗址是至今发现的我国最早的规模较大的木架夯土建筑和庭院的实例，说明在夏代至商代早期，中国传统的院落式建筑群组合已经开始走向定型。该遗址的殿堂柱列整齐，前后左右相对应，各间面阔统一，这些特征也说明在这个时期，木结构水平已有很大提高。

西周时期，建筑的等级制度开始出现，瓦的发明是西周建筑上的突出成就，使建筑从简陋状态进入了一个比较高级的状态。著名的陕西岐山凤雏村遗址是我国已知最早最严整的四合院实例，被誉为“中国第一四合院”。

春秋时期，建筑上的重要发展是瓦的普遍使用、砖的应用和作为诸侯宫室用的高台建筑（或称台榭）的出现。高台建筑是我国古代建筑中一种历史悠久并贯穿于整个建筑发展过程的独特建筑形式，常与宫殿、楼阁融为一体。建高台的基本方法是在城内筑高数米至十几米的方形夯土台，四面有很大的侧脚向下延伸，然后在高台上筑殿堂、屋宇。同时，建筑装饰和色彩也日益向多样化发展，并形成了严格的等级制度。例如，“天子丹，诸侯黝，大夫苍”等。在建筑雕饰上则出现了木雕和石雕。

（三）封建社会前期建筑

1. 战国时期建筑的发展状况

战国时期，“筑城以卫君，造郭以守民”，城市规模扩大是这一时期的特点。战国七雄各国的都城都建得很大，城内人口众多、市民生活富足充实。

这一时期的另一个特点就是大量兴建宫室。咸阳的秦一号宫殿是一座以夯土台为核心，周围用空间较小的木构架建筑环绕的台榭式建筑，该建筑具有采暖、排水、冷藏、浴洗等设施，显示了战国时期的建筑成就。

2. 秦时期建筑的发展状况

公元前221年，秦始皇吞并六国，统一天下，战国时期各国建筑方面的创造经验也都随之集中到咸阳，发展出集珍式的咸阳宫室。此外，修驰道、修长城，以及修建著名的秦始皇陵也是秦代的重要建筑活动。

3. 汉时期建筑的发展状况

汉代建筑的发展状况突出表现为木架建筑渐趋成熟，砖石建筑和拱券结构有了很大发展。此时，中国古代建筑主要采用的两种木结构形成，作为中国建筑显著特点之一的斗拱也普遍开始使用。石建筑主要是在两汉，尤其是东汉得到了突飞猛进的发展。

山东沂南画像石墓，墓室全部用预制石材筑成，石面有精美的雕刻，是我国古代石建筑中的代表作。四川雅安东汉益州太守高颐墓阙及石刻、北京西郊东汉幽州书佐秦君墓表、山东肥城孝堂山郭巨墓祠等都是汉代石刻的代表。

4. 三国、两晋、南北朝时期建筑的发展状况

此时期建筑上的大事就是佛寺、佛塔及石窟寺的出现。文献记载，南朝佛寺有500多座，北魏仅洛阳一地就有佛寺1300多座。

大建寺庙对这一时期建筑技术的发展起了积极作用，其中南朝寺塔建造对木结构发展作用犹大，对摆脱汉以来宫室建筑中土木混合结构，向全木结构发展起了关键作用。

石窟寺是佛教建筑中较古老的形式之一，中国的石窟寺起初是仿印度石窟的制度开凿的，多建在黄河流域。北魏洞窟形式基本是模仿印度石窟的制度，前面入窟地方有一个"人"字形披间，是便于礼佛跪拜的前庭，窟的后半部有一个龛柱(中心柱)，是为礼拜时遵照印度习惯回旋巡礼用的。敦煌石窟是我国现存比较完整的石窟群之一，如图5-1所示。

图5-1　敦煌石窟

这一时期历经900余年，以汉代为高潮，至此中国建筑的木构架体系、院落式布局的特点已基本定型。后期由于佛教哲学与艺术的传入，以及中国社会中玄学的兴起，建筑形象呈现着雄浑而精巧的风格。

(四) 封建社会中期建筑

1. 隋朝时期建筑的发展状况

公元581年隋朝重新统一了中国。隋朝选择长安作为它的首都，并在汉长安故址之东规划了新城——大兴城。大兴城布局严整，街道平直，功能分区明确，规划设计井井有条，是我国古代规模最大的城市。此外，隋朝还留下了著名的赵州桥(安济桥)，它是世界上最早出现的敞肩拱桥，由李春负责营造，是我国古代石建筑的瑰宝。

2. 唐朝时期建筑的发展状况

唐朝是当时世界上最强大的国家，作为政治、经济、文化的综合反映，唐朝的建筑也出现了高峰。唐朝的建筑规模宏大，规划严整。当时世界上最大、规划最完善的都城长安就是在此时建造起来的。在建筑群的处理方式上，唐朝强调纵轴方向陪衬的手法，善于利用地形和运用前导空间与建筑物来陪衬。唐朝已经有了用材制度，即将木构架部分的用料规格化。用材制度的出现，反映了施工管理水平的进步，加快了施工速度，便于控制木材用料，掌握宫城质量，对建筑设计也有促进作用。唐朝还出现了专门从事设计与施工的技术人员"都料"，设计与施工水平显著提高。此外，唐朝的砖石建筑有进一步发展，形成了

楼阁式、密檐式、单层塔三种砖石塔形式，著名的大雁塔和小雁塔就是其中的代表作品，如图 5-2、图 5-3 所示。建筑艺术加工上，唐朝日趋真实与成熟，唐朝的建筑大多气魄宏伟、严整而又开朗，实现了建筑艺术加工与结构的统一。

图 5-2　大雁塔

图 5-3　小雁塔

3. 五代时期建筑的发展状况

五代时期是一个多战乱的历史时期，北方尤甚。相对来说，南方的吴越、前蜀、南汉等较为稳定。在建筑风格上，基本上是继承唐朝传统，仅吴越、南唐石塔和砖木混合结构的塔比唐朝有所发展，如南京栖霞山舍利塔、杭州闸口白塔与灵隐寺双石塔。

4. 宋朝时期建筑的发展状况

宋代的手工业和商业发达，城市结构和布局也发生了重要变化，这一时期的建筑一改唐代雄浑的特点，变得纤巧秀丽、注重装饰。在木构架建筑方面则采用了古典模数制，并出现了《营造法式》一书。

宋代的建筑风格趋向于精致绮丽，屋顶形式极丰富多样，装修细巧，门、窗、勾栏等棂格花样繁多。留存至今的宋代木构殿宇尚有不少。太原晋祠圣母殿和河北正定隆兴寺摩尼殿是宋代木构建筑的代表作。

宋塔遗存至今尚多，有砖塔、石塔，还有琉璃贴面的琉璃塔。福建泉州开元寺双元塔，是现存最高的石塔。

知识链接

《营造法式》

《营造法式》是宋将作监奉敕编修的。北宋建立以后百余年间，大兴土木，宫殿、衙署、庙宇、园囿的建造此起彼伏，造型豪华精美铺张，负责工程的大小官吏贪污成风，致使国库无法应付庞大的开支。因而，建筑的各种设计标准、规范和有关材料、施工定额、指标急待制定，以明确房屋建筑的等级制度、建筑的艺术形式及严格的料例功限以杜防贪污盗窃被提到议事日程。哲宗元祐六年（1091 年），将作监第一次编成《营造法式》，由皇帝下诏颁行。

因该书缺乏用材制度，工料太宽，不能防止工程中的各种弊端，所以北宋绍圣四年（1097 年）又诏李诫重新编修。李诫以他个人 10 余年来修建工程之丰富经验为基础，参阅大量文献和旧有的规章制度，收集工匠讲述的各工种操作规程、技术要领及各种建筑物构件的形制、加工方法，终于编成流传至今的这本《营造法式》，于崇宁二年(1103年)刊行全国。

这是我国古代最完整的建筑技术书籍，标志着中国古代建筑已经发展到了较高阶段。

（资料来源：http://baike.baidu.com。）

5. 辽时期建筑的发展状况

辽代的帝王积极吸取汉族文化，在建筑方面可视为直接继承唐代的传统。辽代遗留至今的两处最著名的古建筑，一处是天津蓟县独乐寺山门、观音阁，另一处是山西应县佛宫寺释迦塔。

6. 金时期建筑的发展状况

金破宋都汴梁时，拆迁若干宫殿苑囿中的建筑及太湖石等至中都，并带去图书、文物、工匠等。在中都兴建的宫殿被视为“工巧无遗力”“穷奢极侈”。用彩色琉璃瓦屋面，红色墙壁，白色汉白玉华表、台基、栏杆，色彩浓郁亮丽，开中国宫殿用彩强烈之始。金代的地方建筑中减柱造、移柱造风气盛行，被认为“制度不经”。

此阶段延续近700年，以唐代为高潮。唐代的大建筑群布局舒展，前导空间流畅。个体建筑结构合理有机、斗拱雄劲。建筑风格明朗健壮、雄健伟丽。中国建筑体系至此臻于成熟。

（五）封建社会后期建筑

1. 元时期建筑的发展状况

元朝在建筑上最重大的成就是新建了一座都城——大都。元大都是一座规划周密的城市，街道平直、市政工程完备、气势雄伟。《马可·波罗游记》对元大都大加称赞。元代的木构架建筑趋于简化，用料及加工都比较粗放。斗拱缩小，使柱与梁直接联络，减柱法仍在采用。山西洪洞县广胜寺下寺正殿是元代建筑的代表。

2. 明时期建筑的发展状况

明朝曾先后三次在南京、临濠(今凤阳)和北京建造都城及宫殿。建设经验丰富，有一批熟练的工官与工匠。建筑群布置更为成熟，南京明孝陵、北京十三陵都是善于利用地形和环境来形成陵墓肃穆气氛的杰出实例。在官方建筑的装修、彩画、装饰日趋定型化的同时，砖已普遍用于民居砌墙，出现了全部用砖拱砌成的建筑物——无梁殿。明朝的琉璃制品有很高水平，色彩及纹饰丰富。琉璃面砖、琉璃瓦质量提高了，应用面更加广泛。在木构架方面，木结构经元代简化，到明代已形成新的定型木构架。斗拱的结构作用减小，梁柱构架的整体性增强。为简化施工，柱网规则严谨，柱子不再“生起”，“侧角”取消，梭柱和月梁也被直柱、直梁所代替。木工行业还出现了一本术书——《鲁班营造正式》。另外，明朝时期官僚地主私家园林发达，尤其以江南一带为盛，南京、杭州、苏州及太湖周围许多城镇都有不少私家园林。

3. 清时期建筑的发展状况

清朝定都北京，沿用了明朝精美的紫禁城宫殿，并在使用中不断修葺、添建。清朝在建筑方面最突出的成就表现在造园上，供统治阶级享乐的园林达到了极盛期。

清朝为团结蒙藏等兄弟民族，在西藏、青海、甘肃、蒙古等地修建了许多大喇嘛庙。布达拉宫、席力图召都是汉藏混合式的建筑。承德避暑山庄周围建的“外八庙”也融合了汉藏两式建筑而有所创新，达到了一个新的高度。

清雍正十二年(1734年)颁布了《工程做法则例》，列出了27种单体官式建筑的各种构件的尺寸，改宋式以“材”“契”为模数的计算方法为以斗口为模数，简化了计算，标准化程度提高，有利于预制构件、缩短工期，程式化程度加大。

清朝承担宫廷建筑设计的是七世世袭“样房”，人称“样式雷”的雷氏家庭，他们制作的建筑模型称为“烫样”。

清朝住宅建筑如百花齐放，丰富多彩。

知识链接

样式雷

在17世纪末期，一个南方匠人雷发达来北京参加营造宫殿的工作，因为技术高超，很快就被提升担任设计工作。从他起一共七代直到清朝末年，主要的皇室建筑如宫殿、皇陵、圆明园、颐和园等都是雷氏负责的。这个世袭的建筑师家族被称为“样式雷”。

雷氏家族进行建筑设计方案，都按1/100或1/200比例先制作模型小样进呈内廷，以供审定。模型用草纸板热压制成，故名烫样。其台基、瓦顶、柱枋、门窗，以及床、榻、桌、椅、屏风、纱橱等均按比例制成。雷氏家族烫样独树一帜，是了解清代建筑和设计程序的重要资料。留存于世的部分烫样存于北京故宫。

(资料来源：http://baike.baidu.com/item/样式雷/685775。)

二、中国古代建筑的基本特征

(一) 中国古代建筑外形上的特征

中国古代建筑的外观特征极为明显，都由台基、屋身、屋顶三部分组成，称为“三段式”或“三分法”。

台基单独看是一个高出地面的台子，与建筑物结合时，它就是建筑物的底座。台基的四面全部为砖石砌筑，里面大多填土，表面也铺墁砖石，坚固坚实，形体大多比较方正。台基的使用可以保护建筑物，避免雨水的冲刷，另一方面也弥补了木构架建筑低矮的缺陷，达到雄伟壮观的艺术效果。中国古代大部分的建筑都筑有台基，而且等级高的建筑，台基也越为显著、高大。

台基大致分为以下四种：

(1) 普通台基。用素土或灰土或碎砖三合土夯筑而成，常用于小式建筑。

(2) 较高级台基。较普通台基高，常在台基上边建汉白玉栏杆，用于大式建筑或宫殿建筑中的次要建筑。

(3) 更高级台基。更高级台基即须弥座，又名金刚座。一般由砖或石砌成，上有凹凸脚线和纹饰，台上建有汉白玉栏杆，常用于宫殿和著名寺院中的主要殿堂建筑。

(4) 最高级台基。最高级台基由几层须弥座相叠而成，从而使建筑物显得更为宏伟高大，常用于最高级建筑，如图 5-4 所示。

图 5-4　须弥座台基

屋身部分为建筑主体。其特点是木构架有柱承重，柱子之间填筑门窗和围护墙壁，屋身正面很少做墙壁，多为花格木门窗，柱间处理灵活自由。

三段式之中庞大的大屋顶始终是其精华所在，是中国古代建筑在形态上最显著的特征。中国古代建筑的屋顶被称为中国建筑之冠冕，其特征是屋顶的流畅的曲线和飞檐，最初的功能是为了快速排泄屋顶的积水，后来逐步发展成等级的象征。从汉代初的雏形至明清规格化，屋顶形式经历了漫长的演变历程，形成了完整的体系，主要有庑殿顶、歇山顶、悬山顶、硬山顶、攒尖顶、卷棚顶等形式，如图 5-5 所示。屋顶使建筑物显得稳重协调，而且还增添了建筑物飞动轻快的美感。

(1) 庑殿顶。四面斜坡，有一条正脊和四条斜脊，屋面稍有弧度，又称四阿顶。

(2) 歇山顶。歇山顶是庑殿顶和硬山顶的结合，即四面斜坡的屋面上部转折成垂直

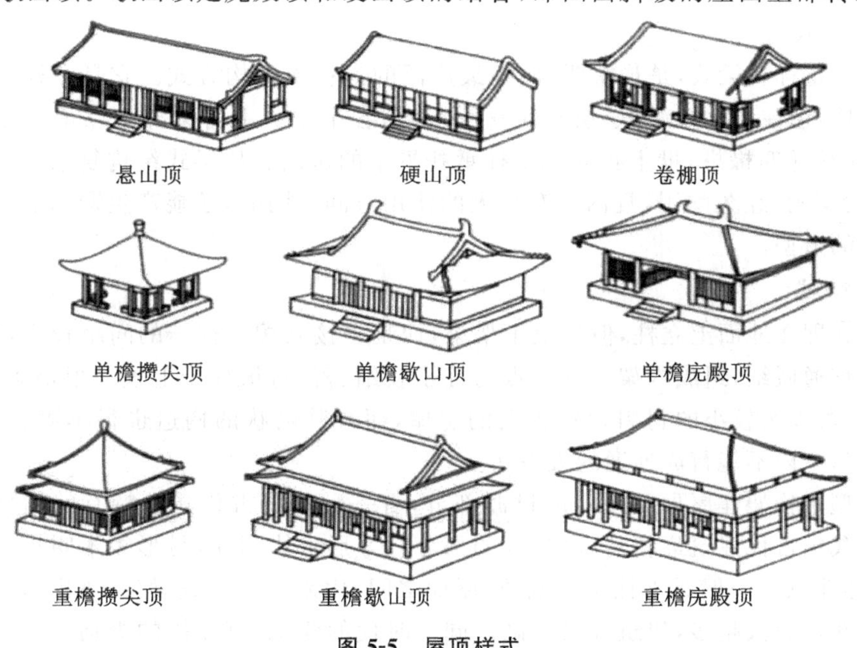

图 5-5　屋顶样式

的三角形墙面。歇山顶由一条正脊、四条垂脊、四条戗脊组成,所以又称为九脊顶。

(3) 悬山顶。屋面双坡,两侧伸出山墙之外,屋面上有一条正脊和四条垂脊,又称挑山顶。

(4) 硬山顶。屋面双坡,两侧山墙同屋面齐平,或略高于屋面。

(5) 攒尖顶。平面为圆形或多边形,上为锥形的屋顶,没有正脊,有若干屋脊交于顶端。一般亭、阁、塔常用此式屋顶。

(6) 卷棚顶。屋面双坡,没有明显的正脊,即前、后两坡出水瓦陇一脉相通,不用脊而砌成弧形曲面。

宫殿、房舍的顶部,是整座建筑物暴露最多、最为醒目的地方,也是等级观念最强之处。总的来说,屋顶的等级由高到低排序为:重檐庑殿顶、重檐歇山顶、重檐攒尖顶、单檐庑殿顶、单檐歇山顶、单檐攒尖顶、悬山顶、硬山顶、卷棚顶。

(二) 中国古代建筑结构上的特征

中国古代是"木建筑的王国"。在河姆渡文化遗址,人们便发现了木质构件的遗痕,千百年来我国古代建筑一直以木结构为主。

中国人崇尚人对自然的感受,追求人与自然的和谐,而不是改造自然。于是中国古代建筑为了体现"天人合一"的思想,就以有生命的木材作为建筑的主要材料。同时,木材的易取得性、易加工性和易更换性,赋予了建筑新陈代谢的生命力,梁思成曾说"不求原物长存之观念"是中国古代建筑以木结构为特色的原因之一。

木构架是屋顶和屋身的骨架,由木柱、木梁搭架来承托屋面屋顶,而内外墙不承重,只担负分割空间和遮风挡雨的作用。"墙倒屋不塌"最概括地指出了木构架体系的特色。

木构架结构形式最主要的有抬梁式和穿斗式两种形式。

1. 抬梁式

抬梁式也称叠梁式,是最重要、应用最广泛的一种木结构方式。它是在柱子上放梁,梁上放短柱,短柱上放短梁,层层叠落直至屋脊,各个梁头上再架檩条以承托屋椽,即用前、后檐柱承托四椽栿,栿上再立二童柱承托平梁的做法。抬梁式结构复杂,要求加工细致,但结实牢固,经久耐用,且内部有较大的使用空间。同时,还能产生宏伟的气势,又可做出美观的造型。

2. 穿斗式

穿斗式即在地面上立柱,但柱上不架梁,而是直接安檩。柱子的间距较密,柱与柱用数层"穿"贯通联结,组成构架。其特点为柱子较细、密,每根柱子上顶一根檩条。采用穿斗式构架,可以用较小的材料建筑较大的房屋,而且其网状的构造也很牢固。不过因为柱、枋较多,室内不能行成连通的大空间。

在大型木构架建屋顶和屋身的过渡部分,有一种我国古代建筑特有的构件,称为斗拱。它是我国古代建筑最精巧、最华丽的部分。方形木块叫斗,弓形短木叫拱,斜置长木叫昂,总称斗拱。一般置于柱头和额枋、屋面之间,用来支撑荷载梁架、挑出屋檐,兼具装饰作用。斗拱层数越多,建筑等级越高。同一时代的建筑,有斗拱的级别高于无斗拱的,斗拱多的又高于斗拱少的。

（三）中国古代建筑群体分布的特征

在中国传统思想里，“天圆地方”“尊卑有序”“中庸平和”等观念代表其精髓。在建筑群体分布上，这些观念也得到了直接的体现。

中国古代建筑在平面布局方面有一种简明的组织规律，这就是每一处建筑，都是由若干单座建筑和一些围廊、围墙之类环绕成一个个庭院而组成的。一般地说，多数庭院都是前后串联起来，通过前院到达后院，正所谓“庭院深深深几许”。庭院反映出中国传统的文化观念，即封闭性和内向性，只有在高墙围护的庭院之中，才具有安全感和归宿感。同时，这种庭院式的组群与布局，一般都是采用均衡对称的方式，沿着纵轴线（也称前后轴线）与横轴线进行设计。比较重要的建筑都安置在纵轴线上，次要房屋安置在它左、右两侧的横轴线上，故宫的组群布局和北方的四合院都体现了这种群体组合的原则。这种布局和中国封建社会的宗法和礼教制度密切相关。它最便于根据封建的宗法和等级观念，使尊卑、长幼、男女、主仆之间在住房上也体现出明显的差别。

（四）中国古代建筑装饰及色彩的特征

中国古代建筑不仅仅是一种技术科学，也是一种艺术。中国古代建筑经过长期的努力，同时吸收了中国其他传统艺术，特别是绘画、雕刻、工艺美术等造型艺术的特点，创造了丰富多彩的艺术形象。

彩画是古代建筑最重要的装饰手段，它是用色彩和油漆在梁、枋、斗拱、柱、天花板等处绘制花纹、图案，乃至故事等。彩画原是为了木结构的防潮、防腐、防蛀，后来才突出其装饰性。

我国在春秋时期就有了彩画的雏形，至秦汉时已很发达，出现了龙、云等象征吉祥的图案，南北朝时期受佛教的影响，彩画中又添了卷草、莲花、宝珠等纹样。随着不断发展，内容越来越丰富，画法与名称也逐渐增多，明清时期渐成定制。彩画一般可分为和玺彩画、旋子彩画和苏式彩画三种。

1. 和玺彩画

和玺彩画是清代建筑中彩画等级最高的。画面由龙和凤的团组成，其间补以花卉图案，并且沥粉贴金，金碧辉煌，十分壮观。常用于宫殿主要建筑。

2. 旋子彩画

等级次于和玺彩画，画面用简化形式的涡卷瓣旋花（故称旋子彩画），有时也可画龙凤，可以贴金粉，也可以不贴金粉。一般用于次要宫殿或寺庙中。

3. 苏式彩画

等级低于前两种，俗称“苏州片”，因源于苏州而得名。画面为山水、人物故事、花鸟鱼虫等。苏式彩画是从江南的包袱彩画演变而来的，常用于住宅、园林。

雕饰是中国古代建筑装饰的重要组成部分，包括木雕、砖雕和石雕等。明、清两代是木雕大发展的时期，如徽州民居木雕装饰已经用得相当普遍，甚至连室内的落地罩都是由木头雕刻而成。明、清建筑中还大量使用砖雕。石雕主要用于建筑物的台基、栏杆、柱础、柱身等石制构建上。雕刻的题材内容十分丰富，有动物植物花纹、人物形象、戏剧场面以及历史传说故事等。

天花是遮蔽建筑内顶部的构件，而建筑内呈穹窿状的天花则称作“藻井”，这种天花的每一方格为一井，又饰以花纹、雕刻、彩画，故名藻井，它还含有五行中以水克火，预防火灾之意。“藻井”一词最早见于汉赋，虽然它和天花一样都是室内装修的一种，但藻井一般在寺庙佛座上或宫殿帝王的宝座上方。一般有方格形、六角形、八角形或圆形等形状。

除了彩画、雕饰、藻井等装饰外，中国古代建筑还有额匾、楹联、棂格等装饰，它们也都是丰富多彩、变化无穷，具有我国浓厚的传统民族风格。

色彩的运用也是我国古代建筑的特征之一，这和中国建筑的木结构体系密不可分，因为木料不能经久，所以，中国建筑很早就采用在木材上涂油漆和桐油的办法，以保护木质和加固木构件用榫卯结合的关节部位，同时增加美观，起到实用、坚固与美观相结合的作用。经过长期的实践，中国建筑在运用色彩方面积累了丰富的经验。例如，在北方的宫殿、官衙建筑中，很善于运用鲜明色彩的对比与调和。房屋的主体部分，即经常可以照到阳光的部分，一般用暖色，特别是用朱红色；房檐下的阴影部分，则用蓝绿相配的冷色。这样就更强调了阳光的温暖和阴影的阴凉，形成一种悦目的对比。这种色彩风格的形成，很大程度上也是与北方的自然环境有关。在山明水秀、四季常青的南方，建筑的色彩一方面为封建社会的建筑等级制度所局限，另一方面也是因为南方终年常绿、四季花开，为了使建筑的色彩与南方的自然环境相调和，它使用的色彩就比较淡雅，多用白墙、灰瓦，栗、黑、墨绿等色的梁柱，形成秀丽淡雅的格调。我国古建筑的色彩的运用，除了这两种主要格调外，随着民族和地区的不同也有一些差别。

色彩的使用在封建社会还会受到等级制度的严格限制。最高贵的是黄色、红色，用于帝王、贵族的宫室；青、绿次之，用于官员的宅邸；黑、白、灰最下，普通民居只能用这类颜色。

案例分析

故宫的颜色

故宫的重要标志是红墙黄瓦、朱门金钉。从故宫的色彩来看，主要有黄、黑、绿三种颜色，另外还有各种颜色的组合。

故宫的重要宫殿都是在其屋顶上铺设黄色琉璃瓦的。由天安门、午门进入宫城，是北京特有的碧蓝色的天，蓝天之下是成片的闪闪发亮的金黄色琉璃瓦屋顶，屋顶下是青绿色调的彩画装饰，屋檐以下是成排的红色立柱和门窗，整座宫殿坐落在白色的石料台基之上，台下是深灰色的铺砖地面。这蓝天与黄瓦，青绿色的彩画和红柱门窗，白色台基和深色地面形成了强烈的对比，给人以极鲜明的色彩感染，所以，故宫的总体色彩效果就是鲜明和强烈。

那么，为什么故宫主要采用黄、黑、绿三种颜色呢？

案例分析：《易经》里说“天玄而地黄”。在古代阴阳五行学说中，五色配五行和五方位。土居中，故黄色为中央正色。《易经》里又说：“君子黄中通理，正位居体，美在其中，而畅于四支，发于事业，美之至也。”所以，黄色自古以来就当作居中的正统颜色，为中和之色，居于诸色之上，被认为是最美的颜色。根据封建社会的礼制，宫殿建筑的屋顶上铺设黄色琉璃瓦，以金碧辉煌的耀目色彩，形成气势恢宏而肃穆庄严的特色。

黑色的琉璃瓦象征什么？按古代阴阳五行说，金木水火土，分别有与之相匹配的颜色。黑色属于水，水能克火。因此，紫禁城内库房的屋顶多不采用黄色琉璃瓦，而是采用黑色琉璃瓦。

绿色的琉璃瓦象征春和日丽，万物复苏。绿色琉璃瓦素雅大方，最典型的古建群是阿哥所，即供皇子、皇孙居住的地方。这里有三套完全相同的院落，都是绿色琉璃瓦的建筑，院中种植树木和花卉，皇子、皇孙在未成年的时候，生活在这个富有生气的环境中，享受着特殊的待遇，是皇室未来的希望。

总之，故宫的色彩运用广泛。各种色彩的运用不仅是为了观赏，而且有一定的象征意义，把皇室的特点表现得淋漓尽致。

三、中国古代建筑的主要类型

经过历史沧桑而遗留下来的建筑是品位最高、价值最大、最具有旅游吸引力的文化旅游资源。各种各样的古建筑，以其独特的艺术魅力和民族文化内涵，吸引着寻古探奇的旅游者。中国古代建筑种类繁多，在漫长的历史发展过程中，不同类型的建筑为满足人们各种不同的需求而产生，并不断地发展完善。依据不同类型的建筑所具有的不同性质，可将其分为宫殿建筑、坛庙建筑、民居建筑、城池建筑、宗教建筑、陵墓建筑、桥梁建筑、园林建筑等类型。

（一）宫殿建筑

宫殿是帝王处理朝政或宴居的建筑物，是国家的权力中心，是国家政权和家族皇权的象征。但在最初的时候，“宫”与“殿”并不是皇帝专用的建筑，或者说“宫”与“殿”最初并不是皇帝所居建筑的专称，而是上至帝王、下至百姓的居室一律可以称为“宫”。直到秦始皇统一了中国，“宫”和“殿”才成了皇帝专用的建筑和建筑群名称。

一般来说，宫殿中用来举行典礼仪式或处理政务的地方，叫作“殿”，而用来生活起居的地方称为“宫”。比如，北京故宫，我们将“太和”“保和”“中和”三座举行大典和处理政务的建筑叫作“三大殿”，而将“乾清”“坤宁”“交泰”三座建筑称为“后三宫”。

中国传统建筑文化注重巩固人间秩序，与西方建筑和伊斯兰建筑以宗教建筑为主不同，中国建筑成就最高、规模最大的就是宫殿。从原始社会到西周，宫殿的萌芽经历了一个合首领居住、聚会、祭祀等多功能为一体的混沌未分的阶段，发展为与祭祀功能分化，只用于君王和后妃朝会、居住。无论如何发展，各朝宫殿的布局却大同小异，都遵循前朝后寝、三朝五门、左祖右社、中轴对称的原则。

除了象征皇帝威仪和国家政权的宫殿，历朝还建有离宫苑囿，作为皇家生活环境的一种调剂和补充，如唐代的华清宫、清代的圆明园。

根据考古发现，早在商代时期，就出现了宫殿。秦汉以来，宫殿规模更为宏大，如秦始皇的阿房宫，汉武帝的未央、长乐、建章诸宫等。唐长安宫殿是历史上最宏伟的宫殿，根据遗址做出的大明宫含元殿和麟德殿复原充分体现了当时宫殿艺术的成就。目前，我国发现或保存下来的古代宫殿建筑或遗址，年代较早的有二里头宫殿遗址，较晚的有明清时期的紫禁城。

（二）坛庙建筑

坛庙建筑是汉族祭祀天地日月山川祖先社稷的建筑。坛是指中国古代主要用于祭祀天、地等活动的台型建筑；庙即中国古代祭祀建筑。

形体规整，色调简单庄重，周以垣墙，环以柏树，以造成远隔尘嚣的环境，这是坛类建筑的共同特征。坛的形式多以阴阳五行等学说为依据。例如，天坛、地坛的主体建筑分别采用圆形和方形，来源于天圆地方之说。天坛所用石料的件数和尺寸都采用奇数，是采用古人以天为阳性和以奇数代表阳性的说法。南京紫金山六朝祭坛，是目前所发现的年代最早的坛类建筑。

庙的建筑形制要求肃穆整齐，大致可分为三类：

(1) 祭祀祖先的庙，如太庙。太庙是历朝最重要的礼制建筑，是皇帝的家庙，其目的在于表现家族皇权继承的合法性。按照《考工记》的记载，“左祖右社”，太庙的位置应在宫殿建筑群的东侧。庶民百姓不准立庙祭祀先人，但是一些远离京城的强宗豪族则往往修建规模很大的宗祠来祭祀其祖先。

(2) 奉祀圣贤的庙，如孔庙。

(3) 祭祀山川、神灵的庙，如中岳嵩山的中岳庙、东岳泰山的岱庙，以及各地的城隍庙、土地庙、龙王庙、财神庙等。

（三）民居建筑

中国的民居建筑形式多样，风格各异，它没有帝王建筑的富丽堂皇，没有坛庙建筑的宏伟壮观，然而它洋溢着的亲切、质朴的独特风情，同样值得我们为之喝彩，是中国古代建筑中最具特色的一部分，其中以汉族院落式布局的住宅分布最广。这种院落式布局的民居一般以院为基本单位，其特点是以内向的房屋围成封闭的院落，仅大门对外，既满足古人对安静的居住环境的需求，又符合传统的礼法制度。民居中的院落兼有通道和室外活动中心的作用。由于气候的差异，院落式民居在北方和南方表现出各自的地域特性。北方民居庭院宽阔，如北京的四合院，房屋之间一般都有一定距离，庭院呈横长方形，以便冬季多吸纳阳光；南方的民居重在防晒通风，正房和厢房密接，屋顶相连，如井口般聚于庭院之上，俗称“四水归堂”，厅则多为敞厅，与被称为“天井”的庭院连为一体，只有居室设门窗。

除了院落式民居，由于民族的历史传统、生活习俗、人文条件、审美观念的不同，也由于各地的自然条件和地理环境不同，因而民居的平面布局、结构方法、造型和细部特征也就不同，淳朴自然而又有着各自不同的特色。另外，还有土楼、碉房、窑洞、毡包等民居。比如，河南、陕西一带的窑洞式民居，闽东北的横长联排民居，闽粤交界地区的客家土楼，都各具特色。一些少数民族的民居，如傣族的干栏竹楼、藏族的石砌碉房等，都是适应当地自然环境而产生的极富特色的民居建筑。

知识链接

中国的"比萨斜塔"

在四川马尔康市的松岗乡，有个松岗碉群，分别位于梭磨河两岸。其中，两个碉楼位于直波村，被称为直波碉楼，如图5-6所示。站在公路边，可以明显看到山脚处的碉楼往山体方向倾斜。

碉楼外呈八角形，由下往上成锥体形状，由石块和黄泥砌筑而成。碉楼内部每层以小圆木铺垫，人以木梯上下，底层全封闭，二层处设门出入，第三层以上设藏式斗窗，可供采光、瞭望使用，周边住满了直波村的村民。

半个多世纪以来，直波碉楼已经倾斜2.3米，经历3次大地震而屹立不倒，被称为中国的"比萨斜塔"。2001年7月，直波碉群被国务院认定为第五批全国重点文物保护单位。

图5-6 直波碉楼

（资料来源：http://news.xinhuanet.com/photo/2012-11/05/c_123914419.htm。）

（四）城池建筑

城池，又称为城郭、城关，是我国古代的军事防御建筑，包括城墙、城门、瓮城和护城河几部分，后来，为了加强城池的防御性，又多在城墙上加建角楼、敌楼。城池依等级的不同，可分为府级、县级、厅级、堡级等；一般来说，层级越高，规模也越大，配置的官方建筑也不同。城墙是城市的主要防御线，也是界定出城市的范围。城墙一般有两重：里面的称城，外面的称郭。城墙的材料大多就地取材，初期以竹、木栅为主；发展到一定程度后，改为土石或砖等材料为墙。城墙一般建立于城门之上，有单重和多重，以便守城将领登城瞭望敌情和指挥作战。城池的城门数量由行政层级或规模决定，通常分置于东、西、南、北四个方向。

护城河就是在城池周围挖掘的一圈河道，是为了加强整个城池的防御性而建。护城河对于城池来说是非常重要的部分，所以，整个城市的防御性部分被称为"城池"，"池"指的就是护城河。

长城是中国古代宏伟的防御工程，是都邑四周城墙的极度扩大。它与一般的城不同，整体不形成封闭式城圈，长度可达数千里或上万里，故又称为万里长城。

（五）宗教建筑

中国古代建筑中的宗教建筑，有汉式的佛寺、佛塔和石窟，喇嘛教的宫室式木建筑、碉房式的砧石式建筑，伊斯兰教的阿拉伯式建筑和道教的宫观庵庙。所有的这些宗教建筑由于其不同的教义和使用要求，而表现为不同的总体布局和建筑式样。

(1) 佛寺是中国古代数量最多、分布范围最广的宗教建筑。佛教自汉代传入中国后，经历了一个本土化的过程，其佛像、佛寺由梵相、西域式逐渐变为汉相、汉式。其中，曾经以塔为中心的佛寺布局在初唐演变为以佛殿为中心、佛塔分左右建在佛殿前的布局；大约唐中期时，主庭院中只剩下佛殿，主院落外的东西侧分建塔院；中唐以后，佛寺采用了四合院的形式，成为沿用至清的通式。院落式布局的佛寺建筑，分为宗教活动及生活用房两个部分。坐落于中轴线上的主院落是宗教活动的中心，僧众的生活用房则集中在寺院的后半部分。

(2) 道教是中国的土生宗教，唐、宋时期大盛，其建筑称观或宫，也为院落式布局。因历代帝王对佛、道二教基本并行不废，故而道观的规模和布置与佛寺之间颇有相似之处。道教的打醮仪式需要露天活动，因此，殿前多建有大的月台。

(3) 伊斯兰教自唐代传入中国，其活动场所称为清真寺。现存的南方建于宋元时期的清真寺和新疆建于明清时期的清真寺都保持了较多的中亚和阿拉伯风格。我国的清真寺在明代以后，多采取中国传统的木构架殿宇和院落式布局，但是寺内的一些建筑、陈设和装饰则具有阿拉伯的建筑风格。

(4) 塔与佛教有关，所以在古代被称作“佛塔”。佛塔起源于印度，用来储藏佛舍利，其形状为一个半圆形的坟冢，约于东汉时传入中国。佛塔传入中国后，与中国原有的传统建筑形式相结合，出现了许多新的塔形。塔一般由塔基、塔身、塔刹和宝顶组成。根据塔的造型来分，有阁楼式、密檐式、覆钵式、金刚宝座式、花式等；根据建塔的材料来分，有木塔、石塔、砖塔、琉璃塔等。在各种塔中，最主要的两种形式为阁楼式和密檐式，而材料则以砖、木居多。

（六）陵墓建筑

中国古代，人们相信人死后可以过上与活着时一样的生活，所谓“人死而灵魂不灭”，所以，无论是帝王还是普通百姓对墓葬都十分重视。普通百姓乃至官僚贵族的坟称为“墓”，而帝王的坟则称为“陵”或“陵寝”，也可称作“帝王陵”或“帝后陵”。中国历代帝王往往不惜人力、物力修造巨大的陵墓。这种视死如视生的观念，也使得陵墓建筑大多仿照人生前所居房屋、宫室的布局和造型等。中国古代的多数帝陵在平面布局上，以建筑群组在平面上展开和创造空间环境为特点，大多四周造墙，四面开门，四角建造角楼，并将陵山置于陵园的最后，其前建陵门，陵门前辟神道，神道两侧设华表、石兽、石人和碑碣，陵园内苍松翠柏，林木森森，给人以庄重肃穆之感，如明十三陵、清东陵、清西陵都是古代帝王陵墓的典型代表。

（七）桥梁建筑

桥是路的延伸，是最能激发人类想象力的建筑。桥也称“桥梁”，它是一种实用性较强的建筑与设施，主要作用是交通，同时兼具一定的艺术性。

在人类学会造桥之前，自然界由于地壳运动等自然现象的影响，产生了很多天然桥梁，如崇山峻岭中两座高山之间的一线天堑、小河边自然倒卧在河面上的树干等，人类从这些天然的“桥”中得到启示，并在实践中不断仿效它们，由最初的一块简易木板或一个小石蹬，逐渐发展、创造出了造型各异、大小不同的桥梁。

中国古代的桥梁具有多种类型，从结构上划分，有梁桥、悬臂桥、索桥、拱桥、浮桥等，其细分种类则是不可胜数。现已发现的年代较早的桥梁有秦至唐代的渭桥遗址；隋代工匠李春设计的敞肩型石拱桥——赵州桥（见图 5-7），体现了我国古代高超的造桥技术；张择端《清明上河图》中所绘的木构叠梁拱桥，构架组织有序，本身就具备了艺术之美。还有一些桥梁虽然建造于施工条件极其危险的环境中，但却体现出了设计者的智慧，如清代大渡河之上长达 104 米的泸定铁索桥。

图 5-7 赵州桥

（八）园林建筑

园林是在一定的地域运用工程技术和艺术手段，通过改造地形（或进一步筑山、叠石、理水），种植树木花草，营造建筑和布置园路等途径创作而成的美的自然环境和游憩环境。它凝聚着人类向往自然、美化自然，与自然交流的体验及智慧，蕴含着丰富深厚的人对自然的追求和向往，对山林野趣的理解和诠释，对美好环境、美好生活的构建和构造。

中国古典园林具有悠久的历史，在汉代就出现了离宫苑囿和私家园林，经过南北朝、隋、唐的发展，宋以后的园林建筑日趋精巧，至明、清达到高峰，其丰富多彩的类型、样式、高超的造园艺术，独特鲜明的风格和形象令世界瞩目，被公认为“世界园林之母”。

园林建筑可分为皇家园林和私家园林两大类，其中，皇家园林从商周时期的“灵囿”算起，长期以来一枝独秀，且多分布于北方，面积广阔、壮丽辉煌。明清时期，被誉为“城市山林”的私家园林才蓬勃发展起来，且多盛行于江南，淡雅幽邃，与北方皇家园林风格迥异。

现存著名的皇家园林有北京的颐和园、河北的承德避暑山庄等。现存的私家园林有苏州的拙政园、网师园、狮子林和留园等。

任务二　中国古代建筑的文化取向

建筑是文化的载体，文化是建筑的灵魂。建筑作为人类精神文明和物质文明的产物，是文化的重要组成部分。中国古代建筑就是中华民族优秀文化传统的重要组成部分。中国古代建筑文化的出现、形成和发展同样与中国文化的发展紧密相连。中国古代建筑作为东方文化和哲学的一种载体，具有很高的文化内涵，在世界建筑文化之中自成体系，独具风格。

一、礼制与中国古代建筑

《礼记》中说："夫礼者所以定亲疏，决嫌疑，别同异，明是非也。"又说："道德仁义，非礼不成，教训正俗，非礼不备。分争辨讼，非礼不决。君臣上下父子兄弟，非礼不定。"礼是决定人伦关系、明辨是非的标准，是制定道德仁义的规范。在以儒学思想为统治思想的中国古代，"礼"便成了儒家学说的中心，并把它作为一切行为的最高指导思想，其核心是宗法和等级制度，人与人、群体与群体都存在着等级森严的人伦关系。在古代社会长期发展中，礼成了"以血缘为纽带，以等级分配为核心，以伦理道德为本位的思想体系和制度"。中国古代建筑自觉地以建筑形式区分等级，维护阶级社会秩序，具有"主次分明，秩序井然"的位序观，具有强烈的人文属性，在建筑物中寄寓着浓厚的思想观念，这一特点也是中国特有的。

在建筑上，等级制往往通过建筑类型、房屋的宽度和深度、屋顶形式、装饰的不同表现出来，建筑成了传统礼制的象征与标志。从周代开始，辨尊卑、辨贵贱的功能成了建筑被突出强调的社会功能。历代都有相应的规制法典，对城制等级、组群等级、间架做法等级、装修装饰等级都有着严格的规定。例如，唐朝规定，都城每座城门可以开三个门洞，大州的城正门开两个门洞，而县城的门只能开一个门洞。在中国古代建筑中，"间"指的是房屋的宽度，两根立柱中间算一间，间数越多，面宽越大。"架"指的是房屋的深度，架数越多，房屋越深。《明会典》中规定：公侯，前厅七间或五间，中堂七间，后堂七间；一品、二品官，厅堂五间九架；三品至五品官，后堂五间七架；六品至九品官，厅堂三间七架。等级制对屋檐装修、屋顶瓦兽、梁枋彩绘、庭院室内陈设也都有严格规定，甚至对门上的零件——门环，对建筑物的装饰色彩等也有等级划分。

中国古代建筑布局，是以儒家上下之礼和男女之礼为基本构思，多以"前朝后寝"或者"前堂后室"布局。中国最典型的住宅型制是四合院，分前院、后院，前院设辅助用房，后院中轴线上设堂屋，是院中规格最尊贵的建筑，是供奉"天地君亲师"牌位和举行家中重要礼仪的地方，然后依次是长辈、晚辈的住房。这种建筑布局造型，不仅是一般家庭建筑的特点，也是宫殿建筑布局造型的规范，紫禁城（故宫）就是其最集中的代表，如图 5-8 所示。

在紫禁城中，前三殿、后三宫等主要建筑都集中到居中的主轴线上，在主轴线上，又把宫城的主体——前三殿，置于核心部位，这种层层"居中为尊"的"择中"布局，体现着礼制规范要求。中轴线上的太和、中和、保和三殿建筑。其中，太和殿建筑采用了最高的建筑等级，从建筑形制到建筑规模在古代建筑中首屈一指。乾清宫和坤宁宫也处于中轴线上，采用的也是重檐庑殿顶。按礼制，后寝比前朝要低一等级，所以，这里的台基只有一层。位于中轴线上，从南到北的四个门：午门、太和门、乾清门、神武门也各不相同。午门是整个宫城的大门，神武门是宫城的后门，屋顶采用的都是最高级样式的重檐庑殿顶，然而神武门的大殿只有五开间加周围廊，没有向左、右伸展的两翼，所以，在形制上比九开间的午门低。太和门和乾清门在形制上更低。太和门采用的是重檐歇山式屋顶，比重檐庑殿顶低一级；乾清门只能采用单檐歇山式屋顶。中国古代建筑的这种礼乐实用的伦理观念，延绵几千年，贯穿于一切建筑的形制中，这正是中国艺术精神的一个重要特征。

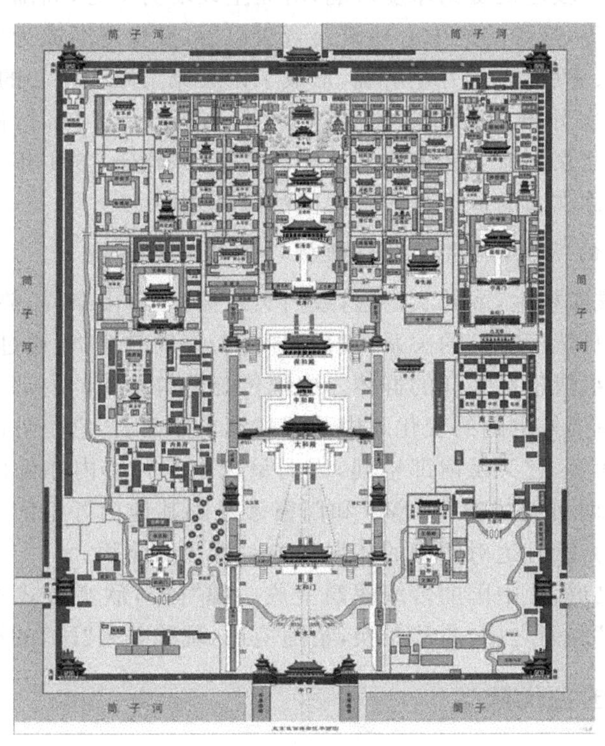

图 5-8　故宫平面示意图

二、中庸之道与中国古代建筑

儒家思想除强调礼制之外，还强调和谐，讲求中庸、中和的人生理想和人伦观念。“中为适应之谓，庸为经久不渝之意”，“中庸”即适用而经久不渝。这种思想使中国人形成和平、宁静、含蓄和内向的民族性格，而在建筑上则演绎为不偏不倚、允当适度、不求外显而求内涵的特点，带有冷静、平和的艺术气质。中国建筑往往把精华和高潮放到最里面，放到最后面，而前面则只是朴质的墙，藏于山水间。中国人内敛的特征决定了中国古代建筑必然要选择这种重感悟、重内涵的建筑布局方式。

（一）中庸之道强调社会的一种“内聚”性，在“向心内聚”的基础上达到和谐统一

为了巩固封建中央集权制的统治，权力中心（国都）都会设在国之中央，王宫设在都城之中央，而王行使最高权力的场所——“三朝”则布置在宫的中轴线上，以中央方位来显示王权的威严，并依靠“中央”的方位，使古代中国对“中”的崇拜转化为对“王权”和封建制度

的皈依。许多少数民族村寨均有寨心,设在村寨中央。如布朗族的村寨中央立一大木柱,周围用石头砌成高台,以示寨心。侗族的村寨中央设鼓楼,以维系侗乡村寨的秩序与和谐。甚至普通民居中,也以天庭、内堂为中心,使几世同堂达到和谐内聚。

（二）中庸之道讲究兼容并包,万事万物和谐共处,以平和之心包容一切

通过研究发现,中国古代建筑文化实际上并非是一个绝对封闭的文化体系,在漫长的历史长河中,只要是美的建筑,外来的建筑,都被吸收、整理,并实现中国本土化。例如,佛教由印度传来,初期佛教建筑受到印度影响,塔庙里以塔为中心,周围建以殿堂、僧舍。塔中供奉着舍利、佛像等,是寺院的中心建筑。晋唐以后,殿堂逐渐成为主要建筑,佛塔被移于寺外,多建于寺前、寺后,或者另建塔院,形成了以大雄宝殿为中心的佛寺结构。寺院坐北朝南,主要殿堂依次分布在中轴线上,层次分明,布局严谨。同时,佛像也被汉化,洋为中用。例如,坐落于北京北海公园琼华岛之巅的白塔,兴建于 1651 年,是外来的形式——喇嘛塔,然而它以匀称丰满的造型融入了中国的园林之中。

（三）内外空间的结合,中庸之道以模糊二者之间的界线

中国传统院落虚实相生,或外实内虚,或内实外虚,或自由布局,势态流通。它模糊了建筑的边界,建立与自然“和谐”的关系,表现出内向、收敛的性格;通过屋顶、墙体、门窗来沟通建筑内外空间,组成丰富多样的群体。中国传统建筑单体的内部空间不发达,它所产生的美主要存在于室内外空间的变化之中。就建筑单体而言,它是外部空间,但就围墙所封闭的整个建筑群而言,它又是内部空间,因而呈现出一种亦内亦外的模糊感,而且即使在水平方向,它也随时可通过空廊、亭子和门窗渗透到其他内外空间去。因此,它的大小和形状都是绘画性的,没有绝对明确的体形和绝对肯定的体积。

正是这种中庸之道,让中国的传统建筑变成一幅“画”,欣赏方式不是静态的“可望”,而是在动态的“可游”画面之中,步移景换,情随境迁,玩味各种“画”的神韵。

三、风水与中国古代建筑

中国风水学与中国营造学和中国造园学构成了中国古代建筑理论的三大支柱,是中国古代建筑活动的指导原则和实用操作技术,是中国传统建筑的灵魂。

人类生活于天地间,无时无刻都与周围环境相接触,如何改善生活,避开灾祸,增加安全感,是人类的本能反应。因此,我们的祖先发挥了人类的智慧,结合当时的哲学观念、社会意识、生活实际,形成了风水学说。中国风水文化的灵魂思想是“天人合一”“万物一体”,这正好反映了中国建筑文化的特质。

（一）风水与宅基选址

人类的生产与生活都自觉或不自觉地受制并反作用于周围的环境系统。人与环境的这种复杂的关系就是风水理论的核心内容。风水书中指出:人之居处宜以大地山河为主,其来脉气势最大,关系人祸福最为切要;若大形不善,纵内形得法,终不全吉。总的来讲,住宅环境选择的理想模式是:地基宽平,背山依水,交通方便,景色优美。

“凡宅,左有流水谓之青龙,右有长道谓之白虎,前有污池谓之朱雀,后有丘陵谓之玄武,为最贵之地。”我们单就景观和功能来看,也不得不承认它是一块好地方。左边有流水解决了饮用、洗涤的问题;右边的大道解决了交通行走的问题;前边的洼地解决了下排水

的问题；后边的山丘增添了田园气息，起到园林中的借景的效果。“凡宅，东下西高，富贵英豪。前高后下，绝无门户，后高前下，多足牛马。凡地，东高西低，生气降甚；东低西高，不富且豪；前高后低，必败门户，后高前低，居之大吉。”因为，宅基东低西高的话，可以增加庭院内上午的采光量，符合人们喜欢朝阳，避开夕阳的心理，而且这样还能阻挡冬季的西北风。前低后高，可以使房屋有一种居高临下的态势。

（二）风水与城市规划

中国古建筑史，很大程度上就是风水史。从西安半坡发现的氏族村落，到《诗经》所载周朝祖先的选址，从三国时期的铜雀台，到清朝的颐和园，无不渗透着风水观念。风水作为中国传统文化的一部分在传统建筑中得到了传承和发扬。建于宋末元初的丽江古城，以“四方街”为中心，四条主街和两条侧街均从四方街的四角和腰部辐射开，每条主街又分支出诸多小街小巷，形成逐层外扩的格局；同时街巷与古城的水系有机组合，从而形成了古城路网与水系相依相傍、水乳交融的城市特色，构成了古城完美的城市布局。

我国许多古城的建筑，都有着自己严格的中轴线。在中轴线上，左右对称，城内街道东西、南北，成棋盘格子状。风水对中国古代城市规划和城市建设的影响是相当深刻的。古代大多数城市的位置可以说是在风水理论的指导下选定的。风水的影响主要表现在城市重要建筑的布置和城市中轴线的确定上，即以全城（宫殿、寺庙、陵寝等建筑群）的中轴线面对某些山峰（祖山、主山、朝砂、案砂），构成一组对景，用来烘托城市的势。例如：北京故宫就被布置在全城的中心位置，其中轴线就正对着景山；隋唐东都洛阳城的营建也运用了这一手法，城中心前端指向龙门山双阙，背后对着邙山的一座山峰，颇为壮观。又如，南宋的临安府城在营建过程中为了合于风水之说，依山傍水，将它的禁城布置在城西南凤凰山麓一隅，打破了城市规划中通常将宫殿布置在城的中心居北的传统。

知识链接

龙　脉

在中国传统文化中，“龙脉”就是山脉的神化。“龙脉”虽不为皇帝所专有，但也不是所有山脉都可称为龙脉。龙脉是指地表在外形上连绵起伏，好似地中有生气贯通、有始有终、有根有源的山脉。“龙”指的是山之外形，而“脉”则指隐藏于山里的生气。

龙脉不是随处可寻，要望势、察迹、辨形、观色，其中，最重要的是望势。简单而言，龙脉要悠远，才有深度，才有根本，才显气势，所以定龙脉要认脉归宗。“根”“宗”“源”说的是龙脉所发源的地方，龙脉源头愈远，则愈有气势，因山是气，山大则气大。

（资料来源：http://www.360doc.com/content/11/1211/22/156649_171561417.shtml。）

（三）风水与陵墓选址

古人具有“灵魂不死”“祖宗崇拜”等信仰观念，因此，陵墓选址一直是古代风水中的重要组成部分，被认为是会影响后世后代福祸兴衰的重大问题。风水理论的数千年沉淀对当代中国的殡葬观念有着很深的影响。起初风水文化对陵墓的选址提出基本功能要求：地势高燥、土质丰厚，以“避狐狸之患，水泉之湿”等。魏晋南北朝之后，风水文化逐步完善成熟。风水文化的科学层面对我国墓葬的发展产生了重要的影响。

远古时代殡葬极为简易，随着人类社会的发展，死者的埋葬问题，逐渐发展成为一件大事。今日保存下来的许多重要文物古迹，不少就是坟墓的遗迹遗物。春秋时期，孔子大力提倡“孝道”，厚葬之风日盛，并逐渐形成一套隆重复杂的祭祀礼仪制度和墓葬制度。风水理论认为，祖墓的风水，会影响后人的命运，而一国之君陵墓的风水，则会影响整个国家的命运。历代的皇家陵寝都十分重视选择陵穴，以图皇权永固。

明十三陵是中国古代建筑中的优秀范例。明十三陵规模宏大、典制完备、选址审慎、设计精到、用材考究。其布局经营，在满足礼制功用的同时，与山川、水流等自然环境因素密切结合，达到了极高的艺术境界。十三陵自然环境幽雅，陵寝建筑规模庞大，体系完备，各陵总和成一个完美和谐的整体，突破了唐、宋时期陵寝建筑彼此不讲究统属和整体的格局，发展为一个崭新的陵寝建筑形制，是陵寝规划和建造的最高代表。

清代帝陵也很注重对称美。以主陵孝陵为中心的神道，成为整个陵区布局的中轴线，其他各陵均以孝陵为中心向两侧排布。每一座帝陵都有一条与地球经线平行的中轴线，南北延伸相对称。中轴线的北端依次有隆恩殿、方城等主要建筑，一律坐北朝南。中轴线的顶端是横行的山脉，组成丁字形。中轴线的两旁都是成对的建筑，如望柱、壬午，彼此呼应。比如，清东陵整个陵区的山川景物，皆由从昌瑞山到金星山的神道（中轴线）所左右，大小数十座建筑物沿神道排列，配合有序，蔚为壮观。

（四）风水与建筑美学

1. 对称美

无论是阴宅还是阳宅，传统风水对周围环境的要求讲究“左青龙、右白虎”，这一风水模式就是美学对称均衡原则的最好体现。此外，各种建筑本身也处处体现出一种对称美。

紫禁城的古建筑群更是注重对称原则。通过紫禁城的核心位置，贯穿着一条中轴线：从外城永定门开始，经过内城正阳门，然后进入宫廷广场的大明门，穿过广场，便是皇城上的天安门，天安门内有端门，端门以内迎面而来的才是紫禁城正面的午门。在这条中轴线的东、西两侧，对称排列着内外两城最重要的建筑群，东面是天坛，西面是先农坛，以及太庙和社稷坛。进入午门之后，所有建筑物都采用了更加严格的对称排列形式。其中，只有代表皇权统治中心的前朝三大殿——太和殿、中和殿和保和殿，以及内廷后三宫——乾清宫、交泰殿和坤宁宫，才端端正正地布置在正中央，且每座大殿上的蟠龙宝座，都坐落在中轴线上。

2. 和谐美

传统风水学说追求的美，是整体的美，而非零散的、支离破碎的美。“山管人丁水管财”，“有山无水休寻地”，这种整体美，就是有机统一的和谐美。

清代帝陵就非常注意建筑物与大自然的和谐。以横向的山脉作为天然屏障，使陵寝的背后呈现气势磅礴的背景。各条排水渠都因地制宜，在水沟边砌石、架桥。在小山包上建殿宇，独具匠心。清代帝陵还能突出中心，孝陵在中央，两旁分别是景陵、裕陵等陵墓，进入陵区，先是稀散的建筑，越接近地宫，建筑越紧凑，从南至北，由疏而密，整个陵区无不是和谐美的体现。

现代的一些城市建筑，整体建筑群高矮不一、参差不齐，单体建筑的外观造型也缺乏整体统一，严重破坏了整体的和谐美。城市建筑的整体和个体面貌，都应当和谐，使人们的居住环境力求符合人们的审美需要。和谐美，首先体现在人为建筑与周围大自然的和谐统一，在这个前提之下再追求建筑与建筑之间和自身的和谐美。

案例分析

“三号门外，在老槐树下面有一座影壁，粉壁得黑是黑，白是白，中间油好了二尺见方的大红福字。祁家门外，就没有影壁，全胡同里的人家都没有影壁。”老舍先生在他的《四世同堂》这样写道。那他说的影壁是什么建筑呢？影壁，又称照壁、照墙、萧墙，是设在建筑或院落大门的里面或外面的一堵墙壁，面对大门，起到屏障的作用。同时，它也是一种极富装饰性的墙壁。影壁在造型上，一般来说和普通的墙壁没有多大区别，可以分为壁顶、壁身、壁座三个部分。影壁从建筑材料上来分的话，则主要有琉璃影壁、石影壁、砖影壁、木影壁等几种。

那么，古时的人们为什么要在家门口修建一堵墙呢？仅仅是为了起到屏障作用，用来装饰吗？试从风水的角度，分析古人修建影壁的用意。

案例分析：影壁除具有装饰观赏的作用，还与风水有关。风水讲究导气，气不能直冲厅堂或卧室，否则不吉。避免气冲的方法，便是在房屋大门前置一堵墙。为了保持“气畅”，这堵墙不能封闭，故形成影壁这种建筑形式。而且，影壁墙上有各种迹象图案、文字，营造出的吉祥气场，也对居住者形成影响，使得人气、财气更旺。

四、农业社会与中国古代建筑

中华传统文化的主体，无论是精英文化的诸子百家，还是作为民俗文化的民间信仰和风俗，大多可以归纳到“以耕作居于支配地位”、社会分工不发达、生产过程周而复始的农业文明的范畴之中。

中国古代农业社会讲究“一分耕耘，一分收获”。古人在农耕活动中认识到“利无幸至，力不虚掷”的真理。正是这种民族性格使中国人发展形成了实用、理性而不太注重纯科学玄想的特征。“重实际而轻玄想”的另一种表现在于对待宗教的态度上。自周秦以后2000余年，基本上没有陷入全民族的宗教迷狂，实用理性逐渐成为根深蒂固的民族精神。

这种实用理性的务实精神，在建筑上主要表现为两个方面：

其一，注重结构逻辑的真实性，很少刻意地附加装饰。中国古典建筑是建立在一套完备的木框架结构的技术体系之上的，一直十分注重结构逻辑的真实性的表达与传递。从椽、檩、梁、柱到基础的结构力学传承，关系非常清楚。不仅如此，有些看似装饰物的构件，也有其结构方面的原始需求。例如，雀替，似乎是为了解决立面构图问题而发展的，但是本身也是出于一种构造上的需要演化而来的。又如，室内装修的“彻上露明造”。为了避免屋顶构架的木材朽坏，最好的办法就是让它们处在一个干燥通风的环境之中。因此，很多时候不在室内另作天花，而是让构造完全暴露出来，对各个构件做适当的装饰处理，就形成了“彻上露明造”。

在中国古典建筑中，纯粹装饰的构件是很少的。构件一般是在充分反映用途和构造的情况下，加以有节制的装饰完成的。适用则可，绝不无谓添加。

其二，以人体尺度为出发点，不求高大永恒。中国古典建筑体系一直坚持着有节制的人本主义建造原则。无论什么类型的建筑，都很少建造像西方教堂那样超尺度的东西。中国建筑的庞大，是通过小尺度单位的“院”不断有规律地衍生而产生的。不论建筑群多么庞大，人在其中活动，所感受到的永远是与人相亲和的尺度。这种设计取向，正反映出中国传统文化中实用理性思想居于统治地位的特点，迥异于西方在神学迷狂之下所追求的超尺度。

在审美方面，中国建筑给人设定的路径决定了人在其中是以一个个院落为中心对建筑进行审视的。故而在建筑设计中，匠师们仅就院中视野所及进行仔细推敲，而对目光不及的侧面则彻底不管，任其质朴平淡，从而形成了立面构图的“场景式”特征。步移景异，则是以面为单位在变，而不是如西方的以个体为单位进行。

任务三　宫殿建筑与坛庙建筑

一、故宫

故宫，旧称紫禁城，位于北京中心，是明、清两代皇帝处理朝政和生活起居的地方，是我国现存规模最大、最完整的宫殿建筑群，也是世界现存最大、最完整的木结构的古建筑群。故宫由明成祖朱棣于明永乐四年（1406 年）开始修建，明代永乐十八年（1420 年）建成，距今已有 600 多年的历史。故宫占地面积约为 72 万平方米，建筑面积约为 15 万平方米，是一座长方形的城池，四周有高 10 米多的城墙围绕，城墙的外沿周长为 3428 米（城墙外有宽 50 多米的护城河，是护卫紫禁城的重要设施）。城墙四边各有一门，南为午门，北为神武门，东为东华门，西为西华门。城墙的四角有四座设计精巧的角楼。它规划严整、气势雄伟、豪华壮丽，是中国古代建筑艺术的精华。

故宫建筑极其讲究风水，依照中国古代星象学说，紫微垣（北极星）位于中天，乃天帝所居，谓之紫宫，有“紫微正中”之说。天人对应，皇帝的居所又称紫禁城。它虽处于平坦开阔的地带，但也造成了“前水后山”的布局。“前水”指的是天安门前的外金水河及太和殿前的内金水河。“后山”指的是人工堆成的土山——景山。故宫位于北京城的中心，正对应古代君王坐镇中央、一统天下的思想。

故宫建筑讲究轴线对称，其主体建筑皆坐北朝南，沿中轴线排列，这条中轴线与北京城的轴线重合。整个建筑群依据其布局与功能分为“前朝”和“内廷”两个部分。

前朝宫殿建筑造型宏伟壮丽，庭院明朗开阔，象征封建政权至高无上。前朝由天安门—端门—午门—太和殿—中和殿—保和殿组成的中轴线和中轴线两旁的殿阁廊庑组成，是封建皇帝行使权力、举行大典和召见群臣的地方。

太和殿俗称“金銮殿”，是全国最大、最富丽堂皇的殿堂建筑，是皇帝举行大典的地方。

太和殿的面阔为十一开间，近 64 米；进深五间，约 37 米；殿高达 27 米。大殿为重檐庑殿顶，覆盖黄色琉璃瓦。大殿正脊两端各立有一正吻，全用琉璃拼成，重逾 2 吨。大殿前带走廊，廊下立有红色廊柱，廊内为红色隔扇门窗。门窗上部的额枋上绘有和玺彩画。大殿内设有皇帝宝座，位于中央开间的后部，座上遍布金龙。宝座背靠七扇屏风，座下有七层台阶的高台。

案例分析

太和殿屋脊上的“脊兽”

太和殿是我国古代等级最高的建筑，这一点不仅体现在它的屋顶、台基和颜色上，还体现在很多细小的地方。比如，其屋顶的屋脊上所安放的很多动物一样的装饰物就是最好的体现，如图 5-9 所示。这种装饰物称为“脊兽”，它们按类别分为跑兽、垂兽、仙人及鸱吻。其中，正脊上安放鸱吻，垂脊上安放垂兽，戗脊上安放戗兽，另在屋脊边缘处安放仙人、走兽。我国古建筑上的跑兽最多有十个，分布在房屋两端的垂脊上，由下至上的顺序依次是：龙、凤、狮子、天马、海马、狻猊、狎鱼、獬豸、斗牛、行什。由于在佛教里，奇数表示清白，所以，在屋脊上装饰的跑兽大多是奇数。明、清两代有明确规定，全国除皇宫太和殿的跑兽用十个外，其他建筑上都要用奇数，数目因建筑的等级而相应增减。

那么，大家知道这些脊兽的作用是什么吗？

图 5-9　太和殿屋脊上的“脊兽”

案例分析：这些脊兽在古建筑中起到三个作用：一是灭火压邪，二是固定屋脊和脊瓦，三是标志建筑物的等级。

中和殿建在太和殿之后，保和殿之前。中和殿的造型为四面坡单檐攒尖顶。由于建筑尺寸巨大，而四条垂脊是正常尺度并未加大，因而更显屋顶纤细、精致。这种四角攒尖顶用在中和殿这样重要宫殿上极为少见，因而中和殿也形成了它独特的建筑形象，丰富了前三殿的建筑组群面貌。中和殿的平面呈正方形，每面为五开间，在三大殿中形体最小。

保和殿是三大殿中的最后一座，面阔九开间，前带廊，上为重檐歇山顶。保和殿在明初时名为“谨身殿”，嘉靖时改为“建极殿”，清代顺治时才改成“保和殿”。保和殿主要是皇帝宴请王公大臣和举行殿试的地方。保和殿最为人称道的是位于殿后的雕龙陛石。

故宫建筑的后半部叫内廷，以乾清宫、交泰宫、坤宁宫为中心，东、西两翼有东六宫和西六宫，是皇帝处理日常政务之处，也是皇帝与后妃居住生活的地方。后半部在建筑风格上不同于前半部。前半部建筑形象是严肃、庄严、壮丽、雄伟，以象征皇帝的至高无上。后半部内廷则富有生活气息，建筑多是自成院落，有花园。

乾清宫面阔九开间，进深五间，重檐庑殿顶，上覆黄色琉璃瓦，下为一层汉白玉基座。殿前有与基座平行的甬道与乾清门相连。乾清宫是明、清两朝帝王的寝宫，明朝从定都北京的第一个皇帝朱棣到最末的崇祯都居住在乾清宫。清初的顺治、康熙也都住在这里。雍正时，皇帝改居养心殿，乾清宫便成了皇帝举行内廷典礼与内廷其他活动的地方了。乾清宫内中央开间设有金碧辉煌的皇帝宝座，上悬“正大光明”匾额，东、西开间设有暖阁。

交泰宫在乾清宫之后，它是三宫中形体最小的一座。单檐四角攒尖顶，顶部有圆形鎏金宝顶。交泰宫在明朝时曾经是皇后的寝宫，清代时是皇后过生日时接受朝贺的地方。殿内收藏有乾隆时收存的二十五颗印玺，被称为“二十五宝”。

内廷三宫的最后一座是坤宁宫，面阔九开间，重檐庑殿顶。坤宁宫又称“中宫”，明代时是皇后居住的正宫。坤与乾相对，一为天一为地，代表帝王和皇后。清代时，名义上它还是皇后的住所，实际已改为一宫两用，皇后则住在别的宫殿。一宫两用起于清初顺治帝时期，按照沈阳清宁宫的格局，将东边两间改作皇帝大婚时的洞房，内设喜床宫灯，西边四间改为祭祀的场所。因为清代宫廷祭祀活动较多，所以，西边四间常使用，而东边的两间洞房和暖阁，只在皇帝大婚时使用三天，余下时间都是封闭的。

1961 年北京故宫被列入全国重点文物保护单位，1987 年被联合国教科文组织列入世界文化遗产名录，2007 年被评为国家 5A 级旅游景区。

知识链接

午门斩首

“午门斩首”早为人们所熟悉，描写明清时代故事的影视片中常出现“推出午门斩首”这句台词，以前的民间说书也常有“午门斩首”的故事情节。午门是紫禁城的正门(见图 5-10)，明、清时期真的有在午门执行死刑的做法吗?

其实不然，“午门斩首”只不过是讹传而已，无论明朝还是清朝，都没有这样的做法。因为这里是国家举行重要典礼的场所，如此一个神圣之地，怎么可能作为杀人场所。实际上，明代是在西市执行斩首死刑的，清朝则是在菜市口(这个地方影视中也经常描写到)，只有廷杖之刑才在午门外执行。况且，自先秦起，中国古代执行死刑就有较严格的规定，除了“立斩”的犯人外，并不是随心所欲推出去就斩的，一般须到秋季，经过秋审后再交刑部执行。

人们之所以以讹传讹流传着“推出午门斩首”的说法，可能是将古代的两种行刑方式混为一谈了。在古代军中，将帅拥有“将在外，君命有所不受”的特权，对于罪当处决的人可以即刻“推出辕门斩首”，即推出营门外执行死刑。另外，从明朝中期的成化年间(1465 年—1487 年)起，开始出现了杖刑(又叫廷杖)，就是皇帝命人用棍棒痛打臣下的屁股，而杖刑是在午门外执行的。被皇帝下令施以杖刑的臣下，偶有当廷施杖的，但大多都拉到午门外执行。

图 5-10 故宫午门

（资料来源：http://www.qulishi.com/news/201504/33492_2.html。）

二、布达拉宫

布达拉宫坐落于中国西藏自治区拉萨市郊西北的玛布日山上，是世界闻名的宫堡式建筑群，是一座集宫殿与喇嘛寺庙于一体的独特建筑群，它集中体现了藏族古建筑艺术的精华和古藏民高超的智慧与才艺，如图5-11所示。它既是历世达赖喇嘛的“冬宫”，是供奉历世达赖喇嘛灵塔的地方，又是西藏过去政教合一的统治中心。从五世达赖起的重大的宗教、政治仪式均在此举行。

图 5-11 布达拉宫

布达拉宫是梵语音译，又译作“普陀”，意为“佛教圣地”。据史书记载，公元 7 世纪时，吐蕃赞普松赞干布迁都拉萨，始建布达拉宫为王宫。经过 1300 多年的历史，布达拉宫形成了占地面积近 40 万平方米，建筑面积 13 万平方米，外观共 13 层，高 110 余米，具有宫殿、灵塔殿、佛殿、经堂、宿舍、庭院、回廊等诸多功能的巨型宫堡。

布达拉宫整体为石木结构，宫殿外墙厚达 2～5 米，基础直接埋入岩层。墙身全部用花岗岩砌筑，高达数十米，每隔一段距离，中间灌注铁汁，进行加固，提高了墙体抗震能力，坚固稳定。屋顶和窗檐为木结构，飞檐外挑，屋角翘起。闪亮的屋顶采用歇山式和攒尖式，具有汉代建筑风格。屋檐下的墙面装饰有鎏金铜饰，形象都是佛教法器式八宝，有浓重的藏传佛教色彩。

整个宫堡群主要由红宫、白宫等组成。红宫是布达拉宫宫堡群的主体，也是布达拉宫的中心。红宫平面近似方形，共 9 层，其中，上面的 5 层是可以使用的空间，分布着 20 多个佛殿。红宫是达赖喇嘛的灵塔殿和各类佛殿，西有寂圆满大殿，是五世达赖喇嘛灵塔殿的享堂，内壁满绘壁画，其中五世达赖喇嘛去京觐见清顺治帝的壁画最著名；殊胜三界殿是红宫最高的殿堂，现供有清乾隆皇帝画像及十三世达赖喇嘛花费万余两白银铸成的一尊十一面观音像。

白宫是达赖喇嘛的冬宫，高 7 层。第 4 层中央的东部有寂圆满大殿，是达赖喇嘛坐床、亲政大典等重大宗教和政治活动场所；第 5、6 两层是摄政办公和生活用房等；最高处第 7 层是达赖喇嘛冬季的起居室，由于这里终日阳光普照，故称东、西日光殿。此外，还有上师殿、菩提道次第殿、响铜殿、世袭殿等殿堂。布达拉宫还有一些附属建筑，包括山上的朗杰札仓、僧官学校、僧舍和山下的雪老城及西藏地方政府的马基康、雪巴列空、印经院，以及监狱、马厩和布达拉宫后园龙王潭等。

布达拉宫收藏和保存的大量历史文物有佛塔、塑像、壁画、唐卡、经文典籍，还有表明历史上西藏地方政府与中央政府关系的皇帝封赐达赖喇嘛的金册、玉册、金印，以及金银器、玉器、瓷器、珐琅和工艺珍玩等。

1961 年，布达拉宫成为中华人民共和国国务院第一批全国重点文物保护单位之一。1994 年，布达拉宫被列为世界文化遗产。2015 年 8 月，西藏通过《西藏自治区布达拉宫文化遗产保护管理条例》，作为世界文化遗产的布达拉宫将得到进一步的保护。

三、天坛

中国古代的统治者除了建筑皇宫外，还会建筑一些祭祀用的坛庙类建筑。北京的天坛就是祭天的地方，也是我国祭天的建筑中形制最高、保存最为完好的建筑，如图 5-12 所示。

图 5-12　天坛

天坛是明、清两代皇帝祭祀天地之神和祈祷五谷丰收的地方。明永乐十八年（1420 年）仿造南京形制建造的天地坛，在嘉靖九年（1530 年）时被分开，分别在大祀殿南建圜丘祭天，在北城安定门外另建方泽坛祭地。嘉靖十三年（1534 年）圜丘被改名为天坛。大祀殿废弃后，改为祈谷坛。嘉靖十七年（1538 年）祈谷坛被废，于嘉靖十九年（1540 年）在坛上另建大享殿。乾隆十六年（1751 年）改名祈年殿。现在的天坛占地面积约 273 万平方米，整个面积比故宫还大些，是我国现存最大的一处坛庙建筑。

现在的天坛是圜丘、祈谷两坛的总称，有坛墙两重，分为内坛、外坛两个部分，坛墙北呈圆形，南呈方形，象征“天圆地方”。圜丘坛在南、祈谷坛在北，连接两坛的轴线，叫“丹陛桥”的砖石台。圜丘坛内主要建筑有圜丘坛、皇穹宇等，祈谷坛内主要建筑有祈年殿、皇乾殿、祈年门等。这些建筑都朝南且成圆形，以象征天，它们构成了一幅完整的、富有图案美的建筑图画。

圜丘坛位于天坛的南部，是皇帝举行祭天大典的地方。圜丘坛在明朝的时候是三层蓝色琉璃圆坛，乾隆十四年（1749 年）扩建，并将蓝色琉璃改成艾叶青石台面，通高 5 米左右，下层直径约 55 米，上层直径约 24 米，每层四面出台阶各九级，洁白如玉，极为壮观。圆台周围砌有两道外方里圆的围墙，以象征“天圆地方”。圜丘坛上层中心为一块圆石，外铺扇面形石块九圈，内圈九块，以九的倍数依次向外延展，栏板、望柱也都取九或九的倍数，象征“天”数。

皇穹宇院落位于圜丘坛北侧，坐北朝南，圆形围墙，南面设三座琉璃门，主要建筑有皇穹宇和东、西配殿。皇穹宇是供奉圜丘祭祀神牌的场所，原名"泰神殿"，嘉靖十七年(1538年)改名为"皇穹宇"，是圜丘坛的正殿。它是一座鎏金宝顶单层圆殿，用蓝色琉璃瓦铺设屋顶，象征青天。它由环转16根柱子支撑，外层八根檐柱，中间八根金柱，两层柱子上设共同的镏金斗拱，以支撑拱上的天花和藻井，殿内满是龙凤和玺彩画，天花图案为贴金二龙戏珠，藻井为金龙藻井。皇穹宇殿内的斗拱和藻井跨度在中国古建筑中也是独一无二的。殿正中有汉白玉雕花的圆形石座，供奉"皇天上帝"牌位，左、右配享皇帝祖先的神牌。正殿东、西各有配殿，分别供奉日月星辰和云雨雷电等诸神牌位。皇穹宇院落周围的圆形围墙弧度十分规则，墙面非常光滑整齐，造成了其对声波的折射也十分规则，形成了著名的"回音壁"。如果两个人分别站在东、西配殿后，靠墙而立，一个人贴墙说话，声波就会沿着墙壁传到一两百米的另一端，而且无论说话声音多小，也可以使对方听得清清楚楚。

祈年殿是封建帝王祈祷五谷丰登的地方，是一座有镏金宝顶的三层重檐圆形大殿。因为天是蓝色的，所以，祈年殿的殿檐颜色也是蓝色，它是用蓝色琉璃瓦铺砌而成，以此来象征天。大殿由28根楠木大柱支撑，柱子环转排列，中间4根"龙井柱"支撑上层屋檐；中层12根金柱支撑第二层屋檐；外层12根檐柱支撑第三层屋檐。祈年殿的中间4根龙井柱象征着一年的春夏秋冬四季；中层12根大柱比龙井柱略细，象征一年的12个月；外层12个柱子，象征一天的12个时辰。中外两层柱子共24根，象征二十四节气。祈年殿在建筑的造型上具有很高的艺术价值。

皇乾殿是平时供奉祈谷坛祭祀神牌的大殿，建于明永乐十八年(1420年)，位于祈年殿以北，由三座琉璃门与祭坛相通，蓝琉璃瓦庑殿顶，崇基石栏，殿前设月台。大殿内的神牌均供奉在神龛里，每逢农历初一、十五，管理祀祭的衙署定时派官员前来扫尘、上香。祭祀前一天，皇帝到此上香行礼后，由礼部尚书上香，行三跪九叩礼再由太常寺卿率官员将神牌恭请至龙亭内安放。

祈年殿东边在内墙东门外，有72间走廊，是祈谷寺的附属建筑，俗称"七十二连房"。明清时期，祭天是在日出前进行，因此，祭品要在夜间运送。七十二连房内设有一种古式木座落地灯，称为"戳灯"。

丹陛桥又称海墁大道或神道，是连接祈谷坛南砖门及其南天门(成贞门)的甬道，也是连接祈谷坛和圜丘坛的轴线。丹陛桥上有三条石道，中为神道，东御道，西王道，北高南低，北行令人步步登高，如临天庭。丹陛桥北高南低，是连接祈谷坛和圜丘坛的纽带。它一改中国古建筑中以建筑的排列组合形成的一种虚的、无形的轴线布局的做法，形成了一种实的、有形的轴线。这种做法，在宫殿建筑中绝无仅有。

1961年，国务院公布天坛为全国重点文物保护单位。1998年被联合国教科文组织确认为世界文化遗产。2007年被正式批准为国家5A级旅游景区。

四、太庙

太庙是中国古代皇帝祭奠祖先的家庙。太庙在夏朝时被称作"世室"，殷商时改称"重屋"，周又称作"明堂"，一直到秦汉才称为"太庙"。

北京太庙按照"左祖右社"的原则，建于紫禁城的左前方即东南方，占地约14万平方米，是明、清两代皇帝祭奠祖先的家庙，始建于明永乐十八年(1420年)，嘉靖、万历和清顺治年间曾多次重修，乾隆元年(1736年)大加修缮，历时4年，乾隆退位前又将三进大殿及配殿全部扩建。1924年辟为和平公园，1950年改名为劳动人民文化宫。

太庙平面呈长方形，共有三重围墙，建筑采用中轴对称式布局，琉璃门、汉白玉石拱桥、戟门、三大殿依次排列在中轴线上，井亭、神厨、神库、配殿依次排列于两侧。其中三大殿又分为前殿、中殿和后殿。前殿是三大殿中的主殿，也是整个太庙的主体，又称享殿，是皇帝举行祭祖典礼的地方。前殿坐落在由汉白玉制作而成的3层须弥座上，面积超过2000平方米，面阔十一间，进深四间，屋顶则是中国古代最高等级的黄琉璃瓦重檐庑殿顶。殿内金碧辉煌，68根大柱及主要梁枋均为金丝楠木，是中国现存规模最大的金丝楠木宫殿。中殿始建于明永乐十八年(1420年)，又称"寝殿"，是供奉皇帝祖先牌位的地方。面阔九间，进深四间，屋顶为黄琉璃瓦单檐庑殿顶。中殿内正中室供太祖，其余各祖分供于各夹室，室内陈设神椅、香案、床榻、褥枕等物，牌位立于褥上，象征祖宗起居安寝。每逢祭典前一天，都要将牌位移至享殿安放，祭祀完毕之后再奉回原位。后殿又名祧庙，一开始并未设立，直到弘治四年(1491年)才修建，是存放祭祀用品的地方。屋顶、面阔和进深皆与中殿相同。

太庙以古柏著称，树龄多高达数百年，千姿百态，苍劲古拙，与黄瓦红墙交相辉映，显得肃静清幽，别有洞天。

1988年1月，太庙被列入全国重点文物保护单位。

任务四　陵墓建筑

一、秦始皇陵

秦始皇陵，简称秦陵，坐落于陕西省西安市临潼区的骊山脚下，是中国历史上第一位皇帝嬴政的陵寝，是中国古代最大的一座帝王陵墓，也是世界上最大的一座陵墓，如图5-13所示。史书上说，秦始皇用72万人，历时39年，耗费三分之一的国家赋税为自己修建了一座陵墓。

图5-13　秦始皇陵外观

秦始皇陵修建于公元前247年至公元前208年，一直到秦始皇死时都尚未竣工，他的儿子胡亥继位，又修建了一年多才基本完工。陵墓的设计者为当时的丞相李斯，少府令章邯担任监工。秦始皇陵的修建，一般认为分为三个施工阶段。

(1) 初期阶段。从秦王政元年到秦始皇统一全国的26年,这一阶段的主要工作是陵园工程的设计和主体工程的施工,初步奠定了秦始皇陵的规模和基本格局。

(2) 中期阶段。从秦始皇统一全国到秦始皇三十五年,历时9年,为陵园工程的大规模修建时期。此阶段基本完成了陵园的主体工程。

(3) 最后阶段。自秦始皇三十五年到秦二世二年冬,历时3年多,这一阶段主要是陵园的收尾工程与覆土任务。因爆发了陈胜、吴广起义,尚未完全竣工的陵园工程不得不草草完工。

整个陵园仿造秦始皇生前所居住的咸阳宫而建,可分为地宫、内城、外城和外城垣之外的地区四部分。

地宫是陵园的核心区,呈方形,位于内城南半部的封土之下,秦始皇陵的一切建筑都是以它为中心,它也是放置棺椁和随葬器物的地方,相当于秦始皇生前的"宫城"。

其次是内城,也是秦陵园的重点建设区。之所以说它是重点建设区,是因为内城垣内的地面地下设施最多,尤其是内城的南半部分。内城北半部的东区是后宫人员的陪葬墓区,西区则是便殿附属建筑区,便殿由三组大型宫殿建筑群组成,南北长约700米,东西宽约250米。这种布局清晰地说明了内城南部为重点区,北部为附属区。这些建筑都属于宫廷的范畴。

接着是外城,即内外城垣之间的外廓城部分,其西区的地面和地下设施最为密集,南、北两区目前尚未发现遗迹、遗物。这种布局说明外廓城的西区是重点区,它象征了京城内的厩苑、囿苑及园寺吏舍。

最后是外城垣之外的地区。有修陵人员的墓地、砖瓦窑址和打石场等建筑,北边发现有陵园督造人员的官署及郦邑建筑遗址,属于最次级边缘的地位。

纵观秦始皇陵园的总体布局,与其他陵园相比存在很多不同的地方。

一是布局上体现"一家独尊"的特点。以往我们发现的陵墓都是几座大墓并列,而其却只有一座高大的坟墓,充分显示了一家独尊的特点。这一区别也正好体现了秦国尊君卑臣的传统思想。

二是封冢位置区别于其他国君陵墓。一般国君陵园大多是将封冢安置在回字形陵园的中部,而秦始皇陵封冢位于内城的南半部。

三是防盗系统格外严密。历来帝皇陵寝都有防盗系统,但秦陵显得格外严密,不仅有暗弩射杀盗墓者,还有各种陷阱埋伏其中,甚至有传说陵寝内部满是水银,水银蒸发的气体中含剧毒,正所谓"无孔不入,防不胜防"。

秦始皇陵发现了很多随葬品,最著名的便是秦始皇兵马俑了。兵马俑是古代墓葬雕塑的一个类别。古代实行人殉,奴隶是奴隶主生前的附属品,奴隶主死后奴隶作为殉葬品为奴隶主陪葬。兵马俑即制成兵马(战车、战马、士兵)形状的殉葬品。

自1974年以来,考古学家在陵园东面先后发掘了三处兵马俑坑。三坑呈品字形排列。最早发现的是一号俑坑,其左、右两侧各有一个兵马俑坑,称二号坑和三号坑。

一号坑是三个坑中最大的一个,发现于1974年3月。坑深5米,面积约为13260平方米,坑内有8000余陶俑陶马,井然有序地排列成环形方阵。坑的东端有三列横排武士俑,手里拿着弓弩类远射兵器,像前锋部队;其后是铠甲俑组成的主体部队,手执矛、戈等长兵器;车马武士相间在11个过洞里排列成38路纵队。地下军阵气势雄伟,势不可挡。

二号坑发现于1976年，其平面呈曲尺形，东西长96米，南北宽为84米，面积6000多平方米。二号坑布阵复杂，兵种齐全，有3个坑中最为壮观的军队，由骑兵、步兵、弩兵和战车混合编组而成。共有陶俑、陶马共1300余件，战车80多辆，青铜兵器数万件，其中将军俑、鞍马俑、跪姿射俑为首次发现，在古代军事史的研究方面有着极为重要的意义。

三号坑发现于1976年，面积约为520平方米，整体呈凹字形，它与一、二号坑形成了一个有机的整体，像似统帅三军的指挥部，三号坑也是世界考古史上发现时代最早的军事指挥部的形象资料。坑内出土了陶俑68个，驷马战车1辆。从三号坑的内部布局看，它是唯一一个没有被大火焚烧过的，所以出土时陶俑身上的彩绘残存较多，颜色比较鲜艳。其内还出土了两辆大型彩绘铜马车，每辆一车四马，车上各有一个御官俑。铜马车造型逼真，装饰华美，络头和挽具以金银为构件，制作非常精巧，被定为国宝。

1961年，秦始皇陵被国务院公布为第一批重点文物保护单位，1987年，秦始皇陵被列入世界文化遗产保护目录，成为全人类共同的财富。2007年，秦始皇陵被评为国家5A级旅游景区。

知识链接

秦俑的面部神态

秦俑艺术的鲜明特征，是写实的艺术风格和神与形的统一。秦俑的制作者抓住不同身份、不同人物的性格和面貌特征，塑造了多种多样的典型人物，突破了千人一面这一群雕的难关。分析已出土陶俑的面部特征，可归纳为目、国、用、甲、田、由、申、风等八种基本脸型，秦俑的面型丰富多彩，可以说是千人千面，不仅表现了人物不同的个性特征，而且也充分反映了作者观察生活深入细致的能力，如图5-14所示。仔细观察秦俑的脸型，也可以看出他们之间有着显著的地域差别：宽额、厚唇、阔腮、单眼皮的士兵，一般是来自关中的秦兵；圆脸、尖下巴、嘴唇较薄，显得机敏的则是从巴蜀来的士卒。秦俑中，双眼皮者为数极少，绝大多数是较厚的单眼皮，这与秦军多为关中人的实际情况基本吻合。

图5-14　兵马俑

（资料来源：http://www.bmy.com.cn/contents/51/4347.html。）

二、明十三陵

明十三陵又称十三陵，位于北京市昌平区天寿山南麓，是明朝迁都北京后13位皇帝陵墓的皇家陵寝的总称。明朝一共有16位皇帝，但只有13位皇帝安葬于此，原来明朝开国皇帝朱元璋死后葬于南京钟山，其墓称“明孝陵”。第二帝朱允炆（建文帝）不知所终，所以没有陵墓。第七帝朱祁钰，从“皇”变“王”，以“王”的身份被葬于北京西郊玉泉山。那么这十三位皇帝分别都有谁呢？他们依次是长陵（明成祖）、献陵（明仁宗）、景陵（明宣宗）、裕陵（明英宗）、茂陵（明宪宗）、泰陵（明孝宗）、康陵（明武宗）、永陵（明世宗）、昭陵（明穆宗）、定陵（明神宗）、庆陵（明光宗）、德陵（明熹宗）、思陵（明思宗）。

明十三陵建于1409—1645年，是中国乃至世界现存规模最大、帝后陵寝最多的一处皇陵建筑群。明十三陵中以长陵、定陵与昭陵最为有名。1961年，明十三陵被公布为全国重点文物保护单位。1992年，明十三陵被北京旅游世界之最评选委员会评为“世界上保存完整埋葬皇帝最多的墓葬群”。2003年，明十三陵被列入世界遗产目录。2011年，国家旅游局批准明十三陵景区为国家5A级旅游景区。

知识链接

建文帝朱允炆下落之谜

建文帝朱允炆是明朝的第二代皇帝。在其四叔燕王朱棣（明成祖）发动的“靖难”之役中，当燕军攻陷南京后，便在皇宫的大火中销声匿迹，活不见人，死不见尸。这样的局面让夺位的朱棣，也就是后来的明永乐皇帝甚感不安，唯恐建文帝出逃，在外生事。于是永乐帝明里暗里派出了许多路人马去海内外查找建文帝的下落，说是活要见人，死要见尸。寻找建文帝也是郑和率船队下西洋的使命之一。但是，所有这些查找与寻访到头来终无结果。如此一来，建文帝的下落就成了明史上最大的一个谜。尽管在自明初以来的六百多年间，史学家与考古工作者从未放弃过揭开此谜的努力，然时至今日，史学界对此却依然是众说纷纭，莫衷一是。

目前，有关建文帝下落的说法，归纳起来大致可分为三种。第一种说法是说他在南京城破时，潜逃到外地，并出家当了和尚。第二种说法是说建文帝在燕军攻入南京后，放火自焚。最后一种说法是说建文帝逃到海外去了。

（一）神道

进入明十三陵，见到的第一个景点就是神道，它由石牌坊、大红门、碑楼、石像生、龙凤门等组成。

石牌坊，它是中国现存最大的一座石制牌坊，全部是仿木结构，共五间六柱十一楼。

大红门，制如宫门，门两侧各有一座刻着：“官员人等至此下马”字样的下马碑，是皇权至高无上的象征。

长陵神功圣德碑亭，亭内竖有龙首龟趺石碑一块。上题大明长陵神功圣德碑，碑文长达3500多字，由明仁宗朱高炽撰文，明初著名书法家程南云所书。

石雕群就是陵墓前放置的石雕人、兽，古代统称“石像生”。在近千米的神道两旁，整齐地排列着 24 只石兽和 12 个石人，造型生动，雕刻精细，深为游人所喜爱。其数量之多，形体之大，雕琢之精，保存之好，是古代陵园所罕见的。石兽共分 6 种，每种 4 只，均呈两立两跪状，具有很高的文物和艺术价值。

（二）明长陵

明长陵是十三陵之首，也是十三陵中的祖陵，坐落于天寿山主峰南麓，是明朝第三位皇帝成祖文皇帝朱棣(年号永乐)和皇后徐氏的合葬陵寝。明长陵是十三陵中建筑规模最大、营建时间最早、地面建筑也保存得最为完好的一座陵墓。

长陵的陵宫建筑占地约 12 万平方米，其形状“前方后圆”，其中的“前方”是由前后相连的三进院落组合而成。

第一进院落，最前面是一座陵门。它是单檐歇山顶的宫门式建筑，面阔五间，檐下是由琉璃构建而成的额枋、飞子、檐椽及单昂三踩式斗拱；这些装饰下又有三个红券门。陵门之前建有月台，左、右建有随墙式角门。明朝时在院子的左边建有神厨五间，右边建有神库五间，神厨之前还建有碑亭一座。清代中期神厨、神库被毁，碑亭则保存至今。

第二进院落，前面是祾恩门，“祾”为“祭而受福”，“恩”为“罔极之恩”，意思是说到这里祭祀可以得到先帝的护佑，恩德是没有极限的。其屋顶为单檐歇山顶，面阔五间，进深二间，正脊顶部距地面高 14.57 米。檐下斗拱为单翘重昂七踩式。室内明间、次间各设板门一道，稍间封以墙体。其中明间板门之上安有匾额，书“祾恩门”三个金字。门下是汉白玉栏杆围绕的须弥座式台基。台基前后则各设有三出踏跺式台阶，古称“三出陛”，即古代宫殿前的石阶。中间御路石雕，下面是海水江崖，云腾浪涌，两匹海马跃出水面凌波奔驰，上面是两条龙在云海中上下翻腾，追逐火珠，呈现出一派波澜壮阔的宏伟景象。

进入院内，看到的就是著名的祾恩殿了。大殿面阔九间，进深五间，代表帝王九五之尊。殿内总面积约 1956 平方米，是我国罕见的大型殿宇之一。大殿全部为楠木构件，不加修饰，这里共有 60 根楠木立柱支撑殿顶。直径最粗的达 1.17 米，二人合抱不能交手。这座大殿在明、清两代，是用于供奉帝后神牌(牌位)和举行上陵祭祀活动的地方。

（三）明定陵

明定陵修建于万历十二年(1584 年)至万历十八年(1590 年)，坐落在大峪山下，长陵西南方，是明代第十三位皇帝神宗显皇帝朱翊钧的陵墓，这里还葬有他的两个皇后。明定陵占地 18 万多平方米，是十三陵中最大的三座陵园之一，主要建筑有祾恩门、祾恩殿、宝城、明楼和地下宫殿等。它是十三陵中唯一一座被发掘了的陵墓，定陵地宫可供游人参观。

陵宫的总体布局也呈“前方后圆”形。其最前面的是“外罗城”，外罗城只有前部正当中轴线位置设有一座宫门，是陵寝的第一道门。外罗城内，偏后部位为宝城，其平面接近标准圆形。宝城之前，在外罗城内设有三进方形的院落。

第一进院落，前面是重门，是陵寝的第二道门，单檐歇山顶，其左、右各有掖门一道。院内没有建筑，院前(外罗城之内)左侧建有三间神厨，右侧建有三间神库。

第二进院落，其制式和明长陵相差不大。最前面设有祾恩门，面阔五间，进深二间，下面是一层须弥座式台基。前后各设有三出踏跺式台阶。其左、右各设有一座掖门。院内建左、右配殿各七间及神炉左右各一座。

第三进院落，陵园最主要的殿宇——祾恩殿就在于此。其面阔七间，进深五间，下面是一层须弥座式台基，前设三出踏跺式台阶，左、右各设一出。此祾恩殿有后门，所以台基的后面也设有踏跺式台阶。其中，后面一出踏跺及月台前中间一出踏跺设有御路石雕。上面刻有龙凤戏珠及海水江牙的图案。祾恩殿左、右各有一座掖门。院内沿中轴线有两柱牌楼门、一套石几筵等建筑。

而明定陵的地下宫殿则在其地下 27 米处，它的规模十分宏大，由五座石室组成。其内出土了各类器物 3000 多件，其中有金冠、凤冠、夜明珠和明三彩四件国宝。

（四）明昭陵

明昭陵位于北京昌平区大峪山东麓，陵园建筑面积约为 3.5 万平方米，是明朝第十二代皇帝穆宗及三位皇后的合葬陵寝，是明十三陵中第一座大规模复原修葺的陵园。

昭陵的陵寝制度在十三陵中属中等规模。它最大特点是率先形成了完备的“哑巴院”制度。其宝城内的封土填得特别满，几乎与宝城墙等高，正中筑有上小下大的柱形夯土墓冢，封土的前部有弧形砖墙拦挡封土，并与方城两侧的宝城墙内壁相接，形成了一个封闭的月牙形院落，俗称“哑巴院”，并称院外月牙形的墙体为“月牙城”。

明朝灭亡后，昭陵先后遭到两次破坏。现存昭陵为清乾隆时期重新修葺，建筑规制也因此发生了改变。比如其斗拱，按明朝制度各陵均为上檐单翘重昂七踩斗拱，下檐重昂五踩斗拱。而修葺后的昭陵却变成了上、下檐均为单翘单昂五踩斗拱。再如祾恩门、祾恩殿各自的尺度都有所减少。陵内的两庑配殿和陵前的神功圣德碑亭的残垣断壁也都被拆除，只在碑石周围旧亭基上修建了一周宇墙。

三、乾陵

乾陵（见图 5-15）是陕西唐代十八陵中的一个陵墓，也是唐十八陵中保存最好的一座，位于陕西省咸阳市乾县的梁山上，为唐高宗李治与武则天的合葬墓，两帝合葬在古代陵墓中也是绝无仅有的。乾陵是唐代“依山为陵”纪念性建筑工程的杰作。乾陵由内城、外城和部分附属建筑组成，是唐代帝王陵墓中唯一发现有双重城垣的墓葬，内城、外城分别象征京城长安的皇城，官员与士民居住的郭城，其格局也反映了当时中国古代都城的整体格局。外城目前已无迹可寻。内城则有青龙、白虎、朱雀、玄武四座城门，朱雀门居南，门前有一条宽大笔直的司马道，旁边有华表、石人、石马、石鸟、石碑、石狮等精美的石刻艺术品。

图 5-15 乾陵

据考古工作者勘查得知，陵园内城约为正方形，总面积超过200万平方米。城内有献殿、偏房、回廊、阙楼、下宫等。

乾陵出土和发掘的文物主要有述圣纪碑、无字碑、石雕石刻以及陪葬陵等。述圣纪碑位于司马道西侧，与无字碑相对。由武则天亲自撰写，其子唐中宗李显书丹，是为歌颂唐高宗而立的一块功德碑。此碑也开创了帝王陵前立功德碑之先例。全碑由顶、身、座等部分构成，碑首象征太阳，碑座象征月亮，中间五节象征金、木、水、火、土五行。无字碑位于朱雀门外的司马道东侧，通身取材于一块完整的巨石，给人以凝重厚实之感。碑额未题碑名，因其碑额阳面正中一条螭龙，左、右两侧各四条，共有九条螭龙，故亦称"九龙碑"。乾陵有许多石雕石刻。周围还有17座陪葬墓，计有太子墓2座，王墓3座，公主墓4座，大臣墓8座。1960年到1971年期间，已先后发掘了永泰公主、章怀太子、懿德太子、中书令薛元超、燕国公李谨行等5座陪葬墓，出土珍贵文物4300多件。其中，有100多幅绚烂多彩的墓室壁画，堪称中国古代瑰丽奇绝的艺术画廊，《马球图》《客使图》《观鸟捕蝉图》《出猎图》《仪仗图》等壁画，不仅对研究唐代绘画，而且对研究唐代建筑、服饰、风俗习惯、体育活动、宫廷生活、外事往来等具有重要价值。

1961年，乾陵被国务院公布为第一批全国重点文物保护单位。

案例分析

"驾崩"一词的由来

我们经常在影视剧或文学作品中听到"驾崩"一词。在古代，"驾崩"一词可不是所有人都可以使用的，只有皇帝死亡的时候才叫"驾崩"。我国封建社会时期，由于严格的等级制度，连死亡的叫法也因为等级的不同而各不相同。死，在古代也是有等级的，不同等级有不同称谓，《礼记》中讲，天子死称为"崩"，诸侯死称为"薨"，大夫死称为"卒"，士死称为"不禄"，庶人死称为"死"。

那么，为什么皇帝的死称为"驾崩"呢？

案例分析：驾，原是古代车辆的总称，或专指帝王的车乘，如车驾、銮驾。明朝张自烈撰的《正字通》记载：唐制，天子居曰衙，行曰驾。"驾"，也是古时对皇帝的尊称。另据《说文解字》记载："崩，山坏也，从山，朋声。"所以，崩的本义是山倒塌。在古代，人们往往把天子的死看得很重，常用山倒塌来比喻。因为皇帝是有权力驾驭和支配臣民来维护国家稳定的领导，属于一种精神支柱，所以，皇帝死后，精神支柱也就倒塌了。因此，"驾崩"是古人用来专指皇帝死亡的一种尊称。

任务回顾

我国古代劳动人民在人类文明发展的漫长历史进程中，创造了光辉灿烂的建筑艺术。无论是建筑本身的特点，还是建筑类型的多样性，以及建筑所蕴含的传统文化，都极具中国特色。在封建等级制度下产生的宫殿建筑、坛庙建筑、陵墓建筑以及各种皇家园林、私家园林等古建筑作为中国艺术的一部分，反映了中华民族的艺术性格，表现了中国文化特有的伟岸而俊秀、博大而亲切、神秘而浪漫的特征，蕴含着丰富而深刻的哲学思想，在世界建筑史上始终占有重要地位。

复习思考

一、知识训练

1. 简述中国古代建筑经历了哪些发展阶段。
2. 中国古代建筑屋顶的形式有哪些？
3. 简述风水体现在中国古代建筑的哪些方面。
4. 明定陵中发现了哪些国宝？
5. 什么是“哑巴院”制度？
6. 完成下列表格（见表 5-1）的填写。

表 5-1 各建筑入选时间

建筑名称	列入世界遗产名录的时间	列入全国重点文物保护单位的时间	评为国家 5A 级旅游景区的时间
故宫			
布达拉宫			
天坛			
太庙			
秦始皇陵			
明十三陵			
乾陵			

项目实训

请介绍您所在的城市中一处著名的建筑遗存。

建造的年代：　　　　建造者：　　　　面积：

建筑的整体特点：

建筑的屋顶形式：

建筑的功能：

建筑的内部陈设：

根据上述提示请写一段 600 字左右的导游词，并在课堂上讲解。

目的：学生能灵活将所学的古代建筑的知识运用到导游词创作中。

要求：至少包括上述 5 个要求，可结合 PPT 或视频进行讲解。

项目六　中国古典园林

任务分析

知识目标

了解和熟悉中国古典园林的起源与发展、主要类型，理解中国园林的特点；掌握中国古典园林的构成要素与构景手法；掌握园林构景手法和现存著名园林。

能力目标

能够分析园林个案中的构景手法，能够运用所学知识编创中国园林的导游词，同时掌握中国古典园林的讲解技巧。

素质目标

能够欣赏中国古典园林中“天人合一”和“诗情画意”的美。领悟中国古典园林中蕴含的文化精神；把握中国传统文化，增强学生民族自豪感。

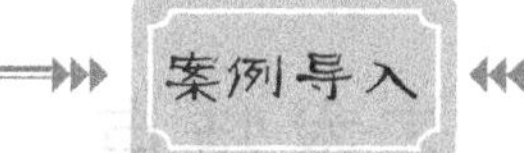

屡毁屡建的黄鹤楼

黄鹤楼(见图 6-1),与湖南的岳阳楼、江西的滕王阁并称为中国历史上的三大名楼。因唐代诗人崔颢在此题下《黄鹤楼》一诗而更加名声大噪。黄鹤楼一百多年前被大火焚毁;1985 年它又重新屹立在长江之滨。昔日的黄鹤楼有“天下绝景”之称,今日的黄鹤楼更加雄伟、壮丽。据史料记载,黄鹤楼始建于三国。黄鹤楼在明、清两代,就被毁 7 次,重建和维修了 10 次,有“国运昌则楼运盛”之说。

古黄鹤楼“凡三层,计高 9 丈 2 尺,加铜顶 7 尺,共成九九之数”。新楼要雄伟多了,5 层,加 5 米高的葫芦形宝顶,共高 51.4 米,比古楼高出将近 20 米。古楼底层各宽 15 米,而新楼底层则是各宽 30 米。因此,黄鹤楼不是修复,而是重建。它保留了古楼的某些特色,但更多的是根据现在的需要和人们对审美观点的变化来设计的。

图 6-1　黄鹤楼

思考:

1. 请问,古代建筑中楼和阁的最大区别是什么,黄鹤楼到底是楼还是阁?
2. 请问,新黄鹤楼保留了古黄鹤楼的哪些特色?
3. 寻找并赏析黄鹤楼景区内的各种楹联,至少两处以上。

任务实施

国际园景建筑家联合会 1954 年在维也纳召开的大会上,英国造园家杰利克在致辞时把世界造园体系分为中国体系、西亚体系、欧洲体系。

任务一　中国古典园林的发展、类型、艺术特点

一、中国古典园林的起源与发展

中国古代园林，又称中国传统园林或古典园林。它历史悠久，文化含量丰富，个性特征鲜明而又多姿多彩，极具艺术魅力。在中国的历史长河里，留下了它深深的履痕，也为世界文化遗产宝库增添了一颗璀璨夺目的东方文明之珠。

据有关典籍记载，我国造园应始于商周，其时称之为囿。商纣王"好酒淫乐，益收狗马奇物，充牣宫室，益广沙丘苑台，多取野兽蜚（飞）鸟置其中"。周文王建灵囿，"方七十里，其间草木茂盛，鸟兽繁衍"。最初的"囿"，就是把自然景色优美的地方圈起来，放养禽兽，供帝王狩猎，所以也叫游囿。天子、诸侯都有囿，只是范围和规格等级上的差别，"天子百里，诸侯四十"。

汉起称苑。汉朝在秦朝的基础上把早期的游囿，发展到以园林为主的帝王苑囿行宫，除布置园景供皇帝游憩之外，还举行朝贺，处理朝政。汉高祖的"未央宫"，汉文帝的"思贤园"，汉武帝的"上林苑"，梁孝王的"东苑"（又称梁园、菟园、睢园），汉宣帝的"乐游苑"等，都是这一时期的著名苑囿。从敦煌莫高窟壁画中的苑囿亭阁，元人李容瑾的汉苑图轴中，可以看出汉时的造园已经有很高水平，而且规模很大。司马相如的《上林赋》、班固的《西都赋》、司马迁的《史记》，以及《西京杂记》等史书和文献，对于上述的囿苑，都有比较详细的记载。

上林苑是汉武帝在秦时旧苑的基础上扩建的，离宫别院数十所广布苑中，其中，太液池运用山池结合手法，造蓬莱、方丈、瀛洲三岛，岛上建宫室亭台，植奇花异草，自然成趣。这种池中建岛、山石点缀手法，被后人称为秦汉典范。

魏晋南北朝是我国社会发展史上一个重要时期，一度社会经济繁荣，文化昌盛，士大夫阶层追求自然环境美，游历名山大川成为社会上层普遍风尚。例如，刘勰的《文心雕龙》、钟嵘的《诗品》、陶渊明的《桃花源记》等许多名篇，都是这一时期问世的。

以山水画为题材的创作阶段，文人、画家先后参与造园，进一步发展了"秦汉典范"。例如，北魏张伦的宅园，吴郡顾辟疆的"辟疆园"，司马炎的"琼圃园""灵芝园"，吴王在南京修建的宫苑"华林园"等，又是这一时期有代表性的园苑。"华林园"（芳林园），规模宏大，建筑华丽。时隔许久，晋简文帝游乐时还赞扬这里：会心处不必在远，翳然林水，便有濠濮闲趣。

真正大批文人、画家参与造园，是在隋唐之后。造园家与文人、画家相结合，运用诗画传统表现手法，把诗画作品所描绘的意境情趣，引用到园景创作上，甚至直接用绘画作品为底稿，寓画意于景，寄山水为情，逐渐把我国造园艺术从自然山水园阶段，推进到写意山水园阶段。唐朝王维是当时备受推崇的一位，他辞官隐居到蓝田县辋川，相地造园，园内山风溪流、堂前小桥亭台，都依照他所绘的画图布局筑建，如诗如画的园景，正表达出他那诗作与画作的风格。苏轼称赞说："味摩诘之诗，诗中有画；观摩诘之画，画中有诗。"而他创作的园林艺术，也正是这样。苏州名园狮子林，是元朝天如和尚与大画家倪瓒合作建造的。倪瓒在我国绘画史上是有名的山水画大师，出于他手的造园艺术品自然不同凡响，清朝

乾隆皇帝南巡到苏州时，看了也称赞不已。狮子林虽经多次修葺，迄今仍景象奇异。

隋朝结束了魏晋南北朝后期的战乱状态，社会经济一度繁荣，加上当朝皇帝的荒淫奢靡，造园之风大兴。隋炀帝“亲自看天下山水图，求胜地造宫苑”。迁都洛阳之后，“征发大江以南、五岭以北的奇材异石，以及嘉木异草、珍禽奇兽”，运到洛阳去充实各个园苑，一时间古都洛阳成了以园林著称的京都，“芳华神都苑”“西苑”等宫苑都十分豪华。在城市与乡村日益隔离的情况下，那些身居繁华都市的封建帝王和朝野达官贵人，为了逍遥玩赏大自然山水景色，便就近仿效自然山水建造园苑，不出家门，却能享自然山水的乐趣。因此，洛阳作为政治、经济中心的都市，也就成了皇家宫苑和王府宅第花园聚集的地方。隋炀帝除了在洛阳兴建园苑外，还到处建筑行宫别院。他三下扬州看琼花，最后被缢死在江都宫的花园里。

唐太宗励精图治，社会进入了盛唐时代，宫廷御苑设计也愈发精致，特别是由于石雕工艺已经娴熟，宫殿建筑雕栏玉砌，格外显得华丽。“禁殿苑”“东都苑”“神都苑”“翠微宫”等，都旖旎空前。当年唐太宗在西安骊山所建的“汤泉宫”，后来被唐玄宗改作“华清宫”（见图 6-2）。这里的宫室、殿宇、楼阁连接成城，以至“缓歌曼舞凝丝竹，尽且君王看不足”。杜甫曾有一首《自京赴奉先县咏怀五百字》的长诗，描述和痛斥了王侯权贵们的腐朽生活。

图 6-2　华清宫

宋朝和元朝造园也都有一个兴盛时期，特别是在用石方面，有较大发展。宋徽宗在“丰亨豫大”的口号下大兴土木。他对绘画有些造诣，尤其喜欢把石头作为欣赏对象。先在苏州、杭州设置了“造作局”，后来又在苏州添设“应奉局”，专门收集民间奇花异石，舟船相接地运往京都开封建造宫苑。“寿山艮岳”的万寿山是一座具有相当规模的御苑，如图 6-3 所示。此外，还有“琼华苑”“宜春苑”“芳林苑”等一些名园。现在开封相国寺里展出的几块湖石，形体确乎奇异不凡。苏州、扬州、北京等地也都有“花石纲”遗物，均甚奇异。这期间，大批文人、画家参与造园，进一步加强了写意山水园的创作意境。

明清时期是中国园林创作的高峰期。皇家园林创建以清代康熙、乾隆时期最为活跃。当时社会稳定、经济繁荣，给建造大规模写意自然园林提供了有利条件，如“圆明园”“避暑山庄”“畅春园”等。私家园林是以明代建造的江南园林为主要成就，如“沧浪亭”“拙政园”“寄畅园”等。同时，在明代还产生了园林艺术创作的理论书籍《园冶》。它们在创作思想上，仍然沿袭唐宋时期的创作源泉，从审美观到园林意境的创造都是以“小中见大”“须弥芥子”“壶中天地”等为创造手法。写意、诗情画意成为创作的主导地位，园林中的建筑起了最重要的作用，成为造景的主要手段。园林从游赏到可游可居方面逐渐发展。大型园林不但模仿自然山水，而且还集访各地名胜于一园，形成园中有园、大园套小园的风格。

图 6-3　寿山艮岳

自然风景以山、水地貌为基础，植被作装点。中国古典园林绝非简单地模仿这些构景的要素，而是有意识地加以改造、调整、加工、提炼，从而表现一个精练概括浓缩的自然。它既有“静观”又有“动观”，从总体到局部包含着浓郁的诗情画意。这种空间组合形式多使用某些建筑如亭、榭等来配景，使风景与建筑巧妙地糅合到一起。优秀园林作品虽然处处有建筑，却处处洋溢着大自然的盎然生机。明清时期正是因为园林有这一特点和创造手法的丰富而成为中国古典园林集大成时期。

到了清末，造园理论探索停滞不前，加之社会由于外来侵略，西方文化的冲击，国民经济的崩溃等原因，使园林创作由全盛到衰落。但中国园林的成就却达到了它历史的峰巅，其造园手法已被西方国家所推崇和模仿，在西方国家掀起了一股“中国园林热”。中国园林艺术从东方到西方，成了被全世界所公认的园林之母，世界艺术之奇观。

中国造园艺术，是以追求自然精神境界为最终和最高目的，从而达到“虽由人作，宛自天开”的目的。它深浸着中国文化的内蕴，是中国五千年文化史造就的艺术珍品，是一个民族内在精神品格的写照，是我们今天需要继承与发展的瑰丽事业。

二、中国古典园林的分类

中国古典园林的分类，从不同角度看，可以有不同的分类方法。一般有两种分类法。

（一）按占有者身份分

1. 皇家园林

皇家园林是专供帝王休息享乐的园林。古人讲普天之下莫非王土，在统治阶级看来，国家的山河都是属于皇家所有的。所以，其特点是规模宏大，真山真水较多，园中建筑色彩富丽堂皇，建筑体型高大。现存的著名皇家园林有：北京的颐和园、北京的北海公园、河北承德的避暑山庄。

2. 私家园林

私家园林是供宗室外戚、王公官吏、富商大贾等休闲的园林。其特点是规模较小，所以常用假山假水，建筑小巧玲珑，表现其淡雅素净的色彩。现存的私家园林有：北京的恭王府，苏州的拙政园、留园、沧浪亭、网师园，上海的豫园等。

（二）按园林所处地理位置分

1. 北方类型

北方园林，因地域宽广，所以范围较大；又因大多为百郡所在，所以建筑富丽堂皇。因自然气象条件所局限，河川湖泊、园石和常绿树木都较少。由于风格粗犷，所以秀丽媚美则显得不足。北方园林的代表大多集中于北京、西安、洛阳、开封，其中尤以北京为代表。

2. 江南类型

南方人口较密集，所以园林地域范围小；又因河湖、园石、常绿树较多，所以园林景致较细腻精美。因上述条件，其特点为明媚秀丽、淡雅朴素、曲折幽深，但究竟面积小，略感局促。南方园林的代表大多集中于南京、上海、无锡、苏州、杭州、扬州等地，其中尤以苏州为代表。

3. 岭南类型

因为其地处亚热带，终年常绿，又多河川，所以造园条件比北方、江南都好。其明显的特点是具有热带风光，建筑物都较高而宽敞。现存岭南类型园林，有著名的广东顺德的清晖园、东莞的可园、番禺的余荫山房等。

三、中国古代园林的艺术特色

（一）造园艺术，师法自然

师法自然，在造园艺术上包含两层内容。一是总体布局、组合要合乎自然。山与水的关系以及假山中峰、涧、坡、洞各景象因素的组合，要符合自然界山水生成的客观规律。二是每个山水景象要素的形象组合要合乎自然规律。例如，假山峰峦是由许多小的石料拼叠合成，叠砌时要仿天然岩石的纹脉，尽量减少人工拼叠的痕迹。水池常作自然曲折、高下起伏状。花木布置应是疏密相间，形态天然。乔灌木也错杂相间，追求天然野趣。

（二）分隔空间，融于自然

中国古代园林用种种办法来分隔空间，其中主要是用建筑来围蔽和分隔空间。分隔空间力求从视角上突破园林实体的有限空间的局限性，使之融于自然，表现自然。为此，必须处理好形与神、景与情、意与境、虚与实、动与静、因与借、真与假、有限与无限、有法与无法等关系。如此，则把园内空间与自然空间融合和扩展开来。比如，漏窗的运用，使空间流通、视觉流畅，从而产生隔而不绝的效果，在空间上起到互相渗透的作用。在漏窗内看，玲珑剔透的花饰、丰富多彩的图案，有浓厚的民族风味和美学价值；透过漏窗，竹树迷离摇曳，亭台楼阁时隐时现，远空蓝天白云飞游，造成幽深宽广的空间境界和意趣。

（三）园林建筑，顺应自然

中国古代园林中，有山有水，有堂、廊、亭、榭、楼、台、阁、馆、斋、舫、墙等建筑。人工的山，石纹、石洞、石阶、石峰等都显示自然的美色；人工的水，岸边曲折自如，水中波纹层层递进，也都显示自然的风光。所有建筑，其形与神都与自然环境相吻合，同时又使园内各部分自然相接，以使园林体现自然、淡泊、恬静、含蓄的艺术特色，并收到移步换景、渐入佳境、小中见大等观赏效果。

（四）树木花卉，表现自然

与西方系统园林不同，中国古代园林对树木花卉的处理与安设，讲究表现自然。松柏高耸入云，柳枝婀娜垂岸，桃花数里盛开，乃至树枝弯曲自如，花朵迎面扑香，其形与神，其意与境都十分重在表现自然。

“师法自然，融于自然，顺应自然，表现自然”——这是中国古代园林体现“天人合一”民族文化所在，是中国古代园林独立于世界之林的最大特色，也是中国古代园林永具艺术生命力的根本原因。

任务二　中国古典园林构成要素与构景手法

中国古典园林重在体现“天人合一”的观念，是大自然山水形象的艺术再现，它是对大自然形象的高度概括。一个优秀的园林作品虽然处处是建筑，但却时时洋溢着大自然的盎然生机，所以，中国古典园林被称为自然山水式风景园林。它是人们在一定空间内，经过精心设计，运用各种造园手法将山、水、植物、建筑、楹联等加以构建而成的有机整体，虽由人作，宛自天开。所以，中国古典园林主要由山、水、动植物、建筑、匾额和楹联等基本要素组合而成，它们各得其章法，使“片石有致，寸草生情，理水得道”。

一、叠山

叠山，也称筑山，是造园的主要因素之一，秦汉的上林苑就是用太液池所挖的土堆成岛，象征东海神山，开创了人为造山的先例。在造园艺术中，山为骨架，用以表现自然。

园林中的山，既有真山，又有假山。例如，承德避暑山庄等即为真山，但中国大多数古典园林中的山都是“假山”，是对自然山水的艺术摹写。假山一般有土山、石山和土石混合三种。土山出现得最早，一些是人工堆砌而成，如北京的景山。石山则多用石灰岩、砂岩、石英岩人工叠置而成。

叠山的石材主要有两种：一是浙江武康的黄石，因为黄石的质地坚硬，不易受到风雨的侵蚀，一般用于叠脚，即假山的基础部分；二是太湖石，它具有瘦、透、漏、皱、丑五个特点，一般置于假山的上部，称为“收顶”。

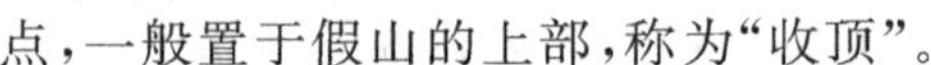

图 6-4　上海豫园

二、理水

理水也是中国造园的传统手法。水是极富有灵气的因素之一，水的灵动能为人造园林增添不少自然的气息，水是流动的，与山的稳重、固定恰成鲜明对比，无论哪一类型的园林，都会“无水而不活”。理水的方法一般有三种，即“掩”“隔”“破”。“掩”是指以建筑和植物将曲折的池岸加以掩映，用以打破岸边的视线局限，造成池水无边的视觉印象，如上海豫园的鱼乐榭隔水花墙，如图6-4所示。“隔”是指用桥、筑堤或岛屿等横断于水面，将其分割，使之具有空间层次，增添幽深之感，如杭州西湖上的苏堤与白堤，如图6-5所示。“破”是指用乱石为岸，配以细竹野藤、朱鱼翠藻等，使很小的水面形成一种深邃山野风致的审美感觉，如绍兴兰亭的曲水流觞，如图6-6所示。

图 6-5　杭州西湖

图 6-6　绍兴兰亭

中国古典园林在水的处理方面还有动态和静态之分，一般是以表现水的静态为主。

三、动植物

在造园艺术中，山为骨架，水为灵魂，而花草树木则是毛发。花草树木是造山理水不可缺少的因素。因为中国古典园林追求自然，所以，对于植物的整理也尽量体现出自然美的状态。在造园艺术中，设计者花木的选择一般从以下三个方面考虑。

一是姿美。姿美主要从树冠、树枝、树皮以及树叶四个角度来追求植物姿态的自然美。

二是色美。树叶、树干、花卉都要求有各种自然的色彩美，如红色的枫叶（见图 6-7）、绿色的松叶、白色的玉兰、红色的紫薇（见图 6-8）等。

三是味香。味香追求的是自然淡雅和清幽的感觉，不可过于浓郁，比如，蜡梅和兰花就比较合适。

植物不仅对园林山石景观起衬托作用，又往往和园主追求的精神境界有关。例如，竹子象征人品清逸和气节高尚，松柏因四季常青象征着长寿，莲花象征洁净无瑕，兰花象征幽居隐士，玉兰、牡丹、桂花象征荣华富贵，石榴象征多子多孙，紫薇象征高官厚禄等。

动物是园林中的为数不多的真正活动的因素，与植物一起构成了古典园林生机勃勃的自然美景，所以，中国古典园林也重视饲养动物。最早的苑囿中，虽然圈养的动物种类很少，但也已经被作为观赏、娱乐的对象。到了魏晋南北朝时期，园林中则出现了众多鸟

图 6-7　枫叶

图 6-8　紫薇

禽，使之成为园林山水景观的天然点缀。唐代大诗人王维养鹿放鹤，以表情趣。宋徽宗更是凭自己的权利集天下珍禽异兽，放置在他的艮岳之中。明清园林中的动物种类繁多，有白鹤、鸳鸯、金鱼、鸟、蝉等。园林中的动物，有些是人为养殖的，有些是自然生成的，不管是哪种类型，都可增加园林的野趣，使人造园林更接近自然。

四、建筑

建筑是中国古典园林非常重要的组成部分，被称为"园林的眼睛"。园林建筑既是景点，又可以用来观赏景点，因此在建筑特点上，要做到可行、可观、可居、可游，还可起到点景和隔景的作用。

中国古典园林中的建筑一般有厅、堂、馆、斋、亭、轩、榭、舫、廊、桥等组成。

（一）厅和堂

厅和堂是指用于聚会、待客等的场所，是园林中的主体建筑。《园冶》中记载：凡园圃立基，定厅堂为主。意思是说厅和堂的位置确定后，其他的建筑、景点位置才能被确定下来。厅和堂对于园林建筑的重要性可想而知。厅和堂的方向一般朝南最为适宜，建筑体量较大，空间环境也比较开阔。

（二）楼和阁

楼和阁是园林中的两种建筑，它们体量较大，造型丰富，属较高层的建筑，在园林中起到重要的点景作用，如武汉的黄鹤楼（见图 6-9）、北京颐和园的佛香阁（见图 6-10）等。楼和阁的作用很多，比如可以做普通房间，也可用来收藏书画，还可用来供佛以及观赏风景。作用不同，对其要求也有所不同。比如，如果是用于收藏书画，则需要保持该建筑周边的干燥、整洁。阁的四周墙壁上会开窗，每层会设围廊，还有挑出的平座，以便眺望观景。

图 6-9　黄鹤楼远景

图 6-10　北京颐和园的佛香阁

（三）馆和斋

馆是用于宴客的地方，有时也指皇家园林中帝王看戏、听曲的地方。馆的体量大小不一，大型的馆实际上可作为主厅堂，如留园的五峰仙馆、林泉香石馆。

斋一般是指书房性质的建筑物，环境比较隐蔽清幽，尽可能避开园林中热闹的地方，与外界隔离，相对独立，形成完整统一的气氛。其建筑式样比较简单朴实，以创造一种清静、淡泊的情趣。

（四）亭

汉代许慎在《说文解字》中记载："亭，停也，人所停集也。"亭是一种开敞的小型建筑物，主要供人休息、观赏、纳凉、避雨之用。亭的结构比较简单，柱间通透开辟，柱身下设半墙或不设墙。亭在造园艺术中应用广泛，可以起到"点景"和"引景"的作用。又因其体量较小，可以建造在很多地方，所以，亭使园林建筑在空间上得到了突破，如沧浪亭（见图6-11）、陶然亭等都是著名的亭子。

（五）轩

轩是指园林中小巧玲珑、开敞精致的建筑物，其室内简洁雅致，室外或可临水观鱼，或可品评花木，或可极目远眺。轩常建在地处高旷、环境幽静的地方，如拙政园的与谁同坐轩，如图 6-12 所示。

图 6-11　沧浪亭

图 6-12　拙政园的与谁同坐轩

（六）榭

榭一般是在水边筑平台，平台周边围以低矮栏杆，平台上建一单体建筑，四面开敞通透或做落地长窗。因此，水榭要三面临水，前设坐栏，即美人靠，可让人凭栏观景，如拙政园的芙蓉榭，如图 6-13 所示。

（七）舫

舫，又称不系舟，是仿照船的外形在水边或水中修造的建筑，是园林中供人休息和游赏、宴请之用。舫在中国古典园林中的意义比较特殊：一是代表了古代文人隐逸江湖，不再过问政治；另一种意义则更加特殊，皇家园林中的石舫（见图 6-14），虽说"水可载舟亦可覆舟"，但由于石舫永覆不了，所以，含有江山永固之意。

（八）廊

廊是由两排立柱顶着一个屋顶，把园内各单体建筑连在一起的建筑。它是我国古典园林中既"引"又"观"的建筑。它在形成一个过渡空间的同时，自己本身也成为一个造型别致、高低错落的景观。廊的类型可分为单廊、复廊、曲廊、回廊等。比如，苏州沧浪亭的

图 6-13　拙政园的芙蓉榭

图 6-14　石舫

复廊、拙政园的水廊(见图 6-15)、留园的曲廊被誉为“江南三大名廊”。

(九) 桥

桥在园林中不仅是一个连接工具,起到装饰环境和借景障景的作用,而且其本身也是一个景点,增加了园林的自然情趣。常见的桥有拱桥、平桥、曲桥等类型,如颐和园的十七孔桥(见图 6-16)、上海豫园的九曲桥等。

图 6-15　拙政园的水廊

图 6-16　颐和园的十七孔桥

案例分析

西方园林的特点

总体而言,西方园林艺术与中国园林艺术迥然不同。西方园林的造园艺术,完全排斥自然,力求体现出严谨的理性,一丝不苟地按照纯粹的几何结构和数学关系发展。“强迫自然接受匀称的法则”成为西方造园艺术的基本信条。

西方园林的艺术特色突出体现在园林的布局构造上。体积巨大的建筑物是园林的统帅,总是矗立于园林中十分突出的中轴线起点之上。整座园林以此建筑物为基准,构成整座园林的主轴。在园林的主轴线上,伸出几条副轴,布置宽阔的林荫道、花坛、河渠、水池、喷泉、雕塑等。在园林中开辟笔直的道路,在道路的纵横交叉点上形成小广场,呈点状分布水池、喷泉、雕塑或小建筑物。整个布局,体现严格的几何图案。园林花木,严格剪裁成锥体、球体、圆柱体形状,草坪和花圃则勾画成菱形、矩形和圆形等。总之,一丝不苟地按几何图形剪裁,绝不允许自然生长形状。水面被限制在整整齐齐的石砌池子里,其池子也往往砌成圆形、方形、长方形或椭圆形,池中总是布局人物雕塑和喷泉。追求整体的对称性和视觉上的一览无余,因此,西方园林艺术在每个细节上都追求形似,以写实的风格再现一切。

在园林布局上，西方古典园林无论在情趣上还是在构图上都和古典建筑遵循着同一个原则。园林设计把建筑设计的手法、原则从室内搬到室外，两者除组合要素不同外，并没有很大的差别。

综上所述，西方园林艺术提出“完整、和谐、鲜明”三要素，追求严谨的理性。正如古典主义建筑权威大勃隆台所说，决定美和典雅的是比例，必须用数学的方法把它制定成永恒的、稳定的规则。这就是西方造园艺术的最高审美标准。

（资料来源：http://baike.baidu.com。）

请简述中国古典园林与西方园林的区别。

案例分析(见表 6-1)：

表 6-1　中国古典园林与西方园林的区别

	中国古典园林	西方园林
布局	自然山水式	几何形规则式
道路	迂回曲折、曲径通幽	轴线笔直式林荫大道
树木	自然式孤植、散植	整齐对植、列植
花卉	盆栽花台、重姿态	图案花坛、重色彩
水景	静态水景、溪池滴泉	动态水景、喷泉瀑布
石景	大型整体太湖巨石	石雕各种物象
视线	步移景换、幽闭深藏	视线限定、开敞袒露
风格	文人的诗情画意	骑士的罗曼蒂克
美学	自然美	人工美
哲学基础	以自然为本，天人合一	以人为本

五、匾额和楹联

中国古典园林不仅追求自然情趣，还追求一定的文化意境。中国古典园林的园主们会通过含蓄优雅的匾额、楹联来表达个人的思想感情，追求中国的传统文化。匾额、楹联既是诗文与造园艺术最直接结合而表现园林“诗情”的主要手段，也是文人参与园林创作、表达园林意境的主要手段，起到深化意境和指引鉴赏两方面的作用。

中国古典园林大多悬挂匾额，内容丰富，基本都以题名而出现，但有不同的意境，常常与自然景观和人文史迹有关。例如，有以建筑物周围景色境界题名的，如涵碧山房、镇江阁；有以花卉命名的，如芙蓉榭、云芍厅；有以致以幽意命名的，如远香堂、留听阁；有以建筑形状和色彩命名的，如船厅、绀园；有以纪念性的事件命名的，如归去亭、太平楼。

楹联可分为上、下两联。联文可长可短，短联多为五言、七言，长联则可多达数十上百字。楹联按其在建筑上的位置可分门联、柱联和壁联三种。楹联在亭、台、楼、阁、轩等园林建筑上非常多见，似乎成了中国古典园林的必备之物。园林中的楹联，一般会体现所题建筑的文史故事，或描写园林所处景观，字数不多，对仗严谨，读楹联历来是园林欣赏中的一大乐趣。例如，武汉黄鹤楼有一联云：一楼萃三楚精神，云鹤俱空横笛在；二水汇百川支派，古今无尽大江流。前句点出黄鹤楼的故事，后句写出江汉汇流的自然景观，亦寓意深远。

知识链接

真趣亭名字的由来

苏州狮子林内有座真趣亭。关于亭子名称的由来还有这样一段趣闻。

据说乾隆二十七年(1762年)乾隆巡视江南，到狮子林中游玩；来到此亭，见山水宜人，新奇有趣，一时兴起，御题“真有趣”三字，赐作匾额。从臣黄熙，感到此句过俗，灵机一动，拜奏乞将其中“有”字赐给自己。乾隆闻奏，听出弦外之音，领悟到省去“有”字方显脱俗风雅，又合宋王禹偁“忘机得真趣，怀古生远思”诗句，当即顺水推舟，恩准赐黄熙“有”字。于是留下了这块匾额。

(资料来源：http://mt.sohu.com/20150531/n414162304.shtml。)

六、中国古典园林的构景手法

中国古典园林一直追求天人合一的境界，加上中国传统思想的影响，所以，中国古典园林追求的最佳境界是自然、淡泊、恬静、含蓄，一般运用多种造园构景手法来表现自然，以求得渐入佳境、小中见大、步移景异的境界。

(一) 抑景

受中国传统思想的影响，我国古代历来讲究含蓄，在园林中也是忌一览无余的，所以，园林造景也不让人一进门就看到最好的景色，设计者会通过某种途径将园中景色隐藏起来，然后再突然展现出来，所谓“柳暗花明又一村”，达到渐入佳境和移步异景的效果，以此来提高园林艺术的渲染力，这种方式就叫“抑景”。抑景有山抑、树抑和曲抑之分，如留园、拙政园门口风景的构景手法便是抑景。

(二) 障景

不管是哪个园林，总会有一些不足之处，如何处理这些“不美”的地方呢？我国的造园者们采用了“障景”这一手法来弥补园林的不足。用山、石、花木加以掩盖和处理，使原本不足之处也形成一种美景。例如，上海豫园的鱼乐榭有一上实下空的石墙，遮挡了原来流水较近的短处，产生了源远流长的效果，这是障景的神来之笔。

(三) 夹景

远方的景色在水平方向视界很宽，但又并非所有的景色都很美，因此，为了突出理想的景色，常将左、右两侧用树丛、树干、土山或建筑等加以屏障，形成两侧遮挡的狭长空间，这种手法叫夹景，夹景是运用轴线、透视线突出对景的手法之一，可增加园景的深远感。例如，很多林荫小道，其实就是夹景的一种体现。

(四) 框景

《园冶》中写道：“藉以粉壁为纸，以石为绘也。”形容的就是框景，框景是我国古典园林的构景手法之一，是指园林中建筑的门、窗、洞，或者乔木树枝抱合成的景框将远处的山水美景或人文景观包含其中。

（五）漏景

园林的围墙、走廊（单廊或复廊）一侧或两侧的墙上，常常设以漏窗，雕以各种几何图形、植物或动物等形状，透过漏窗的窗隙，可见园外或院外的美景，这叫作漏景。漏景是从框景发展而来。框景虽有“框”，但仍可景色全观，漏景则若隐若现，含蓄雅致。

（六）借景

不管多大的园林，它的空间总是有限的。借景就是将本不属于园林内的景色，巧妙地收进园林内游人的眼中，以扩大游人的视线，丰富园内景色，使园内外景色融为一体，做到“以小见大”。借景分为远借、近借、仰借、俯借和应时而借等。

（七）添景

如果我们直接眺望远处的山或水，会显得大而无奇，缺少了很多美感，但如果增加一些乔木、花卉作为中间或者近处的过渡景，景色就显得有层次感，会更加的生动，这些乔木、花卉便叫作添景。

（八）对景

在园林中，我们经常会登上亭、台、楼、阁、榭，可观赏他处的堂、山、桥、树等景色，我们也会在堂、桥、廊等处观赏亭、台、楼、阁、榭等景物，这种从甲观赏点观赏乙观赏点，从乙观赏点观赏甲观赏点的构景方法就叫对景。

任务三　中国现存古典园林赏析

一、颐和园

颐和园（见图 6-17）位于北京西郊，占地约 290 公顷，是我国现存大型皇家园林中最完整、最典型的一个，被誉为“皇家园林博物馆”。

颐和园的前身是清漪园，乾隆十五年（1750 年），乾隆皇帝为孝敬其母亲，将原在北京西郊一带的四座大型皇家园林改建为清漪园。咸丰十年（1860 年），清漪园被英法联军焚毁。光绪十四年（1888 年）慈禧太后下令重建，始称颐和园，意为“颐养太和”。

颐和园规模宏大，集中国传统造园艺术之大成，主要由万寿山和昆明湖两部分构成，配上周围的山水环境，气象万千，将中国皇家园林恢宏富丽的气势体现得淋漓尽致。

在颐和园还是清漪园时期，其总体规划以杭州西湖为蓝本，同时广泛仿建江南园林及山水名胜，如凤凰墩仿太湖、景明楼仿岳阳

图 6-17　颐和园

楼、望蟾阁仿黄鹤楼、后溪湖买卖街仿苏州水街、西所买卖街仿扬州二十四桥等等。尽管后来改名为颐和园,但还是可以看到很多仿建江南名胜的痕迹。

现存的颐和园按功能可分为三个区域:行政活动区、生活居住区和游览区。

(1) 行政活动区,以仁寿殿为中心,是清朝末期慈禧太后和光绪皇帝从事内政、外交的主要场所。仁寿殿位于颐和园东宫门内,乾隆清漪园时期称“勤政殿”,意为不忘勤理政务;光绪年间改为“仁寿殿”,意为施仁政者长寿。仁寿殿坐西向东,面阔七间,两侧有南、北配殿,前有仁寿门,门外有南、北九卿房。

仁寿殿是中国近代史上变法维新运动的策划地之一。1898 年光绪皇帝曾在此殿召见改良派领袖康有为,任命他为总理各国事务衙门章京上行走,准其专折奏事,从而揭开了维新变法的序幕。但好景不长,由于封建保守势力的反对,“百日维新”终归失败。

(2) 生活居住区,主要由乐寿堂、玉澜堂和宜芸馆三座大型四合院组成,分别是慈禧、光绪和后妃们居住的地方。

乐寿堂是居住生活区中的主建筑,始建于乾隆十五年(1750 年),咸丰十年(1860 年)被毁,光绪十三年(1887 年)重建。乐寿堂前临昆明湖,背倚万寿山,东达仁寿殿,西接长廊,是园内位置最好的居住和游乐的地方。乐寿堂庭院内陈列着铜鹿、铜鹤和铜花瓶,取意为“六合太平”。院内花卉植有玉兰、海棠、牡丹等,名花满院,有“玉堂富贵”之意。

玉澜堂在仁寿殿西南临昆明湖畔而建,是一座三合院式的建筑。正殿玉澜堂坐北朝南,东配殿霞芬室,西配殿藕香榭。东配殿可到仁寿殿,西配殿可到湖畔码头,正殿后门直对宜芸馆。后檐及两配殿均砌砖墙与外界隔绝,这是颐和园中一处重要的历史遗迹。光绪二十四年(1898 年),慈禧发动宫廷政变后,曾把主张变法的光绪皇帝囚禁于此,这里是光绪皇帝的寝宫。

宜芸馆始建于乾隆年间,光绪时重修。清漪园时为乾隆皇帝的书库,陈设精致、高雅,后来则为光绪帝的皇后隆裕的寝宫,由于建筑功能和主人身份的不同,宜芸馆的陈设和布置也有了很大变化。

(3) 游览区是由万寿山和昆明湖等组成的风景游览区,分为万寿前山、昆明湖、后山后湖三部分。前山以八面三层四重檐的佛香阁为中心,组成巨大的主体建筑群。金碧辉煌的佛香阁、排云殿从山脚的云辉玉宇牌楼,经排云门、二宫门、排云殿、德辉殿、佛香阁,直到山巅的智慧海,形成了一条层层上升的中轴线。与中央建筑群的纵向轴线相呼应的是横贯山麓、沿湖北岸东西逶迤的“长廊”,这是中国园林中最长的游廊。

昆明湖是颐和园的主要湖泊,占全园面积的四分之三,是清代皇家诸园中最大的湖泊。湖中有一道长堤,称为西堤,自西北逶迤向南,把湖面划分为三个大小不等的水域,每个水域各有一个湖心岛,象征着中国古老传说中的东海三神山——蓬莱、方丈、瀛洲。西堤及堤上的六座桥则模仿了杭州西湖的苏堤和“苏堤六桥”建造而成。

除此之外,颐和园的主要景点还有德和园、大戏楼、谐趣园、南湖岛、十七孔桥、石舫等。

1961 年,颐和园被公布为第一批全国重点文物保护单位,与同时公布的承德避暑山庄、拙政园、留园并称为中国四大名园。1998 年 11 月,颐和园被列入世界遗产名录。2007 年,国家旅游局正式批准颐和园为国家 5A 级旅游景区。

二、承德避暑山庄

承德避暑山庄（见图 6-18），又称“热河行宫”或“承德离宫”，位于河北省承德市市区北部。始建于清康熙四十二年（1703 年），历经雍正、乾隆的不断修葺、完善，耗时 89 年建成，是清代皇帝避暑和处理政务的场所，中国四大名园之一，中国三大古建筑群之一。

图 6-18 承德避暑山庄

承德避暑山庄占地面积 560 多万平方米，是我国现存最大的皇家园林，相当于颐和园的两倍。它的最大特色是山中有园，园中有山，大小建筑有 120 多组，其中康熙以四字组成 36 景，乾隆以三字组成 36 景，这就是山庄著名的 72 景。山庄周围石砌宫墙长达 10 千米左右，墙内的建筑布局分为宫殿和苑景两部分。

宫殿区坐落在避暑山庄的南部，主要有正宫、松鹤斋、万壑松风、东宫（已毁）等四个主要建筑群，多采用层层递进的四合院式布局，并且全部施青砖灰瓦，朴素淡雅，与附近的外八庙建筑形成鲜明对比。正宫是宫殿区的主体建筑，占地约 1 万平方米，包括 9 进院落，分为“前朝”和“后寝”两部分，由丽正门、午门、阅射门、澹泊敬诚殿、四知书屋、十九间照房、烟波致爽殿、云山胜地楼、岫云门以及一些朝房、配殿和回廊等组成。澹泊敬诚殿是其主殿，是用珍贵的楠木建成，因此，也叫楠木殿。

苑景部分又可分成湖区、平原区和山区三部分。其中，湖区位于山庄东南，面积约 49.6万平方米。有西湖、上湖、下湖、半月湖、澄湖、镜湖等大小八个湖泊，湖区的风景建筑大多是仿照江南的名胜建造的。例如，烟雨楼是模仿浙江嘉兴南湖烟雨楼的形状修的；金山岛的布局仿自江苏镇江金山。此外，湖中又有如意洲、月色江声岛、环碧岛等多座小岛。

平原区和山区面积较大，平原区内的万树园西侧有中国四大皇家藏书名阁之一的文津阁。山区则多为寺庙。

外八庙是依照西藏、新疆喇嘛教寺庙的形式在避暑山庄周围修建的喇嘛教寺庙群，供西方、北方少数民族的上层及贵族朝觐皇帝时礼佛之用。在避暑山庄的东面和北面，共有 11 座寺院，其中的 8 座由清政府直接管理，故被称为“承德外八庙”。

因为清朝的康熙皇帝和乾隆皇帝每年大约有半年时间要在承德度过，所以，清前期重要的政治、军事、民族和外交等国家大事都在这里处理。因此，承德避暑山庄也就成了北京以外的陪都和第二个政治中心。

避暑山庄是中国古典园林艺术的杰作，它继承和发展了中国传统的造园思想，按照地形地貌特征进行选址和总体设计，借助自然地势，因山就水，顺其自然，融南北造园艺术的精华于一身，被誉为“中国地理型貌之缩影”。

1994 年 12 月，避暑山庄及周围寺庙（热河行宫）被列入世界文化遗产名录。2007 年 5 月，承德避暑山庄及周围寺庙景区被国家旅游局批准为国家 5A 级旅游景区。

知识链接

古代的皇帝妃子们是如何避暑的？

承德的避暑山庄是闻名世界的避暑胜地，那么清代帝王宫妃是如何避暑的呢？

避暑方法之一：到热河行宫听政

承德避暑山庄系康熙四十二年（1703 年）兴建，亦称热河行宫。清代咸丰朝以前，诸帝喜欢在这些避暑听政，及至秋季。山庄建筑壮丽，集庭馆楼台之胜。

避暑方法之二：设置凉棚

那时人们已经善于运用冬夏季日影的角度（就是今天所说的太阳高度角，北京地区冬至正午太阳高度角为 27°，夏至正午太阳高度角为 76°），来设计出檐的角度。宫内的北房有了这个角度的屋檐，就能够在夏至前后，屋檐遮阳；到了冬至前后，阳光满室，使得房间内有冬暖夏凉之感。

皇宫里的窗户、窗帘也大有文章。窗户一般上边可以支起来，下边可以拆掉，这样敞开通风，室内也会比较凉快。帘子还有等级划分，最高级的是用斑竹、香妃竹编织的，饰有各种图案，等级低的是用苇箔编成的。

避暑方法之三：储藏冰块备用

在中国北方有冬季储藏冰块到夏季用的习惯。考古发现，我国在周代就有了冰窖。明清时期，盛夏也会大量用冰。冰窖一般有官窖、府窖和民窖，《大清会典》中记录，清代在紫禁城、景山、德胜门外、正阳门外都设有官窖，共计 18 座，仅紫禁城中的冰窖就藏冰 2.5 万块。

清代宫内储存冰块的器具被称为“冰桶”“洋桶”，多用红木、花梨木、柏木为内胎，也有用金属胎的。形制呈斗状，口大底小。盖多采用很厚的木板，两腰部都有铜环，方便搬运。有四条腿足，足下还装有托，用来防止潮湿。

这种宫廷“冰箱”比起现在的冰箱简单得多，但是构造合理、实用方便。当时的“冰箱”主要有两个用途，一个是用来冰镇和保鲜食物，因为箱体内采用铅或锡为里，能起到较好的隔热作用，而箱底有小孔，可以排放融化的冰水。

冰桶的另一个用途是降低室内的温度。箱盖上设有透气孔，因此，排出的冷气能起到“空调”的作用。

避暑方法之四：天然冷饮降温

夏季冷饮也是宫中防暑的佳品。时令的消暑水果，如西瓜、葡萄、鸭梨等自不必多说，冰镇小食也很诱人。冷饮中最出名的冰碗是用甜瓜、杏仁豆腐、桂圆洋粉、葡萄干、鲜胡桃、怀山药、枣泥糕等料制成，冰镇后吃起来绝对爽口。

宫中的御医在夏季还会开出消暑的方子，诸如香薷汤、暑汤等汤剂。

避暑方法之五：摇扇

扇子，是最简单、最实用的夏日必用之物。传说，八国联军入侵北京，慈禧挟光绪帝在酷热的农历七月向西安出逃，途中，又热又饥又渴，只能吃煮老玉米、煮青豆，她的贴身宫女在途中就拣了一把芭蕉扇，为慈禧扇风纳凉和驱赶蚊蝇。

（资料来源：http://www.bishushanzhuang.com.cn。）

三、拙政园

拙政园（见图 6-19）位于江苏省苏州市，中国四大名园之一，苏州四大名园之首，是江南园林的典型代表，也是苏州园林中面积最大的古典山水园林。

图 6-19 拙政园

拙政园是明代正德年间，御史王献臣所辟私园，取晋代文人潘岳《闲居赋》中“灌园鬻蔬，以供朝夕之膳……此亦拙者之为政也”之句，取园名为“拙政园”。后几易其主，拙政园也随之不断发展扩大。现全园占地面积约 4 万平方米，它以水为中心，山水萦绕，厅榭精美，花木繁茂，充满诗情画意，具有浓郁的江南水乡特色，主要分为东花园、中花园、西花园三个部分。

(1) 东花园开阔疏朗，主要有秋香馆、芙蓉榭、天泉亭和缀云峰等景点。

秋香馆为东花园的主体建筑，秋香即稻香之意，此处以前墙外皆为农田，丰收季节，秋风送来一阵阵稻谷的清香，令人心醉，馆亦因此得名。秋香馆面水隔山，室内宽敞明亮，落地长窗加上精致的裙板木雕为黄杨木雕，共 48 幅，雕镂精细，层次丰富，栩栩如生，把秋香馆装点得古朴雅致，别有情趣。

芙蓉榭是夏日赏荷的好去处，它一半建在岸上，一半伸向水面，灵空架于水波上，伫立水边、秀美倩巧。

天泉亭是一座重檐八角亭，因其内有古井一口，故名。相传该井为元代大宏寺遗物。此井终年不涸，水质甘甜，因而被称为“天泉”。

缀云峰位于兰雪堂的北部，其形态自下而上逐渐壮大，其巅尤伟，如云状，岿然独立，旁无支撑，此峰苔藓斑驳，藤蔓纷披，不乏古意。

(2) 中花园是园林主体，除了中心水池外，还有远香堂、梧竹幽居、小飞虹、香洲、荷风四面厅、雪香云蔚亭、玲珑馆等景点。

远香堂为四面厅，是拙政园中部的主体建筑，取自周敦颐咏莲的“香远益清”之意。堂北平台宽敞，池水旷朗清澈，是夏日赏荷的又一佳处。

梧竹幽居是中部池东的观赏主景。其建筑风格独特，构思巧妙别致，此亭背靠长廊，面对广池，旁有梧桐遮阴、翠竹生情。它的绝妙之处在于四周白墙开了四个圆形洞门，洞环洞，洞套洞，在不同的角度可看到重叠交错的分圈、套圈、连圈的奇特景观。四个圆洞门既通透、采光、雅致，又形成了花窗掩映、小桥流水、湖光山色、梧竹清韵的美丽框景画面，意味隽永。

小飞虹是苏州园林中极为少见的廊桥。朱红色桥栏倒映水中，水波粼粼，宛若飞虹，故以为名。古人以虹喻桥，用意绝妙。它不仅是连接水面和陆地的通道，而且构成了以桥为中心的独特景观，是拙政园的经典景观。

香洲为“舫”式结构，有两层楼舱，通体高雅而洒脱，其身姿倒映水中，更显得纤丽而雅洁。香洲寄托了文人的理想与情操。在中国古典园林众多的石舫中，拙政园香洲大概称得上是造型最为美观的一个。船头是台，前舱是亭，中舱为榭，船尾是阁，阁上起楼，线条柔和起伏，比例大小得当。香洲位于水边，正当东、西水流和南北向河道的交汇处，三面环水，一面依岸，由三块石条所组成的跳板登“船”，站在船头，四周开敞明亮，满园秀色，令人心爽。

(3) 西花园建筑精美，主要有卅六鸳鸯馆、浮翠阁、留听阁、与谁同坐轩、宜两亭、倒影楼等景点。

卅六鸳鸯馆是西花园的主体建筑，精美华丽。苏州一带的园林常将厅堂的内部用隔扇划分为南、北两部分，俗称“鸳鸯厅”。卅六鸳鸯馆南厅是十八曼陀罗花馆，冬季可欣赏南院花台上的山茶花。北厅因临池曾养三十六对鸳鸯而得名“卅六鸳鸯馆”。卅六鸳鸯馆内顶棚采用拱形，既弯曲美观，遮掩顶上梁架，又利用这弧形屋顶来反射声音，增强音响效果，使得余音袅袅，绕梁萦回。此馆环境优雅，陈设古色古香。主人可在此宴友、会客、听曲、休憩。

留听阁为单层阁，体型轻巧，四周开窗，阁前置平台，是赏秋荷听雨的绝佳处。阁内最值得一看的是门口的清代银杏木立体雕刻松、竹、梅、鹊飞罩，该立体雕刻刀法娴熟，技艺高超，构思巧妙，将“岁寒三友”和“喜鹊登梅”两种图案糅合在一起，是园林飞罩中不可多得的精品。

与谁同坐轩取自苏东坡的“与谁同坐？明月、清风、我”，该轩成折扇状，屋面、轩门、窗洞、石桌、石凳及轩顶、灯罩、墙上匾额、半栏均成扇面状，故又称作“扇亭”。人在轩中，无论是倚门而望，凭栏远眺，还是依窗近观，小坐歇息，均可感到前后左右美景不断。

宜两亭建在一座假山之上，关于此亭有这样一段佳话。当年，拙政园的中园和西园分属两家所有。西园主人堆山筑亭，可在亭中观赏到他十分羡慕的中园景色，而中园主人在中花园亦可眺望亭阁高耸的一番情趣，借亭入景，丰富景观，一亭宜两家，添景更添情。

1961 年 3 月，拙政园被列为首批全国重点文物保护单位。1997 年 12 月，拙政园与留园、网师园、环秀山庄共同被列入世界遗产名录。2007 年，拙政园被国家旅游局评为国家 5A 级旅游景区。

知识链接

苏州四大园林

苏州园林在汉族建筑中独树一帜，是有重大成就的古典园林建筑。苏州园林又称苏州古典园林，以私家园林为主。其中，沧浪亭、狮子林、拙政园和留园并称苏州四大园林，代表着宋、元、明、清四个朝代的艺术风格，被称为苏州四大名园。这是我国古代劳动人民汗水的结晶！

（资料来源：http://baike.baidu.com。）

四、留园

留园坐落于苏州市阊门外留园路，是中国四大名园之一。建于明嘉靖年间（1522年—1566年），为太仆徐时泰辟建的私园，当时人称“东园”。徐时泰去世后，“东园”渐渐荒废。该园后来被刘恕所得，在“东园”故址改建，历经四年建成。因园内竹色清寒，故更名“寒碧山庄”，俗称“刘园”，后又改名为留园。

留园现占地面积约3.4万平方米，以清代风格为主，园内以建筑艺术精湛著称，其中厅堂在苏州诸园中最为宽敞华丽，江南三大名石的冠云峰也在其中，有“不出城郭而获山林之趣”的美誉。

留园全园分为中、东、西、北四个部分，各部分景点以墙相隔，以廊贯通，又以空窗、漏窗、洞门使两边景色相互渗透，隔而不绝。

西部以山景为主，有盛家祠堂、舒啸亭等景点。盛家祠堂大厅现辟为留园展示馆，展示介绍留园历史和文化艺术。

北部花果繁茂、盆景多姿。

中部以山水兼长，有涵碧山房、绿荫轩、小蓬莱、古木交柯、曲溪楼、清风池馆等景点。“涵碧山房”为中部主要建筑，取名自朱熹的诗句“一水方涵碧，千林已变红”，“涵碧”二字不仅指池水，同时也指周围山峦林木在池中的倒影。又因房前临荷池，故俗称荷花厅，其厅高大宽敞，陈设朴素，周围老树浓荫，风亭月榭，迤逦相属，楼台倒影，山池之美，堪称图画。

东部是建筑区，景区内有五峰仙馆、冠云峰、雨过天晴图三个主要景点，并称“留园三绝”。五峰仙馆，俗称“楠木殿”，“五峰”取自李白的诗句“庐山东南五老峰，晴天削出金芙蓉”。此馆为园内最大的厅堂，面阔五间，中间用纱槅屏风隔出前后两厅。其中，前厅约占了整个建筑的三分之二的面积。五峰仙馆的建筑用材非常奢华，梁柱全部采用楠木，中间也全部采用红木银杏纱槅屏风。

图 6-20 冠云峰

冠云峰（见图6-20）为江南园林中湖

石之最，因石巅高耸，四展如冠，取名“冠云”。它齐集太湖石“瘦、皱、漏、透”四奇于一身。

雨过天晴图为五峰仙馆内的一块大理石天然图画。该石产于云南点苍山，直径1米左右，厚度为15毫米。石表面上部自然形成流云婀娜的景色，其正中上方，一轮白白的圆斑，就像一轮太阳或者一轮明月；中间部分则形似群山环抱，悬壁重叠的景象，下部为流水潺潺，瀑布飞悬的景象，形成一幅自然山水画。图旁有出自北宋理学家邵雍的《安乐窝中酒一樽》的对联：“雨后静观山意思；风前闲看月精神。”

知识链接

江南名石

江南园林中常以体态秀润、嶙峋俏丽的太湖石装点景致。在为数众多的太湖秀石中，要数苏州留园冠云峰、杭州西湖皱云峰、上海豫园玉玲珑为最佳，素有江南园林三大名石之称。

上海豫园玉玲珑：置于豫园玉华堂前草坪上，高约4米，俏丽精致，玲珑剔透，有迎风玉立之势，与元代铁狮、清代紫藤、明代银杏合称为“豫园四古”。据说此石原是隋唐遗物，宋徽宗想得到这块玉玲珑，遂把它编入“花石纲”，不料此石在运送到京途中丢失。后来，玉玲珑几易其主，最终在豫园定居下来。

图6-21 皱云峰

杭州西湖皱云峰：原置于西湖花圃盆景室外的草坪上，后被移至岳王庙对面的“江南名石苑”中。此石高2.6米，狭腰处仅0.4米，全身褶皱特多，体态秀润，玲珑多窍，有“形同云立，纹比波摇”的天趣，石上刻有“皱云峰”三字，十分引人注目，有西湖奇石之称，如图6-21所示。

（资料来源：http://news.163.com/11/1125/03/7JM5UBDU00014AED.html。）

1961年，留园被国务院首批列入全国重点文物保护单位，1997年12月，留园作为苏州古典园林典型例证，经联合国教科文组织批准，与拙政园、网师园一起列入世界遗产名录。2010年4月，留园被国家旅游局列为国家5A级旅游景区。

案例分析

“游客朋友们，留园是我国四大名园之一，其地位和上午我们游览过的拙政园相同，并且都是建于明朝，体现了明清园林‘芥子纳须弥’的意境。”正当导游小王兴致勃勃给他的游客介绍留园的时候，其中一位游客打断了他的讲解：“王导，既然两座园林如此相似，那么我们为什么都要参观呢？岂不是重复欣赏了？”

这时,如果你作为导游,你会如何回答?

案例分析:也许我会这样回答:"这位朋友的提问非常好,虽然这两座园林都能体现私家园林的小巧精致,但设计的侧重点却不尽相同。拙政园以水景为主,其面积占全园的五分之三,各类建筑临水而建,展现了古典园林'理水'的特色。留园则以曲廊闻名,这个长廊长达700多米,将三个景区有机地连接在一起,长廊随山体的变化而曲折多变,使全园精致富有变化。留园的花窗设计别出心裁、独具匠心,设计师巧妙地把花纹图案设计在窗橱上,中间留出较大的空间,使窗外的景物透入室内,看上去就像墙上挂了几幅生动的图画一样。这些都显出了留园的典雅,也是大家欣赏的重点。"

在讲解同类景点时,尽量不要重复类似的特点,而应突出各自园林的特色,体现它们的不同点。

五、清晖园

清晖园(见图6-22)位于广东省佛山市,原是明末状元黄士俊所建的黄氏花园,现存建筑主要建于清嘉庆年间。清晖园取名"清晖",意为和煦普照之日光,喻父母之恩德。

清晖园现占地面积约2.2万平方米,整个园林凸显明清文化、岭南古园林建筑、江南园林艺术、珠江三角水乡特色,是岭南园林的代表作之一。清晖园的布局不拘一格,追求灵活多变,集我国古代建筑、园林、雕刻、诗画、灰雕等艺术于一体。园内建筑以"间"为单位且风格各异,每间建筑物的正面都朝向院子,并设置门窗。这种布局手法,使众多的建筑物构成一组一组相对独立的景区,使其形成了"园中有园,景外有景,步移景换"的特点。

图6-22 清晖园

清晖园的造园特色首先是它的实用性。南方气候炎热,为适应这种天气,造园者首先将其建成了前疏后密、前低后高的独特格局,但疏而不空、密而不塞,建筑造型轻巧灵活,开敞通透。

其次是宅地与园林融为一体,突显我国古园林庭院建筑中"雄、奇、险、幽、秀、旷"的特点。造园者利用碧水、绿树、古墙、漏窗、石山、小桥、曲廊等物巧妙地与亭台楼阁交互融合,使得造型构筑别具匠心、灵巧雅致。园内大部分门窗玻璃为清代从欧洲进口经蚀刻加工的套色玻璃制品,古朴精美、回味无穷。

此外,清晖园在花木配置、理水、组织景面序列关系方面都极具特色。

清晖园主要分中部、南部、北部三个景区。

(1) 中部有船厅、惜阴书屋、真砚斋、花亭、狮子山等园林小筑,是园内景色最集中的游览区。

船厅是清晖园的主体建筑,它是模仿苏州寄畅园的船厅式样,又参照珠江的紫洞艇而建成的一座两层楼舫，为旱船。其外观却为双层船式砖楼，船厅门正面，雕有绿竹数竿，厅内花罩镂空成两排芭蕉图案。船厅上下迂回的楼道，犹如登船之跳板。虽在陆上，似泊于水中。

狮子山上有一大二小的三只狮子蹲伏棕竹丛中，相互偎依，呼之欲出。这座"三狮戏球图"石山与东莞可园的"狮子上楼台"并称，为岭南园林掇山杰作。狮子山又与竹苑内石山上的斗洞相呼应，构成对景，正如古人所云："既有狮山，必有斗洞。"

（2）南部方池，为园中水景区，主要建筑物有澄漪亭、六角亭、碧溪草堂，以木制通花作饰的连廊与装饰有岭南佳果的滨水游廊联结，景色宜人。

澄漪亭位于园内南部临水处，其虽名为亭，实际上采用的却是典型的水榭做法。澄漪亭最大的特色在于它的门窗，打开八扇巨大的屏门，亭外的景色尽览无遗。即使是关起门窗来，上面镶嵌的"明瓦"也可透进光线，显得古朴幽雅。

碧溪草堂位于园南，正门为圆洞形，学名叫"圆光罩"，门框镂成两束交叠翠竹状。两侧玻璃屏门的裙板上，用隶书、篆书和鸟虫书体镌刻有四十八个形态各异的"寿"字，称为"百寿图"。虽说是"百寿图"，但两侧加起来却只有九十六个"寿"字，有人猜测："九"就是"久"，"六"在广东话中与"禄"同音，"九十六"也就是"福禄长久"之意。碧溪草堂之畔，有一株老迈而苍劲的龙眼树，至今已有 210 多年了，是清晖园中最老的一棵古树。

（3）北部以竹苑为代表，建筑较为密集，楼屋栉比，假山迎面，修篁夹道，巷院兼通，是园主人日常生活起居之所，主要景点有竹苑、归寄庐、读云轩、小蓬瀛、红蕖书屋、凤来峰、沐英涧、留芬阁等。

竹苑位于中部景区的西北部，是一个长形庭院。清晖园常运用"园中有园"的设计意念，它就是一个典型例子。庭院的前半段设计虚实结合，非常巧妙：原来庭院的麻石地两旁种植了一丛丛翠竹，东边日光照射过来，竹影便在东边的青砖墙上摇晃生姿。往前走数步，原本空旷的东边出现房舍，空间变实了，西侧出现一堵石山，石山再靠右是连接归寄庐与小蓬瀛的短廊，石孔和廊柱多少露出一些空疏来，又变实为虚了。

归寄庐与小蓬瀛以短廊相接。"归寄"是"辞官归里，寄迹庭院"的意思。它是两层的仿古砖木结构楼房，装修精致华丽，古色古香，镶嵌着图案华美的木格彩色玻璃的窗户。这里曾用作主人的卧房。小蓬瀛，蓬瀛为蓬莱、瀛洲的合称，是传说中海上的仙山。小蓬瀛的厅堂有一幅大型彩绘木雕作品——《百寿桃》，上刻仙桃一株，枝繁叶茂，硕大的"仙桃"透出熟透的红晕，衬出满堂喜气，是一幅民间色彩很浓的佳作。画面中的桃子有一百个，但其中有一个做得非常隐蔽，粗略数来便只有九十九个。清晖园的"百寿桃"与"百寿图"，无不折射出园主人祈福祉、求长寿的尚德心态。

清晖园建筑艺术颇高，它与佛山梁园、番禺余荫山房（或称余荫山房）、东莞可园并称"岭南四大名园"。

项目回顾

本项目介绍了中国古典园林的起源与发展、主要类型，讲解了中国园林的特点，旨在掌握中国古典园林的构成要素与构景手法，引导学生分析园林个案中的构景手法，欣赏中国古典园林中“天人合一”和“诗情画意”的美，领悟中国古典园林中蕴含的文化精神。通过本项目学习，能够运用所学知识编创中国园林的导游词，同时掌握中国古典园林的讲解技巧。

复习思考

一、简答题

1. 中国古典园林的构成要素有哪些？
2. 中国古典园林的构景手法有哪些？
3. 中国四大名园是指哪四个园林？
4. 江南三大名石指的是哪三大名石？

项目实训

随意寻找一处湖北地区的园林建筑，并说说该园林采用了哪些构景手法。

目的：通过调查分析使学生了解园林的构景手法在实际中的应用情况。

要求：小组调查、分析，做成 PPT 后与其他各组进行分享。

项目七 宗教及其旅游价值

任务分析

知识目标

了解和熟悉三大宗教的起源与发展、特征，熟记三大宗教的创始人、基本教义、信仰对象及主要经典。

能力目标

通过系统的理论知识学习，能讲解三大宗教尤其是佛教的文化取向和审美视角。设计宗教类景区的导游词。

素质目标

通过归纳、比较三大宗教产生、发展和演变的历史过程，认识世界文化现象的共性。掌握中国宗教场所或建筑文化取向；正确理解宗教在人类文明史和旅游发展史上的价值。

案例导入

老师刚播放一首轻快的歌曲，曲名为《铃儿响叮当》，同学们应该很熟悉吧，请问这首歌跟哪个节日有关？这个节日又和哪个宗教有关呢？除此之外，你还能说出哪些你所知道的宗教呢？

任务实施

宗教是一种社会意识形态，是对客观世界的一种虚幻反映，是一种唯心主义世界观。世界上的宗教有多种，据研究报告显示，2010 年，基督教有超过 20 亿信徒，约占世界人口的 32%，伊斯兰教约有 16 亿信徒，约占世界人口的 23%，佛教约有 5 亿信徒，约占世界人口的 7%。我们会发现，有宗教信仰的人口要远远多于没有宗教信仰的人口，其中仅信仰佛教、基督教、伊斯兰教的人口就占了世界人口的 60% 以上。为什么会有这么多人信仰宗教？宗教是如何产生的？佛教、基督教、伊斯兰教是如何成为世界性宗教的呢？今天我们就来探究一二。

任务一　初识宗教

一、宗教的定义与本质

（一）宗教的定义

宗教是指有一定的教义、教规，有一定的仪式和一定的组织系统的信神的社会“实体”。

（二）宗教的本质

宗教是一种特殊的文化现象。宗教是传统文化的重要组成部分，是世俗思想的特殊反映，是人的本质力量的虚拟反映。

总之，宗教作为一种特殊的文化形式，对人类文化乃至人类社会的发展起到了独特的作用，而且这种作用在未来的社会中仍将继续。

二、宗教文化的旅游价值

宗教文化自身的旅游价值主要表现在宗教教义的哲理性，宗教建筑的艺术性，宗教氛围的神秘性，宗教名山的清幽性。

知识链接

归元禅寺

归元禅寺属于佛教禅宗五家七宗之一的曹洞宗，又称归元寺，是湖北省重点文物保护单位，位于汉阳城内翠微路上，占地4.67公顷，有殿舍200余间。归元寺与宝通禅寺、溪莲寺、正觉寺并称为武汉佛教的四大丛林。

归元寺创建于清顺治十五年(1658年)，归元寺之名取佛经"归元性不二，方便有多门"之语意。

归元寺建筑布局分为中院、南院、北院三组。

中院有放生池，池两侧分别为钟楼、鼓楼，正中为韦驮殿，再进去是大雄宝殿。其南、北两厢为客堂和斋堂，其后为禅堂。

南院罗汉堂供奉有500尊罗汉塑像，形态各异，栩栩如生，是中国传统塑像艺术中的上品。

北院有藏经阁、大士阁、翠微井等建筑。现存的藏经阁是归元寺的一大宝藏，除收藏经书之外，还有佛像、法物、石雕、木刻、书画碑帖及外国友人赠品。藏经阁一层为陈列室，陈列有北魏石刻、唐代观音及历代雕刻的其他佛像，以及各种珍贵法器、字画等；二层收藏佛教经典7000多卷，其中有印度、缅甸、泰国、斯里兰卡等国刻印的经卷和贝叶经。

归元禅寺是国务院首批公布的开展宗教活动的重点寺庙之一。

任务二　佛教文化

一、佛教在中国的传播与发展

(一) 佛教概况

佛教产生于公元前6—5世纪的古印度，并很快成为当时印度半岛影响广泛的宗教之一。佛教的创始人是释迦牟尼。

(二) 佛教传入中国后形成的三大体系

佛教传入中国后形成三大体系，即汉传佛教、藏传佛教和南传上座部佛教。

(三) 佛教在中国的传播与发展

1. 魏晋南北朝时期

魏晋南北朝时期，佛教在中国才开始了长足的发展，出现了很多著名的佛学大师，较为著名的有佛图澄、道安、鸠摩罗什。他们主持翻译了大量佛经，对推动佛教在中国的传播与发展起了重大作用。

2. 隋唐时期

隋唐时期尤其是唐朝，佛教的发展达到了空前鼎盛的繁荣局面。佛教文化的交流日益增多，很多僧侣前往印度游学取经，较为著名的有玄奘、义净，为中国佛学的发展做出了卓越的贡献。

这一时期的佛教宗派有天台宗、法相宗、华严宗、律宗、密宗、三论宗、禅宗、净土宗。佛教宗派的形成标志着佛教已经独立发展成为具有汉化特色的中国宗教，并且成为唐代以后中国佛教发展的主流。

3. 宋元明清时期

从宋元开始，佛教作为一种外来宗教，不断地与中国原有的文化融合，出现了儒、释、道“三教合流”的发展局面，成为普通民众广为信奉的一种信仰。

二、佛教的文化要义

（一）佛教的基本教义

佛教是世界三大宗教之一，大乘佛教和小乘佛教的经典分经、律、论三藏，即“大藏经”；藏传佛教的经典包括《甘珠尔》和《丹珠尔》两部。佛教的标志是表示吉祥之意的万字符和象征佛法无坚不摧的法轮。

1. 四谛说

四谛是原始佛教的核心思想，也是佛教的基础。谛是真理的意思，是印度哲学体系里经常使用的概念。所谓四谛是对佛陀参悟到的苦谛、集谛、灭谛、道谛这四种真理的概括。

(1) 苦谛。苦谛是指人生的各种痛苦，它是四谛的基础，共有 8 种，即生苦、老苦、病苦、死苦、怨憎会苦、爱别离苦、求不得苦、五阴炽盛。

(2) 集谛。集谛探讨的是产生人生各种痛苦的原因，佛教认为苦的最根本原因是“贪、嗔、痴”。贪即贪求、贪爱；嗔即愤怒、生气；痴即“无明”，愚昧无知，不明事理。

(3) 灭谛。灭谛是指熄灭一切苦和烦恼，进入没有生死轮回的涅槃境界，它是佛教追求的最高理想目标。

(4) 道谛。道谛是指消灭痛苦到达佛教最高境界即涅槃的方法和途径。

八种途径，即八正道：正见，正思，正语，正业，正命，正精，正念，正定。佛陀认为，这八种途径是消灭痛苦的神圣真理，因此，也是每个渴求得到解脱的佛教徒必须做到的。

2. 因缘说

佛教主张事物的生灭由因缘决定，一切事物和现象均按照一定的因果关系聚合在一起，又按一定的因果关系分解，所谓“因此有彼，无此无彼，此生彼生，此灭彼灭”。按照这种“缘生”或“缘起”的理论，佛教把人生分为彼此互为条件和因果关系的 12 个环节，由此形成一个因果链条，称为十二因缘。

3. 轮回说

佛教相信善恶因果报应。认为人的行为包括身、口、意三个方面，又称“三业”，众生按照今世不同的业力(行为)在来世可以获得不同的果报，行善者得善报，行恶者得恶报。这种报应是在前世、今生、来世三世间轮回转生不止。

（二）佛教的神佛偶像

佛教供奉的对象种类繁多，按照神佛偶像的等级地位可以分为 4 个层次，即佛、菩萨、罗汉和护法天神，他们各司其职，拯救众生。

1. 佛

佛是佛陀的简称，也称浮陀、浮屠，梵文中“觉者”“知者”“觉”的意思，是佛教修行的最高果位。小乘佛教所说的佛，一般专用做对释迦牟尼的尊称，而大乘佛教除指释迦牟尼外，还泛指一切觉行圆满者。宣称三世十方，到处有佛，佛多得像恒河中的沙子，数不胜数。

（1）三世佛。

三世佛有横三世佛和竖三世佛之分，均供奉在大雄宝殿中。

横三世佛是从空间上讲的，“世”相当于世界，即佛的净土或称佛国。横三世佛是指东方净琉璃世界的药师佛、中央娑婆世界的释迦牟尼佛和西方极乐世界的阿弥陀佛。三尊佛像的排列一般是释迦牟尼佛居中，药师佛居左，阿弥陀佛居右。

竖三世佛是从时间上说的，包括过去佛燃灯佛、现在佛释迦牟尼佛和未来佛弥勒佛，这体现了佛教的因果轮回说教义。其位置为释迦牟尼佛居中，燃灯佛居左，弥勒佛居右。

（2）三身佛。

佛身本来是指佛教创始者释迦牟尼的身体，以后这个概念逐渐神秘化、复杂化了。现在通常认为，身不仅仅限于肉身，更侧重精神本体含义，由积聚功德和觉悟而成就的佛体就叫佛身。三身佛具体指法身佛、报身佛和应身佛。

（3）五方佛。

五方佛是东、南、西、北、中五个方位佛的总称。中央是毗卢遮那佛，汉译大日如来佛，职责是驱除黑暗，带来光明。东方是香积世界的阿閦佛，南方是欢喜世界的宝生佛，北方是莲花世界的不空成就佛，西方是极乐世界的阿弥陀佛。五方佛常见于宋辽时代的古刹中，密宗寺院的大雄宝殿中和金刚宝座塔上也常有他们的雕像。

2. 菩萨

菩萨是“菩提萨锤”的简称，菩提的梵文意思是“觉悟”，萨锤的意思是“有情”，菩萨就是“觉悟而且有情的人”，即能自觉觉他、自利利他、自救救他、自度度他的修行者。菩萨的地位次于佛，但高于罗汉。他们的职责是用佛的宗旨解救在苦海中挣扎的芸芸众生。在中国的佛教信仰中较为流行的四大菩萨是指文殊、普贤、观音、地藏。

（1）文殊菩萨。

文殊菩萨全称“文殊师利”，意译为妙吉祥。相传他是释迦牟尼的大弟子，专司智慧，与释迦牟尼佛、普贤菩萨合称“华严三圣”。在佛教寺院中，常见的文殊菩萨形象是手持宝剑，象征智慧如同金刚宝剑，能够斩断妖魔和一切无名烦恼，坐莲花宝座，下骑狮子。

（2）普贤菩萨。

普贤菩萨又称“遍吉”，专司佛的“理德”，旨在将佛教所推崇的善普及到一切地方。在唐朝以前，是男身女相，宋朝以后，多是女身女相。他的法像常为头戴宝冠，身披法衣，手持如意棒，以满足众生的愿望，身骑六牙白象，道场在四川峨眉山。

（3）观音菩萨。

观音菩萨全称“观世音菩萨”，别名“观世音”“观自在”，尊号“大慈大悲救苦救难观世音菩萨”。唐时避唐太宗李世民的讳，略称观音，道场在浙江普陀山。观音菩萨的地位虽然不及佛高，但他在中国民间的影响和名气最大，几乎超过一切神灵，超越了普贤菩萨，成为百姓心中的第一菩萨。至于他的寺庙之多、造像之广在佛教中更是首屈一指。观音可变成的化身形象种类很多，包括“施药观音”“杨柳观音”“白衣观音”“水月观音”“送子观音”等，而人们通常看到的观音则是指作为所有观音代表的“圣观音”或“正观音”，造型是头戴宝冠，结跏趺坐，手中持莲花或结定印。

（4）地藏菩萨。

地藏菩萨因“安忍不动犹如大地，静虑深密犹如地藏”而得名。据称地藏菩萨接受释迦牟尼的嘱托，在释迦牟尼灭寂之后，弥勒佛未出世之前，发誓普度众生，拯救诸苦。地藏菩萨的特点与其他三位菩萨不同，现出家像，作比丘装束，男身男相，右手持锡杖，表示爱护众生，左手持如意宝珠，表示满足众生愿望之意，坐骑颇像狮子，显灵说法的道场在安徽九华山。

3. 罗汉

罗汉是梵文阿罗汉的简称，意译为“应供”，即跳出轮回、除去烦恼，应当受到众生供养的意思。小乘佛教讲究个人修行，修行的最高果位是罗汉，达到这一果位，意味着消除一切烦恼，进入涅槃，再也不受生死轮回之苦。大乘佛教兴起后，罗汉逐渐被赋予了在佛祖灭度后护教弘法的任务。他们常住人间，普度众生，并受世人供养。寺院中常见的罗汉像有十六罗汉、十八罗汉、五百罗汉，均指释迦牟尼的弟子。罗汉的塑像不像佛和菩萨那样公式化、定型化。他们形象、生动，富于变化，更多地带有现实尘世中凡人的神态表情，或威，或醉，或笑，或慈，形态各异，栩栩如生。这些极富个性化的塑像群保留在一些古老的寺院中，成为我国佛教造型艺术中的瑰宝。

4. 护法天神

（1）四大天王。

四大天王又称“四大金刚”“护世四天王”，他们住在须弥山腰的犍陀罗山，是世界的保护者。佛教寺庙中，进入山门的第二层大殿称天王殿，正中是大肚弥勒佛像，两旁是四尊高大威猛的四大天王像。东方天王提多罗吒，汉译持国，能护持国土，塑像是白色，手持琵琶，用音乐使众生皈依佛门。南方天王毗琉璃，汉译增长，塑像是青色，手持宝剑，守护南方阎赡部洲。西方天王毗留博叉，汉译广目，能用净眼观察护持众生，塑像是红色，右手握龙，左手托塔，守护西牛贺洲。北方天王毗沙门，汉译多闻，保护众生的财富，塑像是绿色，右手持胜幢，左手持宝鼠，是北方的守护大神。

（2）韦驮。

韦驮又称韦驮天。他的职责是保护东、南、西三洲的出家僧众，是佛教寺院必供的护法天神。在天王殿中，一般正面供奉大肚弥勒佛像，背面供奉韦驮像。

（3）伽蓝神。

伽蓝原来是指僧众居住的场所，后来专指佛教的寺庙。因此，伽蓝神就是佛教寺庙的守护神，我国最著名的伽蓝神是关羽，这种信仰始于唐朝，是佛教为争取信众、扩大影响而不断汉化的表现。

（4）天龙八部。

天龙八部是佛教的八大护法天神，共分八部，称为八部众，即天众、龙众、夜叉、乾闼婆、阿修罗、迦楼罗、紧那罗、摩睺罗伽。天龙八部诸天鬼神，均受佛的教化，以护持佛法、保护众生为天职。

三、佛教寺院的主要结构

这里主要是汉传佛教的佛寺建筑结构。

汉地佛寺的特点就是有一条南北中轴线。主要建筑建在中轴线上，附属建筑则在中轴线的东、西两侧。

中轴线上的建筑由南往北，依次为山门、天王殿、大雄宝殿、法堂、藏经阁等。天王殿前的两边有钟楼、鼓楼对峙。大雄宝殿前的左、右是伽蓝堂和祖师殿相对。法堂前左、右为斋堂和禅堂。法堂后或藏经阁左、右是方丈室。另有库房、厨房、客房、浴室等分布四周。大寺名刹，还另辟有五百罗汉堂。有的著名大寺院在寺院的左后侧或右后侧设立戒坛，自成格局，另为一院。还有的附有塔院（又称塔林）。佛寺内各殿堂供奉的佛像一般有以下一些。

1. 山门（正门）

山门多为三门并立，中间大两旁小，故又称“三门殿”。门内两侧塑有金刚像。

2. 天王殿

三门殿内的第一重殿。殿中央供奉弥勒尊佛，背后供奉韦驮菩萨，韦驮菩萨面北而立。两旁供四大天王像。

3. 大雄宝殿

大雄宝殿是寺中主殿、正殿。因宗派不同，正殿供奉的佛像也有区别。比较常见的有以下几种。

（1）一佛二弟子：释迦牟尼佛、阿难陀、迦叶佛。

（2）一佛二菩萨：释迦牟尼佛、文殊、普贤。

（3）一佛四弟子：释迦牟尼佛、文殊、普贤、阿难陀、迦叶佛。

（4）横三世佛：药师佛（左）、释迦牟尼佛（中）、阿弥陀佛（右）。

（5）竖三世佛：燃灯佛（过去佛，左）、释迦牟尼佛（现在佛，中）、弥勒佛（未来佛，右）。

（6）三身佛：卢舍那佛（报身佛，左）、毗卢遮那佛（法身佛，中）、释迦牟尼佛（应身佛，右）。

（7）五方佛：阿閦佛（东）、宝生佛（南）、大日如来（中）、阿弥陀佛（西）、不空成就佛（北）。

（8）过去七佛：迦叶佛、拘留孙佛、尸弃佛、毗婆尸佛、毗舍浮佛、拘那含牟尼佛、释迦牟尼佛（由左至右）。

净土宗寺院也有在正殿供阿弥陀佛（坐像）或接引佛（立像）的。正殿佛像的背后，或供文殊、普贤、观音三大菩萨，或塑海岛观音。正殿两侧多供奉十八罗汉，也有的大寺供奉二十诸天。

4. 观音殿

观音殿又叫圆通殿、大悲殿，本殿以观音菩萨为主像。

5. 藏经阁

藏经阁一般安置在中轴线最后一进，为两层正殿，是藏经之处。两层正殿分别供奉大日如来和三世佛。

6. 伽蓝殿

伽蓝殿位于主殿之东，供奉守护伽蓝土地。“伽蓝”是“僧伽蓝摩”的略称，意为“众园”、“僧院”，即寺院。此殿中间是波斯匿王，左为祇多太子，右为给孤独长者。波斯匿王原是舍卫国王，后皈依佛教，为佛教事业做出了很大贡献。后两位最先施造了祇园精舍，供佛陀和弟子们居住。

7. 祖师殿

祖师殿殿内正中为来华的禅宗初祖达摩，左为其五传弟子慧能，右为慧能的三传弟子百丈怀海。有的左侧供创建禅林的马祖道一。

8. 香积厨

香积厨即厨房。多安置紧那罗王像，祈其监护。

以上所述寺院殿堂布局及佛像供奉情况，为一般正规的寺院采用，但也略有不同。至于小型寺院，则可因地而异，各具风格。

四、佛教四大名山与旅游

（一）普陀山

普陀山是中国佛教四大名山之一，位于浙江省东北部东海莲花洋上，属舟山市普陀区。有“南海圣境”“海天佛国”“世外桃源”“蓬莱仙境”之称。普陀山素有“海山第一”的盛名，并以佛教名山、游览胜地著称于世，是舟山群岛东南方的一个小岛，与著名的沈家门渔港隔海相望。

（二）峨眉山

峨眉山在四川省峨眉山市境内，雄踞四川盆地西南缘，是我国四大名山之一。因山势逶迤，如螓首蛾眉，细而长，美而艳。它的最高峰在大峨山上，主峰叫万佛顶，海拔 3099 米。

（三）五台山

五台山位于山西省五台县东北部，是我国一座著名的大山，由五座山峰环抱而成。因为五台山有五座山峰，峰顶平坦宽阔，如垒土之台，分别为南台、北台、中台、西台、东台，故名五台山。五台山以北台最高，海拔 3058 米，素有“华北屋脊”之称。五台山上盛夏气候凉爽，花草繁茂，溪水、山泉不息，清风习习，故又称“清凉山”。

（四）九华山

九华山原名九子山，位于安徽省南部青阳县西南，距县城约 20 公里。九华山最早叫陵阳山，面积 100 多平方公里。山上有 99 座山峰，其中以天台、天柱、十王、莲台等 9 座山峰耸入云霄，最为雄伟，远远望去好像是并肩站立的 9 个兄弟，因而又叫“九子山”。因山有 9 峰如莲花，故名九华山。《太平御览》载：“此山奇秀，高出云表，峰峦异状，其数有九，故名九子山。”

此外，还有一些佛教著名寺院，如我国首座佛教庙宇——洛阳的白马寺，关中塔庙始祖——陕西扶风的法门寺，四川峨眉的万年寺，中国佛教天台宗的发祥地——浙江天台的国清寺，禅宗祖庭——河南登封的少林寺等。

任务三　道教文化

一、道教的产生与创立

（一）形成时期——东汉末年

据文献记载，道教产生于东汉末年，创始人是张道陵。据载，张道陵晚年辞官隐居于四川鹤鸣山，自称得到太上老君的亲授，并封其为天师，创立了五斗米道，尊奉老子为教主，尊道家经典《道德经》为道教经典。自宋元以后，历代统治者均奉张氏子孙为张天师，五斗米道的名称也逐渐被后来的天师道所代替。东汉末年，河北张角等人创立了太平道，奉《太平经》为经典。在黄巾起义失败后，太平道也随之遭到毁灭性的破坏。此后，太平道一直在统治阶级的严格监控下于民间秘密传播，影响越来越小。

（二）发展时期——魏晋南北朝时期

魏晋南北朝时期，道教得到了空前的发展。几位著名的道士如葛洪、寇谦之、陶弘景对道教的发展起了关键性作用。葛洪，号抱朴子，喜好研究道教经典。他把神仙道教与封建伦理纲常紧密地结合在一起，提出以神仙养生为内、儒术应世为外的思想。在他的改造下，道教逐渐上层化，成为统治阶级维护社会秩序的有力工具。寇谦之是北魏著名道士，对早期道教的思想内容和组织形式进行了一系列改革，成为与当时宗法社会相适应的上层道教。陶弘景是南朝齐梁时期的道士，主张儒、释、道三教合流，并撰写了《真灵位业图》，这是中国道教发展史上首次对庞杂混乱的神仙谱系进行编排和梳理，促进了道教理论和神仙信仰的完善。

（三）鼎盛时期——隋唐宋元时期

唐宋时期，道教迎来了一个新的发展高峰。唐高祖李渊自认老子为始祖，高宗封老子为“太上玄元皇帝”，下令士子考试加试《老子》。在唐朝皇室的大力推崇下，道教信徒增多，宫观林立，内丹术兴起，科仪渐次完备，道教的发展达到了鼎盛。

到了宋代，道教借助统治者的支持，队伍迅速膨胀，传播日益广泛，但同时也造成了信徒成分的良莠不齐，社会上许多闲杂人员混入教团，对道家在人们心目中的形象产生了不利影响。

（四）衰落时期——明清时期

明清时期，道教在失宠于上层统治阶级以后，逐步走向衰落。特别在清代，统治阶级出于政治需要，对藏传佛教格外重视。从此以后，道教开始深入民间，成为百姓的大众信仰，并植根于中国人的潜意识中，对中国文化的发展产生了巨大而深远的影响。

二、道教的主要宗派

随着道教的不断发展，道教内部形成了不同宗派。在辽金与南宋并存之际，道教分化为偏重于清修（丹鼎）的北派和偏重于符箓的南派。丹鼎派由古代方术发展而来，以炼丹取药、求长生成仙为特点；符箓派由巫术发展而来，以鬼神崇拜、画符念咒、驱鬼降妖、祈福禳灾为特点。这时，主要的教派有正一道、全真道、真大道和太一道。元朝末年，真大道和太一道逐渐消失以后，正一道和全真道便成为我国道教历史上影响最大、传播最广的两大教派。

三、道教的文化要义

道教的主要经典是《道德经》和《道藏》。《道德经》即《老子》，内容丰富，涉及宇宙观、人生观、社会观等方面。《道藏》是道教经典的汇编，明代的《正统道藏》是我国现存最早的道藏。道教标志是太极八卦图。

（一）"道"崇拜

作为土生土长的中国宗教，道教的核心信仰是"道"。"道"这一概念出自《老子》，是老子哲学体系中的最高范畴。老子说："道生一，一生二，二生三，三生万物。"道崇拜反映了一种宇宙观、一种社会观。道教完全尊崇这种道崇拜，并且将其神化，相信道是宇宙万物的造物主，是至高无上、具有神秘力量的人格化的神，三清尊神就是道在人间的化身。

（二）神仙崇拜

神仙崇拜是道教的最基本信仰。道教崇拜神仙，对神仙的解释也很独特。神仙二字的内涵完全不同，神是指天地尚未分开时就存在的真圣，比如三清尊神、玉皇大帝、南极仙翁、南辰北斗诸星辰的星君。但是，仙不同，其乃后天修炼而成，凡是开天辟地以后通过修炼达到长生不老的人，就是仙人。客观而言，道教徒的修炼目标是成仙。道教既尊神，又尊仙。

（三）重生恶死的生命观

道教以死为苦，以生为乐，以长寿为大乐，以不死成仙为极乐。

道教的这种生死观念促使中国发展出一整套旨在健身长寿的养生术，享誉世界。实现这种理念必须依靠一整套方法和技术，其中既有吐纳、导引、服食、金丹、养气、炼气等养形方术，又有存想、存神、主静、坐忘等养神的方法。

四、道教神仙谱系

道教的神仙谱系非常庞杂，而且是崇拜主神的多神信仰。根据学术界目前的研究成果，道教的神仙谱系可以分为尊神、神仙和俗神三大系统。

（一）尊神

尊神是道教信奉的主要神灵，著名的尊神包括三清、四御、真武大帝和西王母。

1. 三清

三清，即玉清元始天尊、上清灵宝天尊、太清道德天尊。

2. 四御

四御是道教中地位仅次于三清尊神的天神。御者，帝也，四御就是辅佐三清的四位天帝。分别为昊天金阙至尊玉皇大帝、中央紫微北极大帝、勾陈上宫天皇上帝、承天效法后土皇地祇。

3. 真武大帝

真武即玄武，原为我国古代民间崇拜的四方神之一，后晋时被奉为道教所尊奉的尊神。真武大帝在我国民间尤其是南方有着极大的影响。元朝时期，真武在许多地区受到的崇信仅次于三清和玉皇大帝，被元成宗封为“元圣仁威玄天上帝”，信仰遍及全国。明朝时期，明成祖朱棣将对真武大帝的信仰推向高潮，在武当山大兴土木，修建宫观，“五里一庵，十里一宫”，把武当山建成了一座庞大的真武道场。真武大帝的职权很大，道经记载和民间传说多种多样，但基本上不外乎两大类，即司职水火与主宰人的生死。

4. 西王母

西王母又称王母娘娘、瑶池金母等，在道教的神仙谱系中位居女仙之首。西王母最初是一个没有性别区分、半人半兽的形象，《山海经》形容他：其状如人，豹尾、虎齿而善啸。道教兴起之后，西王母被收进神界，将其说成是元始天尊与太元玉女的女儿，并塑造成雍容华贵、仪态万千的丽质天仙。西王母的权限很大，不仅所有女仙都归她管辖，而且还和东王公一起负责群仙的考核升降。

（二）神仙

神仙是道教理想中的修身得道、神通广大的长生不老的人，又称为神人或者仙人。最初流传的神仙大多数都是我国上古时期传说中的人物，著名的有彭祖、广成子、赤松子、九天玄女等；汉魏之后，大多数神仙则是道教人物仙化而成，著名的包括在江苏茅山得道成仙的三茅真君，即茅盈、茅固和茅衷；唐宋以后，大多数神仙则是真实的历史人物仙化而成，在我国民间影响最大的莫过于八仙。

（三）俗神

俗神是指流传于民间而被道教信奉的神。俗神主要包括与自然现象相关的自然神，如雷公、风伯等；执掌读书人命运的魁星神；专门保护个人、家庭和城乡公共安全的守护神，如门神、灶神、土地神等；具有某些特定职能的行业神，如药王、财神等。

五、道教四大名山与旅游

（一）湖北武当山

武当山又名太和山，位于鄂西北的丹江口市境内，是我国的道教名山，列中国四大道教名山之首，又是武当武术的发源地。

（二）四川青城山

青城山古称丈人山，又名赤城山，位于都江堰市西南 10 公里处，海拔 1260 米，其 36 座山峰，如苍翠四合的城郭，故名青城山。

（三）江西龙虎山

龙虎山位于江西鹰潭市西南郊 20 公里处，为国家级风景名胜区。源远流传的道教文化，独具特色的碧水丹山，以及现今所知历史最悠久、规模最大、出土文物最多的崖墓群，构成了这里自然、人文景观的“三绝”。

（四）安徽齐云山

齐云山又称白岳，位于徽州盆地，黄山脚下，皖赣铁路在齐云山脚经过。因其“一石插天，与云并齐”，故名齐云山。它是一处以道教文化和丹霞地貌为特色的山岳风景名胜区，历史上有“黄山白岳甲江南”之称，为国家重点风景名胜区。

国内著名的祖庭道观有：江西贵溪天师府，成都青羊宫，苏州玄妙观，山西芮城永乐宫，陕西户县重阳宫，北京白云观，广东佛山祖庙，河南武陟嘉应观，河南开封延庆观等。

任务四　基督教文化

一、基督教在中国的传播与发展

（一）基督教概况

公元 1 世纪，基督教产生于地中海沿岸的巴勒斯坦。基督教的创始人是耶稣。耶稣自称是上帝耶和华之子，他率领彼得、约翰等门徒四处宣传福音。

（二）基督教在中国的传播与发展

基督教传入中国的可信时间是唐朝初年。当时传入中国的是基督教的一个小教派“聂斯托利派”，在中国的名称是景教。

基督教传入我国的第二次高峰时期是在 13 世纪至 14 世纪。当时流传的主要有两派：一派是景教；另一派是天主教的圣方济各派。

明清之际，随着葡萄牙、西班牙、荷兰等国对我国的殖民入侵，基督教第三次传入我国。其中，天主教的耶稣会是这一时期的主要流派。

19 世纪初，基督教新教开始大规模地传入中国。

二、基督教的基本教义和信仰

（一）教义

1. 上帝创世说

每一个宗教都有关于世界诞生的理论体系，基督教认为，宇宙中万事万物都由上帝创造。

2. 原罪说

上帝按照自己的形象造人，治理地上的万物。但是，人类的始祖亚当和夏娃受了化身为蛇的魔鬼撒旦的引诱，违背了上帝禁止他们吃“知善恶树上的果子”的告诫，结果被逐出伊甸园，结束了无忧无虑的幸福生活。这一罪过累积给他们的子孙后代，成为人类的原始罪过，也是现实生活中各种苦难的根源。

3. 三位一体说

三位一体是指基督教宣称信仰的是唯一的真神，认为上帝就其本质而言只有一个，但又有圣父、圣子、圣灵三个位格，这三个位格互不混淆地连接成一体。圣父、圣子、圣灵三位一体的既三又一的关系，只能凭信仰接受，无法用理性说清。

4. 天堂地狱说

基督教认为，信仰上帝而得救的人死后可以升入天堂。天堂是上帝的住所，黄金铺地，宝石盖屋，人们在这里过着幸福快乐的生活。反之，不信仰上帝的人，在末日审判的时候会被投入地狱，在地狱中忍受精神和肉体上的折磨与痛苦。

5. 爱人如己说

爱人如己来源于爱上帝。爱上帝是指在宗教生活方面全心全意地侍奉上帝，甚至不惜抛弃尘世的财富，相信上帝才是人类唯一的真正的父。爱人如己是爱上帝的必然表现。人类都是上帝的儿女，就应当彼此相爱，严于律己，宽以待人，饶恕他人的罪过，甚至爱自己的仇敌，为逼迫自己的人祷告，不要以恶报恶，倒要以善胜恶。

三、基督教的信仰

基督教相信上帝是世界的创造者和造物主，传统神学根据《创世纪》的记载，认为上帝是在 6 天时间内按照一定次序“各从其类”创造了这个世界。而且，上帝不仅超乎一切被造之物，还要在创造世界之后，继续主宰管理这个世界。这既排除了认为上帝存在于万物之中的泛神论，又排除了如摩尼教那种认为物质本身为恶而对神持二元的论调。

基督教信上帝，同时也崇尚偶像崇拜。教堂里供奉的一般都是基督圣像、圣母玛丽亚像、耶稣受难像、天使等，供信徒们朝拜。

任务五　伊斯兰教文化

一、伊斯兰教在中国的传播与发展

（一）伊斯兰教概况

伊斯兰教是 7 世纪中期在阿拉伯半岛传播开来的一种宗教，创始人是麦加贵族出身的穆罕默德。“伊斯兰”是阿拉伯语音译，本意为“顺服”，从宗教学意义上讲，是指顺服唯一主宰即安拉旨意和戒律的宗教。

（二）伊斯兰教在中国的传播与发展

伊斯兰教传入中国的路线主要有两条：一条是陆路，即丝绸之路；另一条是海路，即我国东南沿海地区。由于信仰的需要，建立很多清真寺，国内较为著名的包括广州的怀圣寺、泉州的清净寺、杭州的凤凰寺和扬州的仙鹤寺。如今它们都已成为著名的旅游景点。

二、信奉伊斯兰教的少数民族

伊斯兰教自 7 世纪中叶传入我国后，先后有回族、维吾尔族、哈萨克族、乌孜别克族、柯尔克孜族、塔吉克族等少数民族信奉了它。其中，回族是我国最早信仰伊斯兰教的民族。

三、伊斯兰教的文化要义

伊斯兰教的经典是《古兰经》，还有《圣训》。《古兰经》是伊斯兰教最基本的经典，《圣训》是仅次于《古兰经》的伊斯兰教重要经典，即穆罕默德的言行和他认可的弟子言行的记录。伊斯兰教的标志是新月。

伊斯兰教的基本教义大致可以概括为“五大信条”“五项善功”，简称“五信”“五功”。所谓“六信”包括信安拉、信天使、信经典、信使者和信末日。“五功”包括念功、拜功、课功、斋功、朝功。

四、笃信真主的伊斯兰教神信仰

在世界三大宗教中，伊斯兰教是最严格的神信仰，而且严格禁止偶像崇拜。安拉是独一而固有的真实存在，不是抽象的概念；安拉是万能的，具有绝对的权威。“任何东西都要消亡，而安拉的本体永存不灭”；安拉是绝对完美的，任何东西都不与他相似，因而不能用形象描述他，不能为他造像、设像和画像；安拉赐予了人类理性，使他们优于其他被造物，并为人类创造世间的一切，因而人们不仅要信仰安拉，顺从他的意志，而且要崇拜他。

任务六　中国宗教类旅游资源概述

一、中国四大宗教的宗教场所

（一）中国佛教四大名山

山西五台山、浙江普陀山、四川峨眉山、安徽九华山为中国佛教四大名山。有“金五台、银普陀、铜峨眉、铁九华”之称。它们分别是文殊菩萨、观音菩萨、普贤菩萨、地藏菩萨的道场。四大名山随着佛教的传入，自汉代开始建寺庙、修道场。中华人民共和国建立后受到国家的保护，并对寺院进行了修葺，现已成为蜚声中外的宗教、旅游胜地。

（二）中国道教名山

道教教派众多，从创教之始，在至上最高神上就有所分歧。早期的五斗米道创教时，以太上老君为教主，供奉“三官”，从而魏晋南北朝时，均借“太上老君”之名。太平道开始创教时，则崇拜黄老，供奉“中黄太乙”。东晋中后期，上清派、灵宝派相继出现，不再尊太上老君为至上神。后来在各派协商、融合中提出“道不可无师尊，教不可无宗主，故老君师太上玉晨大道君焉，大道君即元始天尊之弟子也”的共识，正是在这种师徒关系下，使他们成为三位一体的“三清尊神”，为道教神仙谱系中的最高神。中国的道教名山主要有武当山、青城山、齐云山、龙虎山、玉屏山、崆峒山、鹤鸣山。道教的第一所国家级道观是洛阳上清宫。

（三）中国基督教教堂

基督教三大主流教派在中国均建有教堂，天主教教堂也称天主堂，新教教堂也称礼拜堂。南堂是北京现存最古老的天主教堂，在北京宣武门（今称前门西大街）。始建于 1605

年，以后屡次损坏又屡次修复。现存古碑和铁十字架，铁十字架高 4 米，是明代时期的物品。

（四）中国伊斯兰教清真寺

中国伊斯兰教清真寺建筑的形制和艺术形式分为两大体系：一是以木结构为主，体现中国传统建筑风格的清真寺，属中国特有形制的伊斯兰教建筑；二是以阿拉伯建筑风格为主，融入中国地方的或民族的某些特色的清真寺。现存中国清真寺绝大多数为元、明、清以来创建或重建。明代所建之寺，在整体布局、建筑形制、建筑装饰、庭院处理等方面已具有鲜明的中国特色，清代是中国伊斯兰教发展时期，中国特有的清真寺建筑形制于此时完成。中国各地的清真寺建筑，无论以何种风格为主，都是中阿文化相互交流的产物，是历代各族穆斯林智慧的结晶。它们既有别于中国佛寺、道观、文庙、基督教堂，又与国外清真寺建筑风格有一定差异，程度不同地体现着中国的建筑风格和气派。它们是长期以来中国人民与阿拉伯人民友好交往的历史见证，是中华民族文化的宝贵财产和重要组成部分。

二、中国四大宗教的节日

（一）佛教节日

1. 浴佛节

浴佛节在农历四月初八，释迦牟尼就是这一天出生，是佛的诞生日。各寺都要举行“浴佛法会”，在大殿正中用水盆供奉佛诞生像。全寺僧众都要以香汤沐浴佛诞生像，来纪念佛的诞生。佛诞生像为身高数寸的童子形立像，左手指地，右手指天。

2. 成道节

成道节在农历十二月初八，相传佛祖在这一天悟道成佛。中国佛教徒在这一天有喝腊八粥的习俗。

3. 涅槃节

涅槃节在农历二月十五，一般寺院这一天都举行佛涅槃法会，挂释迦牟尼画像、诵经等，并且准备茶果美食，以及香、花、灯、烛等，以示供养之意。

4. 传召

传召是藏传佛教最重要的法会，同时又带有一点民间节日的性质。传召有两种：一种是传大召，在拉萨大昭寺举行大祈愿会，从藏历正月初三到正月二十；另一种是传小召，于藏历二月举行。

（二）道教节日

在道教中，起源于原始宗教对天、地、水等自然崇拜的三官大帝——天官紫微大帝、地官清虚大帝、水官洞阴大帝的生日，分别为上元（正月十五）、中元（七月十五）、下元（十月十五），这 3 个日子合称三元节。每逢三元节，信徒到庙观祈福免灾。天官大帝的生日与上元灯节（元宵节）相重合，是欢度新春后的第一个佳节。地官大帝的生日与佛教的盂兰盆会相重合，要举行赈济。水官大帝的生日由于没有重合的风俗活动，与其他二帝的生日相比，隆盛的程度较为逊色。香港道教联合会每隔 3 年举办一届下元解厄祈祷世界和平万缘法会，祈愿阴安阳泰、集福迎祥。道教节日即道教特定的纪念、庆贺、朝诵、追荐之日辰仪式，节日来临都要举行斋醮仪式。道教节日与民俗活动早有关系，又吸收中国传统节气时令，所以，道教的节日很频繁。道教的节日大多是民间节日。

（三）基督教五大节日

1. 圣诞节

圣诞节是基督教最重要的节日，为庆祝耶稣诞生，定于每年的 12 月 25 日为圣诞日。12 月 24 日通常称为圣诞夜，一般教堂都要举行庆祝耶稣降生的夜礼拜，礼拜中献唱《圣母颂》或《弥赛亚》等名曲，如国际礼拜堂、沐恩堂、景灵堂都以圣诞夜音乐水准较高而闻名于基督教界。又如清心堂、华东神学院等每年圣诞节都有朝圣表演，再现耶稣诞生时的情景。

2. 复活节

复活节是纪念耶稣复活的节日。据《圣经》记载：耶稣受难被钉死在十字架上后，第三天复活。根据 325 年尼西亚宗教会议规定，复活节在每年春分后的第一个星期日，一般在 3 月 22 日至 4 月 25 日之间。基督教多数教派都纪念这个节日。庆祝活动的具体内容各地不一，最流行的是吃复活节蛋，以象征复活和生命。每逢复活节前后几日，上海各教堂都举行丰富的礼拜活动，参加人数也极多，气氛热烈。

3. 受难节

受难节是纪念耶稣受难的节日。据《圣经》载：耶稣于复活节前三天被钉在十字架而死。这天在犹太教的安息日前一天，因此，规定复活节前的星期五为受难节。基督教多数教派都纪念这一节日。

4. 圣灵降临节

圣灵降临节亦称五旬节。据《圣经》载：耶稣复活后第 50 天差遣圣灵降临，门徒领受圣灵后开始向世界各地传布福音。教会规定每年复活节后第 50 天为圣灵降临节。

5. 感恩节

感恩节起源于 1621 年，初为迁居美洲的清教徒庆祝丰收的活动，后经美国总统华盛顿、林肯等定此节为全国性节日。具体日期多经更改，1941 年起定为 11 月第四个星期四举行，教堂在这一天举行感恩礼拜，家庭也举行聚会，通常共食火鸡等。中国基督教部分教派守此节，并举行感恩礼拜。

（四）伊斯兰教三大节日

1. 开斋节

开斋节又称肉孜节。穆斯林在教历第 9 月全月斋戒。在斋月，每天从日出至日落要禁食，并禁房事。斋月最后一天寻看新月，见月的次日即行开斋，即为开斋节；如未见新月，则继续封斋，节期顺延，但不得超过 3 天。

2. 宰牲节

宰牲节又名古尔邦节，在中国，是穆斯林盛大的节日，在教历 12 月 10 日。据传，伊卜拉欣梦见真主安拉，命他杀儿献祭，以考验他对安拉的忠诚。当伊卜拉欣遵命执行时，安拉又命以羊代替，遂产生宰牲节。穆斯林每逢此日便会举行会礼，互相拜会，并宰杀牛、羊、骆驼，互相馈赠，以示纪念。

3. 圣纪节

圣纪节又称圣忌日，在教历 3 月 12 日。相传是穆罕默德诞生和归真(逝世)的日子。那天举行圣会，诵读《古兰经》，讲述穆罕默德的生平业绩等。

三、中国四大宗教的宗教礼仪

(一) 佛教的常见佛事

1. 水陆法会

水陆法会全名为"法界圣凡水陆普度大斋胜会"，又称水陆道场、悲济会等。因其超度水陆一切鬼魂，普济六道众生，故称此名。

2. 众姓道场

水陆法会，一般信徒经济上难以承受，众姓道场则容易承受，主要为追荐亡灵的道场。

3. 增福延寿道场

增福延寿道场是为活着的人做道场，用红纸表示(追荐亡灵道场用黄纸)。

4. 焰口施食

焰口施食或称放焰口，或称施食会，用以祭焰口鬼王。一般在重大法会圆满之日，或丧事期中举行，通常在黄昏进行。

5. 忏法

忏法为改恶从善、精进修行的一种法事，为死者祈福超度，或为己忏悔罪业，或为结缘建功德。

(二) 道教的法事

在道教宫观内，人们常常可以看到道士们身着金丝银线的道袍，手持各异的法器，吟唱着古老的曲调，在坛场里翩翩起舞，这就是道教的斋醮科仪，俗称"道场"，也就是法事。

(三) 基督教的宗教仪式

1. 洗礼

洗礼成为基督教徒的庄严仪式，具有赦免入教者的"原罪"和"本罪"的作用。教派不同，方法也不同，有的是点水礼，有的是浸礼。

2. 坚信礼

入教者在领受过洗礼一定阶段后，再接受主教的按手礼和敷油礼。

3. 告解

告解也叫"办神工"。举行时，由教徒把自己所犯的罪过告诉神父，并表示忏悔，神父为其保密，并告之如何补赎。

4. 圣体

圣体意思是"感恩祭"。天主教称"圣体"(仪式称弥撒)，东正教称"圣体血"，新教称"圣餐"。

5. 终傅

在教徒年迈或病危时，由神父用经主教祝圣的橄榄油擦其身、目、口、鼻和手足，并诵念一段祈祷经文，帮助他减轻痛苦，赦免罪过。

6. 神品

基督教会授予神职人员神职，并使之神圣化的一种称为“按礼”的仪式。

7. 婚礼

教徒的婚礼，由神父主持。

（四）伊斯兰五大功课

1. 念功

念诵“万物非主，唯有真主，穆罕默德是主的使者”，以表白自身的信仰。

2. 拜功

一日 5 次礼拜，即晨拜、晌拜、晡拜、昏拜、宵拜。礼拜必须面向麦加的方向，在中国则朝向西方。

3. 斋功

每年伊斯兰教教历 9 月全月斋戒，斋月期间，每天从日出到日落禁止饮食和房事。病人、旅行者、孕妇、哺乳者或延缓补斋或施舍罚赎。

4. 课功

这是伊斯兰教以神的名义征收的一种课税，由初期的施舍发展而来。

5. 朝功

即朝觐，指定期到“圣地”麦加的克尔白寺庙，举行大型礼拜仪式。伊斯兰教规定，凡身体健康，备有路费和旅途方便的教徒，不分性别，一生中都要去麦加朝觐一次。

项目回顾

结合项目学习目标及教学内容，对本项目知识进行总结概括，能熟练讲解本书概述的宗教旅游胜地，要了解宗教在中国的传播，教义，以及文化要义。

项目实训

一、知识训练

1. 简述宗教在中国的传播。
2. 简述佛教的产生和发展。
3. 简述伊斯兰教的文化要义。
4. 论述宗教与旅游文化。

二、能力训练

讲解宗教旅游胜地。

目的：使学生将所学知识灵活运用于旅游讲解中，真正完成旅游人传播文化的使命。

要求：结合宗教文化及旅游讲解要点，充分利用实景将宗教的传播及教义讲解清楚。

项目八 淳朴自然的民族民俗

任务分析

知识目标

了解中华民族的组成分布、民族与民俗的关系，了解汉族主要的传统节日等基本情况，掌握中国的民族政策，主要少数民族的民居、服饰、饮食、节庆、禁忌等民风民俗。

能力目标

能够收集中华民族、民俗文化知识，制作与旅游相关的中华民族民俗的专辑。

素质目标

结合游客背景和线路，将民族民俗知识应用于导游词创作和讲解中，最终熟练应用于线路设计、产品推销以及导游讲解实践中。

案例导入

导游小叶带一个团队到贵州省黔东南苗族侗族自治州旅游。旅行团在一个苗寨用餐，游客王先生问导游小叶说："吃饭时，我发现主人用刀将鸡肝分成许多小块，分发给我们。他这样做是为什么啊？"小叶一听，笑着对王先生说："这是苗族人民表示对客人的尊敬，吃饭前我忘记告诉你们了。"原来，许多地方的苗家都有这样一个习俗：在各种宴席上，会将一个煮熟的肝脏分割成若干份，以确保每一位贵客和老人都能分享，这是为了表示对客人和老人的尊敬。

提示：苗族人民对于礼仪十分讲究。苗族是个热情好客、尊老爱幼的民族。苗族的先祖可追溯到原始社会时代的蚩尤部落。苗族在历史上多次迁徙，大致路线由黄河流域迁向我国西南，贵州省黔东南苗族侗族自治州是苗族最大的聚居区。这里民风质朴，人民勤劳善良，热情好客，各民族人民用自己的聪明才智在创造美好家园的同时，创造了绚丽多姿的民族文化，形成了各具特色的风土人情。黔东南积淀着深厚文化底蕴的节日庆典和娱乐活动，美不胜收的民族民间工艺和民居建筑，编织成了一幅幅色彩斑斓的苗岭高原风情画，成为黔东南独具特色的旅游资源。

思考：

1. 除黔东南外，苗族聚居的地方还有哪些？
2. 中国各少数民族主要分布在哪些省份？

任务实施

中华民族有着悠久的历史。从遥远的古代起，中华各民族人民的祖先就劳动、生息、繁衍在我们祖国的土地上，共同为中华文明和建立统一的多民族国家而贡献自己的才智。祖国广阔、富饶的土地，是中华各族人民共同开发的。各民族祖先在各个地区，以他们辛勤的劳动，为统一的多民族国家的建立打下了基础。掌握民族民俗知识对导游知识的完善和导游过程的圆满都意义重大。

任务一　民族民俗概述

中国是一个多民族国家，56 个民族共同创造了祖国悠久的历史和灿烂的文化。我国少数民族主要分布在东北、西北、西南等地区。民族分布地区的一般特点是地域广大，资源丰富，地处边疆。汉族和各少数民族的服饰饮食、婚葬嫁娶、待客礼仪、节庆游乐、民族工艺、建筑形式等，都各有特色，形成了我国丰富多彩的民俗文化景观。这些民俗文化现象，以其丰富的内容、浓厚的地方色彩、鲜明的民族特点，吸引着大量的国内外游客，构成了我国民俗旅游开发的丰富资源，具有极高的旅游价值。民族民俗旅游大致有以下几种方式。

第一种是博物馆式。它将散布于一定地域范围内的典型民俗集中于一个主题公园内表现出来，如北京中华民族村集中表现了中国的民族民俗文化，云南民族文化村集中表现了云南少数民族的民俗文化。

第二种是原生自然式。它是在一个民俗文化相对丰富的地域中选择一个最为典型、交通也比较便利的村落对旅游者展开宣传，以村民的自然生活生产和村落的自然形态为旅游内容，除了必要的基础设施建设外几乎没有加工改造，如广东连南三排瑶寨，其优点是投资很少，让游客有真实感，能自然与当地居民交流。

第三种是特定式。它只存在很短的时间，激发短暂的旅游人流，主要是民族民俗传统的节庆活动，如蒙古族的那达慕大会、回族的古尔邦节、白族和彝族的火把节等，其本意并非为了发展生态旅游业，故不会常年存在，但在节庆期间会吸引大量的旅游者。

一、民族概述

1. 民族的定义

“民族”有狭义和广义两种界定。狭义的民族概念，是指人们在一定的历史发展阶段形成的具有共同语言、共同地域、共同经济生活以及表现于共同的民族文化特点上的共同心理素质的稳定的共同体，如汉族、壮族等。广义的民族概念认为，“民族”一词的含义包括处于不同社会发展阶段的各族人们共同体，如古代民族、现代民族，或者用以指一个国家或一个地区的各民族，如中华民族是中国境内56个民族的总称。

2. 民族的分布状况

我国人口众多，其分布呈现东南密、西北疏的格局。汉族多聚居在人口稠密的东南部，少数民族多住在人口稀疏的边疆地区，但两者之间并无明显界线。

在少数民族聚居区，一般都有一定数量的汉族居民，从而形成了以汉族为主体的大杂居、小聚居、交错居住的格局。我国少数民族人口所占的比例虽小，但分布地区很广。

知识链接

中国历史悠久，幅员辽阔，民族众多，民俗文化之灿烂，为世人所惊叹和向往。民俗旅游正是展现我国民族文化的一个窗口，通过这个窗口，旅游者可以综观我国民族文化的机体，亲自观察、体验我国民族文化的形态。民俗旅游开发有利于促进民族经济的全面发展，有利于促进民族地区的产业调整，有利于促进民族地区的资源保护，有利于全世界人民了解中国的风土人情。

二、民俗概述

民俗就是民间的风俗，是创造于民间又传承于民间的具有世代相习的传承性现象(包括思想和行为)，是广大中下层劳动人民所创造和传承的民间社会生活文化，是传统文化的基础和重要组成部分。民俗作为文化现象，一般具有社会性和集体性、类型性和模式性、稳定性和变异性、传承性和传播性四大特性。

中国地域辽阔，民族众多，"十里不同风，百里不同俗"。各地区各民族在长期历史发展中形成了鲜明的、独特的民俗。我国56个民族在居住、饮食、服饰、生产、婚姻、家庭、村落、节日、丧葬、信仰、风尚、礼仪、禁忌等方面的民间风俗习惯，统称为中国各民族的民俗。旅游者应该尊重其"保持或者改革自己的风俗习惯的自由"的权利，入乡问俗，入乡问禁，入乡随俗。

任务二　汉族及其民俗

一、汉族概述

汉族是中国56个民族中人口最多的民族，我国境内汉族人口超过12亿。汉族是原称为"华夏"的中原居民，后同其他民族逐渐同化、融合，汉代开始，称为汉族。

二、民俗概况

1. 居住

汉族由于分布地区广大，其传统住房因地区不同而有不同的样式。居住在华北平原的汉族，其传统住房多为砖木结构的平房，院落多为四合院式；居住在陕北的汉族，则根据黄土高原土层厚实、地下水位低的特点挖窑洞为住房；居住在南方的汉族，其传统住房以木建房为主。无论是在南方还是在北方，汉族传统民居的共同特点都是坐北朝南，注重室内采光；以木梁承重，以砖、石、土砌护墙；以堂屋为中心，以雕梁画栋和装饰屋顶、檐口见长。

2. 饮食

汉族主要从事农业生产，主食以小麦、玉米、稻米等为主，辅以蔬菜、豆制品，以及鸡、鱼、猪、牛、羊肉等副食，茶和酒是传统饮料。山东煎饼、陕西锅盔、山西刀削面、四川担担面等都是有名的面制风味食品。汉族的粤、闽、皖、鲁、川、湘、浙、苏八大菜系，闻名海内外。汉族人饮茶，据说始于神农时代，直到现在，中国汉族同胞还有以茶代礼的风俗。汉族对茶的配制是多种多样的：有太湖的熏豆茶、苏州的香味茶、湖南的姜盐茶、成都的盖碗茶、台湾的冻顶茶、杭州的龙井茶、福建的乌龙茶等。

3. 服饰

汉族的服饰比较复杂，从古到今，变化很大。古代服装有裙装、袍服等。到了近现代，汉族服饰开始改变，古代服装几乎被完全淘汰，取而代之的是：男子穿简化的长衫和马褂，头戴呢帽、皮帽、毛线帽，也有的穿西式礼服、戴呢帽；女子最初穿简化了的上衣和下裙，以后流行穿改良的旗袍，也有的以连衣裙作礼服；公职人员和知识分子穿中山装。20世纪50年代，城市男女多穿蓝干部服，男女服装的区别只在于领口不同和衣袋的多少。20世纪80年代以后各地流行起西服、夹克、风衣、运动衫、呢大衣、羽绒服等，特别是女青年的服装更是款式新颖多样，追逐着服装的新潮流。

4. 婚俗

汉族人口众多，习俗各异。现在的男女婚嫁大都已移风易俗，采用简单而又热闹的婚礼。但在有些汉族地区的农村，传统的民俗至今仍然保存着。

5. 语言

汉族有自己的语言和文字。汉族的语言通称汉语，属汉藏语系，是世界上历史悠久的语言之一。现代汉语普通话以北方方言为基础，以北京语音为标准音。汉字起源于远古，现行的文字是从殷商甲骨文和商周金文演变而来。汉字经过几千年的演变，发展成现在的通用简化汉字。

6. 宗教信仰

汉族自古对各种宗教信仰采取兼容并蓄的态度。历史上汉族人信仰道教和佛教，后来，基督教等宗教传入中国，又有一些人开始信仰这些宗教。

7. 节日

汉族节日比较丰富，传统节日主要有以下几种。

(1) 春节。春节即农历正月初一，俗称过年。古时候，这一天人们凌晨即起，放鞭炮，祭天地，吃水饺。男女老幼着新衣，到邻居和族人长辈家中拜年。路上遇到熟人，互道"过年好"，拱手祝"恭喜发财""平安吉祥"等吉祥话。

(2) 元宵节。元宵节即农历正月十五。当晚，家家挂灯，故称"灯节"，并有多种娱乐杂耍，故又称"闹元宵"。

(3) 清明节。清明节又称踏青节。清明前一天为"寒食"。古时候这一天，家家都要到坟地去祭祖，往坟头添筑新土，之后到郊外踏青，放风筝等。新中国成立后，清明节也是给烈士扫墓的节日。吃鸡蛋、放风筝、郊游等有益的活动也被保留了下来。

(4) 端午节。端午节即农历五月初五，又称"端阳节"。旧时，这一天家家门旁插艾草，以五色线缠粽子，做荷包。荷包内装入麝香、艾叶带在身上，意在驱邪除"五毒"。幼童把五色线系在手腕上，节后下第一场雨时，剪断五色线投入雨中，传说可以"化龙而去"。

(5) 中秋节。中秋节即农历八月十五，又称"团圆节"。此节有庆贺一年农事收获的意义，故规模较大。这一天，要吃月饼，晚上一家人围桌饮酒，分食月饼赏月。

(6) 重阳节。重阳节即农历九月初九，又称"重九节"或老人节。庆祝重阳节一般包括出游赏景、登高远眺、观赏菊花、遍插茱萸、吃重阳糕、饮菊花酒等活动。

(7) 腊八节。腊八节即农历腊月初八。这天早上要用黄米、白米、红豆、绿豆等杂粮加大枣、花生米熬粥，称"腊八粥"。

(8) 辞灶。农历十二月二十三，亦称小年。古时候，这一天傍晚要置酒给灶王饯行，谓之"辞灶"，即把旧灶王画像焚化换贴新灶王画像，并供以糖瓜(麦芽糖)，意在黏住他的嘴，希望灶王爷"上九天但言好事，下三界多带福来"。家中有出门未归的亲人不能"辞灶"。现在只沿袭合家吃饺子的习俗。

(9) 除夕。除夕即农历一年的最后一天。当天要贴对联。有的人家还要挂财神像、大门口放"栏门棍"，门旁焚香，全家人一起吃饺子、喝辞岁酒，一起"守岁"至深夜。自从电视机普及后，一家人一起看春节联欢晚会成为一项新的活动。

8. 禁忌

由于汉族分布广泛，民俗禁忌的地域差异很大，以下仅列举数例。

(1) 数字禁忌。例如，"1"是一个单数，如果给结婚、做寿的人送礼，就忌讳送单数，结婚人家给晚辈的见面礼，也忌给单数，这寄托着"好事成双"的希望。"3"谐音"散"，做寿和结婚忌这个数字，祝寿、贺喜送礼也忌这个数字。"4"谐音"死"，大凶，不吉利，一些人忌讳在门牌号、汽车牌号中有这个数字，但男子也有 40 岁做寿的，做了"4"就破了法，该死的就不会死了。岁数又忌言 73、84，传说孔子卒年 73 岁，孟子卒年 84 岁，因此，人们认为这两个岁数是人生的一大关口，谓之"损头年"，都很忌讳。

(2) 行为禁忌。汉族旧时忌拔白发，认为拔一根白发会长出许多根，而白发与年老又有联系，青年人特别忌反常地出现许多白发。忌拔腿毛，认为"两只腿毛管三个鬼"，腿上无毛则管不住鬼。春节期间，各家各户要祭财神。若有卖财神画像的童子挨门喊："送财神爷来了。"一般人家都赶紧出来到门口回话："好好，来，我们家请一张。"如不想买的也不能说不要，更不能撵送财神，而是只能说已经有了。

汉族以黄色、紫色为贵色，而以白色、黑色为凶色。小孩的衣服还忌搭在高处，俗称"三尺以上有神鬼"，恐伤害小孩。

(3) 饮食禁忌。汉族古话说"民以食为天"。在饮食方式上，古时汉族有不许用手抓着饭吃的忌讳。吃饭时，忌抛撒米粒或吃完饭后碗底有残饭；如果小孩不吃完饭，将来便会娶麻脸妻子或嫁给麻脸丈夫。食具方面的禁忌也很多，如忌讳吃饭前用筷子敲空碗，认为这是"穷气"，因为乞丐要饭时就是用筷子敲空碗。

(4) 居住禁忌。汉族作为一个定居的农业民族，不仅注重房屋的居住功用，而且将住房与"家"的兴衰命运紧密相连。每一个家族、家庭都希望自己能够光宗耀祖。为达到这个目的，人们便在住宅的建造上大做文章，设法选择风水好的区域建房，而一些建房的地点、方位及房屋陈设，由于不符合风水、相宅的观念就被列为禁忌。

任务三　西北地区少数民族民俗

一、回族

1. 概况

据统计，2010 年我国回族人口约 1058.6 万，是中国少数民族中散居全国、分布最广的民族，全国绝大多数县市都有分布。宁夏回族自治区为主要聚居区，其次是甘肃、青海、河南、河北、山东等省区。北京的牛街和宁夏的纳家户就是著名的回族聚居地。由于长期和汉族杂居，回族逐渐习惯于以汉语作为本民族的共同语言。受阿拉伯、波斯等文化的影响，又吸收了汉族文化和回族文化的特点，但在心理状态、经济生活、宗教信仰和风俗习惯等方面，回族仍然表现出自己的特点。回族主要从事农业生产，也从事畜牧业、手工业和商业。回族工匠在制香、制药、制革等方面较为著名，尤以善于经营珠宝玉石、运输业和服务业等著称。回族是信仰伊斯兰教的民族。

2. 民俗

(1) 居住。回族的清真寺和民居建筑一般采用殿宇式四合院为主的建筑式样，但布局和装修独具民族风格。

(2) 饮食。回民对肉食的选择比较严格，一般不饮酒。回族拥有许多民族风味小吃，如清汤羊肉、羊羔肉、肉夹馍、羊杂碎汤、白水鸡等。回族人爱吃各种油煎食品，传统面食是油香和馓子。回族人喜爱喝茶，并且讲究盛在盖碗里喝，称之为“盖碗茶”。盖碗茶有红糖砖茶、白糖清茶、冰糖窝窝茶及八宝茶等。

(3) 服饰。由于受到汉族传统文化的影响，回族衣着逐渐与汉族趋同，但仍保留着自己的特点。西北地区的回族男装多衣服肥大，裤长及脚面。老年人扎裤腿，穿西式长大衣，戴青色、白色圆形平顶小帽。妇女的衣服，上窄下宽，一般长及膝盖或过膝，戴披肩盖头。盖头是用丝织品或棉织品做成，从头上套下，披在肩上，遮住两耳、脖子和头发，颔下有扣，仅露面部在外。颜色根据年龄而定，年轻姑娘用绿色，已婚中年妇女用青色，老年人用白色。总之，男女外出时必须戴帽子或头巾，严禁露顶。

(4) 婚俗。回族婚礼多在“主麻日”举行，由阿訇证婚。

(5) 节日。回族的传统节日是与伊斯兰教分不开的，主要有开斋节、古尔邦节和圣纪节。

(6) 丧葬。回族葬礼按伊斯兰教教规，实行速葬、薄葬、土葬。

(7) 禁忌。回族的饮食禁忌比较严格，严禁食猪肉。不吃马、驴、骡、狗肉，不食用自死的禽畜和畜血；禁食非经阿訇念经宰杀的牲畜的肉及没有鳞的鱼。盛过禁食食品的炊具、碗筷、器皿也都禁用。回族所用的水井或水塘，非信伊斯兰教的人不能动手取水，如有需要必须请回族人代取或征得主人的允许，但一定要保持清洁。取水容器中若有剩水忌倒回井中或水塘。忌在水井、水塘附近洗涤衣物，尤其忌到回族的住房里洗澡。忌说“杀”字，只说宰鸡、宰牛。

二、维吾尔族

1. 概况

据统计，2010 年维吾尔族人口约 1006.9 万，主要分布在新疆维吾尔自治区，一小部分在湖南省桃源县、河南省渑池县等地。维吾尔族有自己的语言文字。语言属阿尔泰语系突厥语族。文字原用阿拉伯字母，后创制了拉丁化新文字，现在新、旧文字并用。维吾尔族人善于在盆地和河谷边缘开发绿洲，并开挖地下暗沟渠，称作“坎儿井”，用以灌溉农田，建成独特的绿洲灌溉农业经济。棉花种植历史长，品种优良。瓜果生产闻名全国。维吾尔族曾信奉过佛教等宗教，后来信奉伊斯兰教。维吾尔族是一个能歌善舞的民族。“十二木卡姆”(十二部大曲)是维吾尔族人民创作的长达 340 多首的大型民族音乐舞蹈史诗，长期在民间流传。民间乐器有“独他尔”“巴拉曼”和手鼓“达甫”等，弹拨、吹奏和打击乐器数十种之多。维吾尔族的舞蹈轻巧、优美，以旋转快速、多变而著称，有顶碗舞、大鼓舞等，“赛乃姆”是最普遍的民间集体舞蹈，如图 8-1 所示。

2. 民俗

(1) 居住。传统的维吾尔族房屋一般用泥土建筑，开天窗，屋顶平坦。室内砌实心土炕，高约一尺，供起居坐卧。墙上开壁龛，内置食物和用具，喜爱在墙上挂壁毯。冬季以火墙取暖，靠墙的一边为待客的上座。

（2）饮食。维吾尔族以面粉、玉米、大米为主食，很少吃蔬菜，夏季多拌食瓜果，有的地区喜喝奶茶，佐以玉米面或面粉制成的馕。用羊油、胡萝卜、葡萄干、洋葱、大米做成的民族风味甜味饭，因用手抓食，故又叫“抓饭”，是节日和待客不可缺少的食品。维吾尔族人离不开果肉、果仁。

（3）服饰。维吾尔族人多穿棉布，妇女多喜穿丝绸。男子穿长袍，右衽斜领，无纽扣，用腰带式长方巾扎腰。城市妇女多穿西式短上装和裙子，农村妇女多穿宽袖连衣裙，外套黑色对襟背心。不论男女老少都喜爱戴四楞小花帽。

图 8-1　赛乃姆

（4）节日。维吾尔族的节日与伊斯兰教的信仰有关，一年一度的肉孜节（开斋节）、宰牲节（古尔邦节）和诺鲁孜节最为隆重。

（5）丧葬。维吾尔族盛行土葬、速葬。

（6）禁忌。维吾尔族禁忌习俗跟伊斯兰教的信仰有关：在麻扎（墓地）和清真寺，以及河坝、伙房等地忌携带、遗弃不洁物品。探望卧床病人时忌站在病人头和脚的方向。衣忌短小，最忌户外着短裤。在屋内坐下时忌双腿伸直，脚底朝人。吃饭时忌随便拨弄盘中食品或剩食物在碗中。接受物品时要用双手接，忌用单手接，尤忌用左手接。睡觉时，忌头东脚西或四肢平伸仰面。

三、哈萨克族

1. 概况

据统计，2010 年中国境内的哈萨克族人口数约为 146.3 万。其使用的文字是以阿拉伯字母为基础的哈萨克文。哈萨克语属阿尔泰语系突厥语族。哈萨克族是哈萨克斯坦的主体民族，是中国、俄罗斯、乌兹别克斯坦、土耳其等国家的少数民族。中国的哈萨克族主要分布在新疆维吾尔自治区伊犁哈萨克自治州、阿勒泰、木垒哈萨克自治县和巴里坤哈萨克自治县。少数分布于甘肃省阿克塞哈萨克自治县。历史上哈萨克族主要从事畜牧业，现在大部分哈萨克族定居在城市。哈萨克族善刺绣，绣品已出口到几十个国家和地区。中华人民共和国成立前，哈萨克族绝大多数人过着逐水草而居的游牧生活。牧民们住的是一种轻便而又易于支撑和拆的毡房。

2. 民俗

（1）居住。由于哈萨克族主要从事畜牧业，为了适应游牧生活的需要，他们的先祖创造了一种造型别致、具有民族风格的建筑——毡房。

毡房是哈萨克族民间建筑，适宜于春、夏、秋季转场搬迁的一种简易住房。冬天则在冬季牧场修建平顶土房。毡房由围墙、房杆、顶圈、房毡、门组合而成，分为上、下两部分。下部为圆柱形，上部为穹形。下部圆柱形四周是用横竖交错相连而成的红柳木栅栏构成的围墙。顶部有天窗,覆以活动的毡子,用以通风。有的房顶毡上饰有红色或其他色彩图案。毡房门较小,是雕刻着花纹的双扇木板门,哈萨克语称“斯克尔莱乌克”,一般高 1.5 米,宽 0.8 米,离地面较高,以防积雪和严寒,门多开向东南,以避北风。毡房门外挂有用芨芨草编织的夹有一层花毡的门帘,冬春天放下门帘挡风雪,夏天卷起,通风凉爽。毡房内都备有长木杆,用来顶木圈顶的顶毡。

(2) 饮食。日常食品主要是面类食品、牛、羊、马肉、奶油、酥油、奶豆腐、酥奶酪等。平时喜欢把面粉做成烤饼、油饼、面片、汤面、那仁等,或将肉、酥油、牛奶、大米、面粉调制成各种食品。饮料主要有牛奶、羊奶、马奶子,特别喜欢马奶子。马奶子是用马奶经过发酵制成的高级饮料。茶在哈萨克族的饮食中有特殊的地位,主要喝砖茶,次为茯茶。如果在茶中加奶,则称奶茶。典型食品大部分来自畜牧业生产,如冬肉、马奶子、奶疙瘩等。

(3) 服饰。哈萨克族是以草原游牧文化为特征的民族,服装便于骑乘,其民族服装多用羊皮、狐狸皮、鹿皮、狼皮等制作,反映着山地草原民族的生活特点。

在历史上,哈萨克族绝大多数人过着逐水草而居的游牧生活,因而其服饰带有浓郁的草原畜牧生活的特征。牧民主要以牲畜的皮毛作为衣服的原料。哈萨克族男子喜欢穿棉毛衣裤,喜欢以条绒、华达呢等作衣料。颜色上多选用黑色、咖啡色等深色。冬季主要穿皮大衣、皮裤。选材以羊皮为主,也用狼皮、狐狸皮或其他珍贵兽皮。为了便于上、下马,裤子用羊皮缝制成大裆裤,因此宽大结实,经久耐磨。

(4) 节日。哈萨克族的传统节日与伊斯兰教有关,主要有开斋节、宰牲节和诺鲁孜节。

(5) 丧葬。由于哈萨克族信奉伊斯兰教,其葬礼基本上按伊斯兰教教规进行。哈萨克族十分重视葬礼,葬礼大体上分为临终前请毛拉念经“赎罪”、整容、挂旗吊唁、报丧、奔丧、出殡、送葬、哀悼、祭祀等一系列活动,全部过程甚至要持续一年时间。

哈萨克族实行的是无棺土葬。“埋体”被净身后,用白布缠裹,直体仰身,头南脚北,面西朝向圣地麦加方向入葬。坟的外形是长方形,周围建有坟墙,有门可出入,形似毡房。坟前立碑。死者去世周年时,要重修坟墓。普通人的坟墓用石块垒起,有一定经济条件的人用土坯砌成圆形或方形墓冢。有声望的死者,还在坟上用砖石砌起高塔。

(6) 禁忌。哈萨克人信奉伊斯兰教,与伊斯兰教相联系而形成的禁忌很多,最主要的是:忌食猪肉和非宰杀而死亡的牲畜肉,忌食一切动物的血。牲畜一般要由男性宰杀。

吃饭时,不能把整个馕拿在手上用嘴啃,应该掰成小块吃。在毡房内不许坐床,要席地盘腿坐在地毡上,不可以把两腿伸直。吃饭或与人交谈时,忌讳抠鼻孔、吐痰、放屁、打哈欠、挖耳朵等不良习惯。

做客时,忌讳客人骑着快马直冲家门,这会被认为是挑衅或是报丧和传送不吉利的消息。骑马快到家门时,要放慢速度。忌持马鞭进毡房,会被误认为是寻衅打架的。忌讳客人从火炉右边入座和坐在火炉的右侧,因为右侧是主人坐的,也不要坐在放食物的木柜上或其他生活用具上,客人的座位应听从主人的指引;吃饭、喝奶茶时,不能用双脚踩餐布,更不能横跨过去,在餐布收起来之前,最好不要离去。如果临时遇有急事外出,也不能从主人跟前走过,必须从背后走;主人做饭时,客人不要走进配餐的地方,忌讳客人乱动餐具,更不能用手拨弄食物或掀开锅盖,主人递送的茶、酒、肉食和其他食品,不管是否合乎自己的胃口,都应高兴地接受,喝奶茶不应喝一半剩一半而离席,喝马奶酒也应一饮而尽,不会喝酒也要少许啜上一口，以示谢意，不然会使主人扫兴。就餐前后，主人会给客人倒水洗手，洗完手，不要乱甩动，应用毛巾擦手，并有礼貌地送还毛巾；如果天色已晚，主人留宿，不要拒绝使用主人的被褥，否则会被主人误会。

儿媳不能使用公公的马鞍和公公的床位；公公也不能使用儿媳的马鞍和坐儿媳的床位。不能当面数主人的畜群和点牲畜的数目。不要用脚和棍棒打牲畜的头部。不能跨过拴牲畜用的绳子。走路遇羊群要绕道而过。严禁从做礼拜的人前通过，也不能踏做礼拜的布单子，更不要模仿他们的动作大声说笑。

在住房附近、水源旁边、礼拜寺、墓地周围，不允许随地大小便。牲畜不能进入墓地。不得在墓地上取土。

哈萨克人崇拜草和火，因而忌讳拔春天的新草。不允许用脚踏火，不能往火上吐唾沫，不准围着火堆乱跑，不能压灭火苗，更不能往火上撒尿。

哈萨克人认为每礼拜二、五是不吉利的日子，不能外出。在数字方面很重视单数，尤其重视“7”和“9”，特别是“7”被他们崇尚敬重。在哈萨克的民间文学作品中，“7”是出现最多的一个数字，泛指数目之多。如“7 天”“7 昼夜”“7 年”等多半是比喻征途的漫长、生活的煎熬、毅力的磨炼。在生活习俗上也常和“7”结下不解之缘，如哈萨克人在婴儿出生后第 7 天要举行摇篮礼和命名礼。娶妻的彩礼也是多的为 77 匹马，中等户为 47 匹马，下等户为 17 匹马。人死后，把死者放入墓穴后，每人也必须铲 7 锹土。第 7 天要为死者祭祀。在死者生前居住的毡房中点 7 盏油灯等。甚至有 7 个客人一同来到门前时，主人也特别高兴，认为这是吉祥的征兆。如果其中一人给他们送些礼品时，认为是无上光荣和幸福的事，常将所送礼物珍藏起来作为永久的纪念。

任务四　东北、内蒙古地区少数民族民俗

一、满族

1. 概况

据统计，2010 年满族人口数约为 1038.8 万，主要分布在东北地区，以辽宁省为最多。清代以来，由于满汉长期杂居，满族与汉族差异逐渐缩小。在中华民族的发展过程中，满族在政治、文化、科学领域里涌现出了一大批优秀人才。满族有本民族的语言和文字。满语属于阿尔泰语系。满族信奉萨满教，还信奉佛教。

2. 民俗

(1) 居住。满族的住房，一般东南开门，其结构形似口袋。三面设炕，西炕供奉祖先神位，俗称“口袋房，曼子炕”。住房一般坐北朝南，背风面阳，正房多为三到五间。

(2) 饮食。长期以来，满族从事农业，兼有狩猎、采集等多种经营，由于种植五谷杂粮，所以主食虽是小米，但喜黏食。喜食白肉血肠和猪肉酸菜炖粉条，喜庆宴会设满洲席。逢年过节吃饺子，农历除夕必须吃手扒肉。满族的点心最为人们所喜食的是“萨其玛”。

(3) 服饰。历史上，满族先民一年四季都穿袍服，因八旗制度而称为“旗袍”。入关之后直到辛亥革命时期，男穿袍服，外套马褂；女人也爱穿袍服，但有长短之分。辛亥革命

后，旗袍经改良成为我国妇女十分喜爱的中式服装。

(4) 节日。满族传统节日主要有颁金节、开山节和虫王节等。颁金节是满族最值得纪念的日子，是满族“族庆”之日。1635 年，皇太极正式改族名“女真”为“满洲”，这标志着一个新的民族共同体的形成。新中国成立后，简称满族。

(5) 丧葬。满族一般实行土葬。

(6) 禁忌。满族最突出的禁忌是不准杀狗、不吃狗肉、不戴狗皮帽子、不穿戴狗皮袖头的衣服。在满族人家里做客，不要当着主人的面赶狗，更不能说狗的坏话，否则主人会以为你是在当面羞辱他，会不客气地下逐客令。满族还忌讳打喜鹊和乌鸦。满族人以西为上，特别忌讳一般人尤其是青年人坐西炕，更忌讳妇女在西炕上生孩子。忌在索罗杆(神杆)上拴牲口。忌与孕妇、寡妇和戴狗皮帽子的人接触。

二、朝鲜族

1. 概况

据统计，2010 年中国朝鲜族人口约有 183 万，主要居住在东北地区及内蒙古，吉林省占 60%以上，主要聚居在吉林延边朝鲜族自治州。朝鲜族有自己的语言和文字。少数与汉族交错居住的朝鲜族居民通用汉语言文字。朝鲜族在我国少数民族中是物质生活较好、文化水平较高的民族。朝鲜族长期以垦荒为业，开发培植我国高寒水稻，为种植我国东北优质大米做出了贡献。朝鲜族的歌舞蜚声全国。朝鲜族人酷爱体育，注意卫生，讲求礼貌，特别是尊老爱幼的美德受到各族人民的称赞。

2. 民俗

(1) 居住。朝鲜族的房屋多是土木结构草房或瓦房，屋顶四面斜坡用谷草或稻草、瓦片覆盖，墙壁多为泥墙刷白灰。现在砖瓦结构的住宅日益增多。每栋房子一般分为三间：一间的三分之二设炕，三分之一作灶间炊事之用；一间作仓库之用；一间全部铺成炕，并隔成两间，其中朝阳一间为客房，北面的一间作卧室。每个房间都是一扇门。因是满屋炕，所以进门要脱鞋，席炕而坐。

(2) 饮食。朝鲜族以米饭为主食，以汤、酱、咸菜和泡菜为副食。朝鲜族每餐必有汤。调味品最爱用辣椒和豆酱。泡菜是佐餐的主要菜肴。在肉食中，喜吃牛肉、狗肉。招待客人时的特制饮食，主要是冷面、打糕、松饼等。

(3) 服饰。朝鲜族爱穿白衣素服，因而有“白衣民族”之称。朝鲜族妇女大多穿用丝绸缝制的颜色鲜艳的短上衣、大长裙，脚穿船形布胶鞋。男装为短上衣，外加坎肩，下穿宽大的长裤，出外常穿斜襟长袍，以布带打结。现在多改着西装。每逢节庆，朝鲜族男女老少都爱身着五颜六色的民族服装。

(4) 婚俗。朝鲜族婚礼仪式隆重，分别在女方和男方家两次举行。朝鲜族家庭“男主外、女主内”风俗盛行。

(5) 节日。朝鲜族的节日，除春节、清明节、中秋节外，还有家庭的节日，如回甲节(诞生 60 周年纪念日)、回婚节(结婚 60 周年纪念日)等。

(6) 禁忌。朝鲜族非常尊重长者，与长者一同走路时，年轻人忌走在长者前面，如有急事非赶路不可时，要向长者恭顺地说明原委，然后超前。客人来访时，男客进客房，女客进灶间大铺炕，忌进儿女的卧室。饭桌有多人桌和单人桌，单人桌忌讳年轻人用，因为单人桌要给老人用。饮酒、吸烟父子忌同席。酒席上按年庚依次倒酒和举杯，长者举杯后，其他人才可依次举杯。吸烟时年轻人不能向老年人借火，更忌讳接火，否则便是大不敬的行为。朝鲜族尤忌随地吐痰。

三、蒙古族

1. 概况

据统计，2010 年中国蒙古族人口约有 598.2 万，主要聚居在内蒙古自治区，其余部分大多分布在东北、西北地区。蒙古族有自己的语言和文字，蒙古语属于阿尔泰语系蒙古语族，至今仍在使用传统的蒙古文。蒙古族早期信仰萨满教、藏传佛教。蒙古族是中国北方古老的游牧民族，以畜牧业为主，兼营农业。在漫长的发展过程中，创造出了历史、文学、医学、天文、地理等方面的大量珍贵典籍。其中，《蒙古秘史》是一部用蒙古文写成的历史文献和文学巨著。蒙古族的口头文学以英雄史诗《江格尔》最为著名，是中国文学史上著名的英雄史诗之一。

2. 民俗

(1) 居住。穹庐顶的蒙古包是蒙古族的传统住房。蒙古包是用细木杆编成网状圆形围壁和伞状顶架，以及圆顶天窗，外面用厚毛毡围起来，蒙古包内的地面铺毡子和地毯。蒙古包易于拆卸和搭建，非常适合牧民的生活。

(2) 饮食。蒙古族的饮食主要有奶食、肉食。奶食俗称白食，有奶酪、奶豆腐、奶皮子等。肉食俗称红食，以羊、牛肉为主。常以手抓羊肉和清水煮全羊款待客人。

(3) 服饰。蒙古族的服饰大体分为首饰、长袍、腰带、靴子四个主要组成部分。首饰是蒙古族妇女用于头上的装饰品，多用玛瑙、珍珠、宝石、金银制成。牧区女子多用红、蓝等色的长绸子把头缠上。男子冬季戴羊皮帽，夏日多戴前进帽或礼帽。蒙古族男女老少都喜爱穿长袍。腰带是穿蒙古袍所必备的。靴子尖稍稍向上翘起。

(4) 节日。蒙古族节日有那达慕大会、敖包节、小年（腊月二十三日）和大年（春节）。那达慕大会是蒙古族最具民族特色的传统盛会。“那达慕”是蒙古语音译，意为“游戏”或“娱乐”，流行于内蒙古、甘肃、青海、新疆等蒙古族聚居地区。一年一次，每次数日，多在夏秋（夏历七八月）牲畜肥壮季节择日举行。

(5) 丧葬。葬式大体有野葬、火葬和土葬（无坟丘）三种。

(6) 禁忌。骑马坐车到蒙古包时，要轻骑慢行，进包时要将马鞭放在门外。入包后坐在右边，离包时走原路，待送你的主人回去后再上车或上马。忌讳坐蒙古包的西炕。不能在火盆上烤脚。主人献茶时，客人应欠身双手去接。赠送礼品忌单数，接受礼品必须身子稍屈或跪下一腿伸出右手或双手接受。有产妇或病人，忌接待客人来访。蒙古族对守门的狗和猎犬都很爱护和重视，禁止外人打骂，否则即被认为是对主人的不尊重。

任务五　西南、青藏地区少数民族民俗

一、苗族

1. 概况

据统计，2010年我国苗族人口数约为942.6万，主要居住在贵州、云南、湖南等省，其余分布在广西、四川、海南等地。苗族语言属汉藏语系苗瑶语族。苗族原无统一文字，新中国成立后，创制了拼音文字，并通用汉文。苗族的经济生活以农业为主。此外，还经营畜牧业、纺织业，以及喂猪、养鱼等家庭副业。苗族创造了丰富多彩的文化艺术，苗族人常用歌舞表达自我情感，苗族所独有的银饰工艺品、蜡染、织锦、刺绣等享誉国内外。

苗族的宗教信仰有自然崇拜和祖先崇拜。云南、贵州、四川等地少数苗族群众信仰天主教、基督教。

2. 民俗

图 8-2　吊脚楼

(1) 居住。苗族一般依山傍水建寨，聚族而居。住房一般为木质平房或楼房，楼房多为吊脚楼，如图 8-2 所示。平房大部分为三间，中为堂屋，供接待客人和吃饭之用，两边分别作卧室和厨房。

(2) 饮食。苗族大多以大米为主食，玉米、小麦、红薯为辅。苗族喜食酸醋味，酸菜、酸汤、酸辣子长年不断，酸猪肉、酸鸡、酸鸭子味道鲜美。饮酒是普遍的嗜好，常以酒示敬，以酒传情。不同的时间、地点、对象，饮酒的礼俗也不同，如拦路酒、进门酒等。苗族普遍喜吃糯食，每逢节日或重大活动，都要吃糯米粑粑，蒸糯米饭。

(3) 服饰。各地苗族服装有不同特点。男装简朴，一般为对襟大褂和左衽长衫两大类，下穿长裤，束大腰带，头裹青色长巾，冬天腿上多缠裹腿。女装为右衽大襟和胸前交叉式两大类，每类又有众多的样式和盛便装之分。头饰式样繁多，绾髻于头顶，配上各式各样的包头帕，包成尖顶或圆顶，有的把头发绕在支架上高竖于头顶上。黔东南的苗族妇女服饰多将银饰钉在衣服上，称为“银衣”，头上戴有形如牛角的银质头饰，高达尺余，独具特色。有的苗族妇女盛装上的银饰近10千克。

(4) 婚俗。苗族青年男女恋爱婚姻比较自由，通过“游方”“跳花”等社交活动，自由对歌，恋爱成婚。

(5) 节日。苗族的节日很多，主要有龙船节、苗年、芦笙节、赶秋节等。芦笙节是苗族民间传统节日，流行于贵州东南部凯里市和黄平县等苗族聚居区，节日里苗族人民聚集在广场跳芦笙舞，因此得名。

(6) 禁忌。苗族人不吃羊肉、狗肉。父母健在，晚辈忌包白色头帕。忌坐门槛。忌在家里或夜间吹口哨。

二、藏族

1. 概况

据统计，2010 年我国藏族人口数约为 628.2 万，分布在中国辽阔的青藏高原上，主要聚居在西藏自治区，以及青海、甘肃、四川、云南四省部分地区。藏语属汉藏语系藏缅语族。藏族文字是参照梵文某些字体创造的，至今通用。藏族以牧业为主，也从事农业。藏族的医药、天文、历学、戏曲、文学、歌舞、唐卡（具有浓郁民族特色的卷轴画）等，都有较高水平。成书于 8 世纪的医学巨著《四部医典》是古代藏族人民智慧的结晶。著名的《甘珠尔》《丹珠尔》是藏文大藏经的两大组成部分，堪称藏族文化的百科全书。《格萨尔王传》是中国著名史诗之一，也是世界历史上悠久的史诗之一。

2. 民俗

(1) 居住。藏族农区多垒石建房，房屋平顶多窗，大都建筑于向阳高处，坐北朝南。一般是以石块或夯土筑墙，形如碉房。楼房的屋顶上有经房，上层住人，下层多作仓库或牲畜圈，建有院落。屋里铺木板或坐垫。牧区则住帐篷，帐篷是用牦牛毛织成的，冬暖夏凉，移动方便。

(2) 饮食。藏族人喜欢酥油茶、奶茶和甜茶，嗜饮青稞酒，并有弹酒的礼俗；爱吃牛奶制成的酸奶、奶渣等。藏族居民的主食是糌粑，用炒熟的青稞或豌豆磨成面粉，用酥油或茶水拌食；牧民的主食为牛、羊肉。

(3) 服饰。藏族男女都喜爱戴藏式金花帽。上身穿绸布长袖短褂，外套宽肥的藏袍，右襟系带。为劳作方便，常常把右手脱出袖外，人称“穿一手，露一手”。男女均穿长靴。

(4) 礼仪。在藏族的礼俗中，欢迎亲友互献哈达是最普遍的一种礼节。哈达通常以白色为主。现在，上级向下级、长辈对晚辈称赐给哈达，接受人应低头躬身，让上级或长者将哈达挂在脖子上；平级、平辈称互赠哈达，献哈达给对方手上即可。对方接受后应回赠一条哈达。

(5) 节日。藏族的节日很多，一年中的主要节日有藏历年、酥油花灯节、雪顿节、望果节、赛马节等。雪顿节又名藏戏节，“雪”藏语为酸奶子，“顿”藏语为宴的意思，是吃酸奶子的节日，流行于西藏、青海、甘肃、云南等地藏区。雪顿节最初是一种纯宗教的活动，是藏族世俗百姓向喇嘛们施舍酸奶子并且与喇嘛们纵情游玩的节日。

(6) 丧葬。藏族的葬礼有火葬、鸟葬等。

(7) 禁忌。藏族人遇到寺院、佛塔等佛教设施，都必须下马并从左往右绕行。藏族佛寺里的经书、钟鼓，以及活佛的身体、佩戴的念珠等物被视为圣物，忌别人随便触摸；转经轮、叩长头要按顺时针方向转动等。忌吃狗、驴、马肉。忌讳用脚蹬踩灶台或坐于灶台上。忌男女混坐，男女入室后男坐左、女坐右。就座时忌双腿伸直，脚底朝人。忌讳在别人后背吐唾沫、拍手掌。忌讳别人对自己的孩子过分夸奖。

三、彝族

1. 概况

据统计，2010 年我国彝族人口数约为 871.4 万，主要分布在云南、四川、贵州和广西等省区。四川凉山彝族自治州是全国最大的彝族聚居区。彝族有自己的语言文字。彝语属汉藏语系藏缅语族。彝族文字是一种音节文字。经整理的规范彝文已正式使用。彝族过去流行多神崇拜，由于历史上长时期的民族文化交流，部分彝族地区还受道教和佛教的影响。

2. 民俗

（1）居住。彝族的住房大多是木结构，低矮、无窗或有一小窗。平台屋顶可晾晒谷物。房内一般隔成三间，分为正屋、里屋、外屋。里屋为居室。正屋设火塘，用三块石头支成"锅庄"，是起居活动中心。外屋为库房或畜圈。

（2）饮食。彝族的主食为玉米、荞麦、大米、土豆等。彝族人喜欢吃"坨坨肉"、饮"转转酒"。

（3）服饰。彝族服饰古朴，极具民族和地方特色。凉山彝族成年男子左耳配蜜蜡珠、银耳环等，在头正中蓄一小撮头发，并编成小辫，再用头帕竖立包起，称为"天菩萨"，是天神的代表，象征男性尊严不可侵犯。他们还喜欢用青布包头，在前额处扎出一长锥形结，俗称"英雄结"，以示英雄气概。女子穿黑色窄袖右斜襟上衣，下穿百褶裙，头上顶有瓦式布帕，喜爱佩戴耳环、手镯等。最具特色的是彝族男女爱披羊毛披毡，形似斗篷，下缀长穗，可御风寒，夜间可盖在身上。

（4）节日。彝族除了过彝族年外，最主要的是过火把节。火把节是彝族人民的传统节日，一般在农历六月二十四日前后举行。

（5）禁忌。彝族男子头上都蓄有一蓬头发，这是男子最高贵的地方，忌旁人用手触摸。彝族有敬神树的习惯，神树严禁砍伐。祭祀时忌外人观看。忌外人骑马进寨子，到寨门的竹篱笆前必须下马。到彝族人家里做客，要坐在火塘的上方或右方，忌用脚踏三脚架。彝族人对待客人，一般都用酒肉盛情款待，他们给你东西吃你必须吃，即使不能喝酒也要少喝一点，以表谢意，不然，他们会认为你看不起他们。彝族人忌把款待客人的食品带走，认为带走这种食品是不讲义气的表现。

四、白族

1. 概况

据统计，2010 年我国白族人口数约为 193.4 万，大多聚居在云南大理白族自治州，其余分布在云南省各地及四川省凉山彝族自治州和贵州省毕节地区等地。白族有自己的语言，白语属汉藏语系藏缅语族，多数人通晓汉语言文字。白族人民大多信仰佛教。崇拜"本主"(保护神)是白族宗教信仰的一个明显特点。白族在天文、历法、气象、医学、建筑、雕刻、绘画等方面有很高的成就。大理古城是中国历史名城之一，大理崇圣寺三塔、剑川石钟山石窟等佛教圣地及文化古迹，都是白族人民智慧的结晶。

2. 民俗

（1）居住。白族民居讲究以庭院组合建筑群，布局多为"一正两耳"或"四合五天井"等形式。

（2）饮食。白族的主食有稻米和小麦。喜食酸辣味。白族人善于腌制火腿、腊肉、弓鱼等风味菜肴。"砂锅弓鱼"是白族最负盛名的宴席菜肴。

（3）服饰。白族崇尚白色。男子多穿白色对襟衣，套黑领褂。大理一带妇女多穿白色上衣，外套黑丝绒短褂或红色坎肩，下着蓝布宽裤，以绣花布或彩色毛巾缠头；已婚者绾髻，未婚者垂辫或盘辫于顶，脚穿绣花鞋，一般都佩戴银饰。外出时，男女多戴"大理草帽"。

(4) 节日。白族的节日主要是春节、三月街等。三月街又称“观音市”，是白族人民的盛大节日和传统盛会。每年农历三月十五至二十日在大理城的点苍山下举行。

(5) 禁忌。白族人若是家中有客人来访，主人需凝神听客人说话。男人在家里，女人不能主动泡茶、与客人攀谈。吃饭时需请客人上主位，主人不能脚踏饭桌栏杆，不能大声说话。用餐时忌用勺子在甑子里挖一个大洞，意为不与粮食吵架，平等待人。父亲、哥哥、弟弟不能和儿媳、弟媳和兄嫂同坐一条板凳吃饭，吃饭时不能掉饭粒。做客时父子不能同席，男女不能同桌。年初一做饭不动刀叉，忌用凶器，以保平安。农历三月十五是蛇的节日，家家门前墙脚都要撒石灰，避蛇入户，这一天忌讳坐在门槛上，以免引蛇入室。

五、傣族

1. 概况

据统计，2010 年我国傣族人口数超过 126 万，主要聚居在云南西双版纳傣族自治州和德宏傣族景颇族自治州，其余分布在云南各县市。傣语属汉藏语系壮侗语族。傣族信仰小乘佛教，佛教对傣族风俗习惯的影响十分明显，过去未成年男子都要入寺为僧，过一段僧侣生活后方能还俗回家。傣族有自己独特的历法和千余年的老傣文文献，民间文艺活动丰富多彩，著名的孔雀舞，为傣族人民所喜闻乐见。

2. 民俗

(1) 居住。傣族的竹楼是干栏式建筑，建于平坝近水之地。住宅以西双版纳最具特色，每户一座竹楼，竹篱环绕，自成院落。竹楼分上、下两层，上层住人，下层饲养牲畜或堆放物品。

(2) 饮食。傣族人以大米为主食，喜食酸味及烘烤食品，嗜酒，喜嚼槟榔。傣族最具特色的是竹筒饭，清香可口。

(3) 服饰。傣族男子一般用青布或白布包头，上穿无领对襟或大襟小袖短衫，下穿长筒裤，文身习俗非常普遍。傣族妇女大多束发于头顶，上穿浅色紧身窄袖短衫，下穿花筒裙。

(4) 婚俗。傣族青年婚前社交自由。串寨子、丢包是选择对象和表达爱情的方式。但是缔结婚姻还要托媒说亲。傣族还流行招赘的习俗。

(5) 节日。傣族的节日大多与宗教信仰有关，主要有泼水节、关门节、开门节等。泼水节即傣历新年，又称佛诞节、浴佛节或堆沙节。一般在农历清明后 10 天左右举行，节期 3～5 天。

(6) 禁忌。傣族人居住的寨子都有佛寺，忌触摸神像及法器，忌摸小和尚的头顶，妇女进入佛寺忌任意走动。进入傣族人的住房时，到楼口要脱鞋，进门后禁用脚跺楼板。房内的中柱楼上部分忌挂东西，楼下部分忌拴马。忌在傣族人家中吹口哨、剪指甲。忌男招待女客，女招待男客。

六、纳西族

1. 概况

据统计，2010 年我国纳西族人口数约为 32.6 万，主要聚居在云南省丽江玉龙纳西族自治县和滇川间的泸沽湖畔，其余有少量分布在四川和西藏。纳西语属汉藏语系藏缅语族。早在 7 世纪，纳西族人民就创造了表意的象形文字“东巴文”(见图 8-3)和表音的音节文字“哥巴文”，但是没有普遍推广。由于纳西族同汉族一直保持着密切关系，因此，纳西族人民通用汉语言文字。纳西族信仰东巴教，部分纳西人信仰喇嘛教，极少数信仰道教、基督教。东巴教是一种原始多神教，在长期的历史发展过程中，纳西族人民的生产生活、民间风俗、精神生活都受到了东巴教的深刻影响，从而形成了一种独特的文化，通称为“东巴文化”。

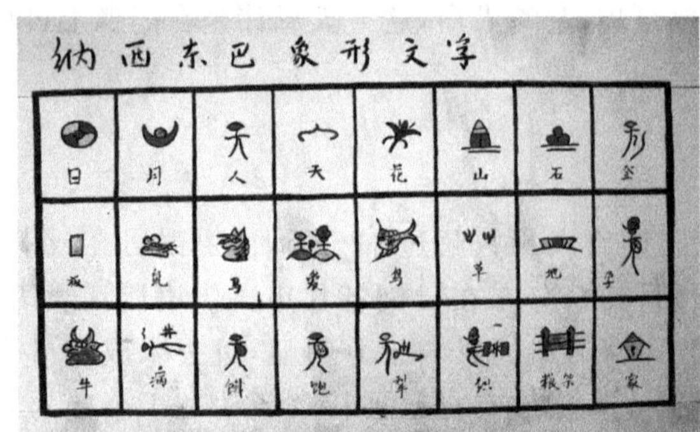

图 8-3 东巴文

2. 民俗

(1) 居住。丽江坝区纳西族的房屋多系土木瓦结构，普遍采用“三房一照壁”的形式，正房较高，偏房略低；山区居民多系木楞房，上盖石片。

(2) 饮食。纳西族以玉米、大米和小麦为主食。宁蒗地区纳西人喜食青稞，喜喝酒、饮浓茶，吃酸、辣、甜味食品。丽江的火腿粑粑、宁蒗的琵琶猪和泸沽湖的酸鱼、鱼干，是纳西族的特色食品。纳西族的“三叠水”是招待贵宾的方式，因使用大碗、小碗、盘子三种不同高度的餐具而得名。

(3) 服饰。丽江纳西族妇女服装具有民族特色，上身穿宽腰大袖大褂，外加坎肩，披羊皮披肩，披肩上缀有刺绣精美的七星，肩两边缀日月图案，俗称“披星戴月”，象征着辛勤劳动。纳西族男装大体与汉族相同。

(4) 婚俗。纳西族人因居住地区不同，婚姻习俗各有特点。纳西族主要聚居区如丽江等地已经是一夫一妻制；部分地区仍保留着古代的婚姻家庭形态，如泸沽湖畔的部分地区，实行的是阿夏婚。阿夏婚的主要特点是男不娶妻，女不嫁夫。成年男子夜间到相好的女子家里过偶居生活，次日黎明返回自己的母亲家里；彼此不算夫妻，而以阿夏相称，所生子女归女方，男子不承担任何义务；男女双方均保持另交阿夏和拒绝对方的自由，婚姻关系很不稳定。目前，家庭形态仍以母系为主，但出现了向父系家庭过渡的现象。

(5) 节日。纳西族有本民族独特的节日三多节。三多神是纳西族千百年来笃信的保护神，过去每年农历的二月初八和八月羊日，各地纳西族都要到丽江玉龙山的三多庙举行隆重的祭拜活动。1987 年起，每年农历二月初八成为纳西族民族节日。

(6) 丧葬。丽江地区以土葬为主；中甸三坝一带火葬、土葬并存；泸沽湖地区仍保留火葬古俗，且有以母系氏族为单位的公共墓地。

(7) 禁忌。到纳西族人家里不能将马拴在祭天堂的地方；忌食狗肉；忌乱砍伐神树；

不能蹬踏做饭用的三脚架，不能翻弄灶里的灰。有的地方还忌在家里唱山歌。

任务六　中南地区少数民族民俗

一、土家族

1. 概况

据统计，2010 年我国土家族人口数约为 835.4 万，聚居在湖南、湖北、四川、贵州四省交界之地，主要在湖南省湘西土家族苗族自治州和湖北省恩施土家族苗族自治州。土家族的语言属汉藏语系藏缅语族，现在绝大多数人使用汉语，仅有少数聚居区还保留着土家语。土家族无本民族的文字，通用汉文。土家族崇拜土王（整个土家族的祖先）。尊奉土老师（巫师），相信兆头。道教、佛教、基督教对土家族的宗教信仰也有一定影响。土家族的文化艺术丰富多彩。“西朗卡铺”是土家族著名的传统工艺品，又称“土家织锦”。摆手舞是土家族比较流行的一种古老的舞蹈，每年春节期间都要举行摆手舞会。土家织锦和摆手舞并称为土家族人民的艺术之花。

2. 民俗

(1) 居住。土家人多住干栏式的木屋，其中土家山乡的吊脚楼最具特色。吊脚楼的楼台腾空，楼上一般作“姑娘楼”，是姑娘们的活动场所。木屋中间的房间用来祭祖迎客，左、右两间用壁板隔成前后两小间，后为卧室，前为厨房，为饮食起居之所。

(2) 饮食。土家族喜欢吃糯米粑粑、火炕腊肉、糖馓和油茶汤；喜饮酒。

(3) 服饰。现土家族的服饰与汉族基本相同。传统的土家族妇女上穿左衽开襟、肥袖短衫，下穿镶边筒裤或八幅罗裙。男子头缠 2～3 米长的青丝帕，穿对襟短衫。

(4) 婚俗。土家族的婚姻制度和汉族比较接近，但仍保留着一些原始婚俗，如“以山歌为媒”的自由择偶、婚礼中“哭嫁”（见图 8-4）的习俗等。

图 8-4　土家族哭嫁

(5) 节日。赶年为土家族的传统节日。赶年，就是土家族比汉族提前一天或几天过春节。过赶年的习俗，相传跟土家族祖先为了抗击外来侵略，提前吃年饭以出发迎战有关系。

(6) 丧葬。土家族过去多实行火葬，后来受汉族影响实行土葬。

(7) 禁忌。土家人对外族人忌用土家语，忌用粗话、鄙话和不礼貌语言；晚辈对长辈忌直呼姓名、平辈呼叫姓名忌不带姓。旅行忌七、九日出门，忌八日起程归家，民间称“七不出门八不归，逢九出门惹是非”。土家族男子严禁别人触摸自己的头，唯自己的祖父母、父母除外。

二、壮族

1. 概况

据统计，2010 年我国壮族人口数约为 1692.6 万，是我国少数民族中人口最多的一个民族。壮族大部分聚居在广西壮族自治区，其余分布在云南、广东、贵州及湖南等省。壮族有本民族的语言文字，属汉藏语系壮侗语族。壮文是以拉丁字母为基础创制的文字，在壮族地区全面推行使用。壮族除祭祀祖先外，还有自然崇拜。唐宋以后，佛教、道教先后传入壮族地区。

图 8-5　壮锦

壮族具有悠久灿烂的民族文化。广西南部的花山原始崖壁画是壮族古代文化艺术的精华。壮族人民铸造和使用铜鼓已有 2000 多年的历史。壮锦(见图 8-5)是壮族妇女独创的传统纺织工艺品，图案别致，结实耐用。

2. 民俗

(1) 居住。壮族喜欢依山傍水而居。壮族人的传统民居有楼居、半楼居和地居建筑三种类型。楼居是干栏式木楼，分上、下两层，上层住人，下层圈牲畜或堆放杂物。房屋的前厅用来举行庆典和社交活动，两边厢房为卧室。后厅为生活区，以火塘为中心，每日三餐都在火塘边进行。

(2) 饮食。壮族的主食以大米和玉米为主，喜食糯米。节庆的饮食最能反映壮族饮食习惯的特色，三月三吃的五色饭色彩鲜艳，用于祭祀和待客。每逢春节和端午节，家家户户都要包“驼背粽”。此外，烤整猪、白斩鸡也都是壮族用以待客的特色佳肴。

(3) 服饰。壮族的民族服装款式多种多样，妇女喜戴银首饰。服装一般为黑色，上衣是无领、左衽、绣花绲边，下身穿宽脚裤。男子多穿唐装。

(4) 节日。壮族的主要节日是歌节。歌节又称歌圩节，农历三月三的歌圩最为隆重。

(5) 禁忌。壮族人忌讳农历正月初一这天杀牲；有的地区的青年妇女忌食牛肉和狗肉；妇女生孩子的头三天(有的是头七天)忌讳外人入内；忌讳生孩子尚未满月的妇女到家里串门。登上壮族人家的竹楼，一般都要脱鞋。严禁捕杀青蛙，也不要吃蛙肉。

三、黎族

1. 概况

据统计，2010 年我国黎族人口数约为 146.3 万，主要分布在海南省中南部的琼中、白沙、三亚、通什、乐东等地。黎族的语言属汉藏语系壮侗语族。黎族无本民族的文字，通用汉文。黎族的宗教信仰以祖先崇拜为主，其次为自然崇拜。有些地方还保留着原始的氏族图腾崇拜的痕迹。近年来，有少数人信仰基督教。

2. 民俗

(1) 居住。黎族的传统住房属于干栏式建筑，因为状似船只，称为“船形屋”(见图8-6)，有铺地形和高架形等形式。高架形的船形屋的地板离地面有2米，上面住人，下面养牲畜。

图 8-6　黎族“船形屋”

(2) 饮食。黎族以大米、玉米、番薯为主食，竹筒烧饭是黎族日常生活中独特的野炊方法。黎族人喜爱嚼槟榔，槟榔是待客、订婚不可缺少的佳品。

(3) 服饰。黎族女子穿对襟无纽上衣，以白布、红布镶边，下穿绣各种色彩图案的筒裙。妇女盛装时喜欢佩戴银项圈、银牌、银铃等。有的地方妇女耳环多且重，耳根下垂至肩，俗称“儋耳”。黎族男子留长发，结发于额前或脑后，头缠3米多的红头巾或黑头巾，上衣无领对襟，下着前后两幅布的吊幨。

(4) 婚俗。黎族儿女成年后住在屋外的寮房里，俗称放寮。盛行“不落夫家”的婚俗。婚后妻子一旦在夫家定居，夫妻便与父母分居。

(5) 节日。黎族的传统节日主要有三月三节，因在每年三月三举行而得名。

(6) 禁忌。孕妇不得跨动物尸体。在治葬期间，死者反穿孝服，忌敲锣打鼓，忌外出探亲访友。男女订婚时，忌用白鸡。妇女分娩时，要在家门口挂树叶，禁止外人进屋。

案例分析

中国民俗文化村的旅游开发模式

深圳中国民俗文化村占地20多万平方米，是中国第一个汇集各民族民间艺术、民俗风情和民居建筑于一园的大型文化旅游景区，景区内的民族村寨，均按1∶1的比例建成。通过民族风情表演、民间手工艺展示、定期举办大型民间节庆活动，如华夏民族大庙会、泼水节、火把节、西双版纳风情月、内蒙古风情周等多种方式，多角度、多侧面地展示我国各民族原汁原味、丰富多彩的民风民情和民俗文化，让游客充分感受中华民族的灵魂和魅力。中国民俗文化村以“二十七个村寨，五十六族风情”的丰厚意蕴赢得了“中国民俗博物馆”的美誉。

(资料来源：http://www.tvtour.com.cn/tour/mudidi_guangdong/tjjd_szmsc.htm。)

思考：

1. 中国民俗文化村是通过怎样的设计来体现少数民族民俗的？其对游客的吸引力在哪里？

2. 假如你带团游览中国民俗文化村，该怎样学以致用进行讲解？

分析：

中国民俗文化村在深圳市锦绣中华的西侧，如今又建造了一幢幢傣族的竹楼、布依族的石房……

这里有汉族的牌坊群、北京的四合院。各少数民族村寨更具特色，在苗族、侗族、瑶族、佤族、黎族、景颇族的村寨里，繁忙的少数民族姑娘和小伙子们热情地接待着国内外客人。白族、藏族、纳西族、朝鲜族、高山族的民居建筑风格各异；还有布依族的石头寨、哈尼族的"蘑菇房"、傣族的竹楼、哈萨克族的毡房、土家族的水上街市、蒙古族的蒙古包、藏族的喇嘛寺、彝族的"土掌房"等更吸引无数游客入房参观，了解中国各民族的风土人情。

在中国民俗文化村，可以看到云南石林、海南椰林、南滨古榕、千手千眼观音、徽州牌坊群等。景区内山峦起伏、瀑布跌宕、绿水蜿蜒、舟楫竞渡。游客可以乘车、步行，也可以乘船游览民俗文化村。

游客在村寨里，除可了解各民族的建筑风格外，还可以欣赏和参与各民族的歌舞表演、民族工艺品制作，品尝民族风味食品，观赏民族艺术大游行、专业水平的演出歌舞晚会、民俗陈列馆、民间喜爱节目等各种场景，让游客领略 56 个民族多姿多彩的文化艺术。民俗村内有十多个手工作坊，有二十多项民间手工艺和民间小吃制作表演，如维吾尔族手绣、苗族蜡染、傣族竹筒饭等。每当夜幕降临，气势恢宏的民族歌舞艺术大游行开始，奔放的鼓乐队、欢快的龙灯队、端庄典雅的民族时装队，在民俗村内缓缓前行；民俗村内的民族音乐喷泉随着音乐喷出五色水柱，景区夜空的激光光束，把游客带进欢乐的高潮，带进中华民族生活的美妙诗篇之中。

项目回顾

"十里不同风，百里不同俗"，中国地域辽阔，民族众多，民俗民风淳朴而丰富，独特而鲜明，对欣欣向荣的民俗风情旅游来说，是可观的旅游资源，要做好导游工作，了解中国的民俗文化很有必要。本章对中国主要少数民族民俗进行了阐述，在学习过程中要予以重视。

复习思考

1. 满族、回族、维吾尔族、蒙古族、藏族、朝鲜族、白族、彝族、苗族、傣族的主要风俗禁忌。

2. 歌圩节、古尔邦节、赶年、芦笙节、雪顿节、火把节、泼水节分别是哪个民族的节日？其主要节庆活动有些什么？

3. 汉族的主要传统节日及节庆活动有哪些？

4. 现代新兴民俗专项旅游节庆活动可分为哪几类？

5. “披星戴月”的服饰特点是什么？

6. 满族的饮食特点是什么？

项目实训

1. 利用网络和图书馆收集少数民族民风民俗的资料、图片，从服饰上区分蒙古族、回族、藏族、维吾尔族、苗族、彝族、壮族、布依族、朝鲜族、满族、侗族、瑶族、白族、土家族、哈尼族、哈萨克族、傣族、黎族等民族。

2. 在中国地图上分别标注出满族、蒙古族、藏族、维吾尔族、苗族、傣族的主要聚居地。

3. 以小组为单位，利用网络收集资料，编写某个少数民族民俗风情的导游词，制作相关的少数民族民俗 PPT 专辑进行交流。

项目九 流光溢彩的旅游文学

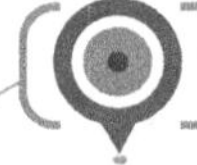

任务分析

知识目标

了解中国旅游文学的发展脉络，以及旅游文学的种类，掌握对旅游文学诗词、游记、楹联的基本鉴赏知识要点。

能力目标

通过系统的理论知识学习，能够收集与旅游相关的文学名篇和佳句。

素质目标

培养学生对中国旅游文学的兴趣，知晓并学会鉴赏知名景点的佳句名篇，并能够运用旅游文学的相关知识进行导游讲解，从而提高导游讲解的知识性和文化品位。

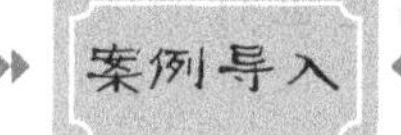

达人所之未达，探人所之未知——徐霞客

徐霞客，明朝南直隶江阴（今江苏江阴市）人。明地理学家、旅行家和文学家，也是中国以旅行为毕生事业的第一个旅游家。少年好学，博览史籍及图经地志，立志"问奇于名山大川"。自22岁起出游，30余年间，游历了我国21个省、市、自治区，包括今日的江苏、浙江、上海、山东、河北、北京、天津、山西、陕西、河南、安徽、江西、福建、广东、广西、湖南、湖北、贵州、云南等地。他"穷九州内外，探奇测幽，至废寝食，穷上下，高而为鸟，险而为猿，下而为鱼，不惮以身命殉"，在旅行中，记录观察到的各种现象，包括人文、地理、动植物等状况。观察所得，按日记载，并最终撰成地理名著《徐霞客游记》。

《徐霞客游记》对祖国广大地区的山川形胜、岩石地貌、水文气象、生物矿产、居民风俗，作了系统翔实的记载。它既是卓越的地理学著作，又是优美的游记文学作品。记事真实精细，写景寓情于景，情景交融，既注意表现旅游者的主观感觉，又运用动态描写或拟人手法使景物具有人格化、性格化，成为情趣盎然的"动画"。因此，《徐霞客游记》被后人誉为"世间真文字、大文字、奇文字"，是我国旅游文学史上最长的一部日记体游记。

《徐霞客游记》开篇之日5月19日被定为中国旅游日。

（资料来源：http://baike.baidu.com/link? url = tdqialfTjhjkWL-1ZJq-ZNvC-cMQS2IqgiRFqZVxBOdtxUTdXs1tIMFw_TfceH2EhY5Br6gG1LqfFRFWxhLwoO_ #3。）

任务实施

"文以景生，景以文名"。古往今来，有大量的文学作品赞美我国的名山大川，并且早已深入人心。正是这些文学作品激发了人们前往某地旅游的愿望，或是游客在旅游过程中因联想到相关的文学作品而游兴大增。能否在旅游活动中恰到好处地运用诗歌、散文，可直接反映导游的讲解质量。

任务一 中国旅游文学的发展与鉴赏

旅游文学是指与旅游诸要素相结合，反映旅游活动、构成旅游资源的文学艺术。我国的旅游文学源远流长，内容丰富，单以山水作品来看，就写尽祖国东、南、西、北、中的山水美景。人们读了这类作品，往往能激起他们前往观赏的兴趣，因而旅游文学起到导游和激发游兴的作用。旅游文学具有语言艺术的特征，览物抒怀，形象鲜明生动，抒发情怀，情溢于纸，感人肺腑，议论说理，给人启示，可读性很强，因而它也有助人“卧游”的佳妙作用。

一、旅游文学及其种类

旅游文学是旅游文化的一个重要组成部分，是旅游过程中主体旅游者对客体（自然景观与人文景观）的反映所进行的文学描绘，即旅游者以文学形式吟咏，记述游览、旅途生活中的所见、所闻、所感，着重描绘壮美河山、名胜古迹、风土人情、社会风貌方面的内容。

旅游文学的种类甚多，有诗、词、曲、散文、赋、楹联、碑帖铭文、神话传说、历史故事等。在这些反映自然和人文景观的作品中，以游记诗歌和游记散文较为常见。有赞颂祖国大好河山的山水诗，有咏叹淳朴怡静的农家生活的田园诗，有描绘塞外大漠风光的边塞诗，还有历代文人登临览胜凭吊古迹时的怀古诗。游记散文在我国源远流长，历代涌现出的名篇佳作甚多，有的写景抒情，富有诗情画意；有的议论说理，耐人寻味；也有的将描述、议论、抒情融为一体。不少著名的旅游文学使山川、名胜、古迹更加引人入胜，文以景传，景以文传，成为旅游资源的一部分。

二、旅游文学功能

我国旅游资源丰富多彩，有自然景观和人文景观，这些资源以其固有特色吸引着旅游者。为帮助旅游主体对旅游客体有更多更深的了解，在观赏实物时激发起感情的波澜，产生丰富的联想，获得美的享受，就要借助旅游文学的有关知识和艺术魅力来满足旅游主体的审美需求，从而提高旅游活动的文化水平。

（一）旅游文学的宣传功能

旅游文学的宣传功能主要表现在以下两个方面。

1. 吸引功能

在由潜在旅游者转变为现实旅游者的过程中，旅游文学作品有着巨大的鼓动、促进、吸引作用。

2. 导游功能

旅游文学能激发旅游者的游兴，引导旅游者更好地欣赏旅游客体。

（二）旅游文学的资源功能

旅游文学的资源功能是指旅游文学能促进旅游资源的形成。因旅游文学而产生的旅游资源按其产生方式可以分为三类。

第一类是附会型，即原有的一些条件并不具备旅游开发的潜力，但文艺作品使它具备了一定影响力，提高了知名度，从而引起人们的关注，成为现实的旅游资源。一般而言，当吸引物具备两个条件时，就能依赖文学作品的附会而成为旅游资源：一是相似性，二是有一定说服力的证据。

第二类为确定型，即某些文学作品所述故事发生地点或原型已成定论，这类吸引物因其确定性一般只有一处。

第三类是人造型，即本来并不存在，按照文学作品描述而建造出旅游景观来，这类多为人文景观，也可分为两种：一种是对已毁景观的重建，另一种是根据文学作品首次建造。

(三)旅游文学的审美功能

旅游文学的审美功能有以下三类。

(1)典型形象美。

(2)诗情画意美。

(3)哲理内涵美。

三、旅游文学发展

(一)孕育于魏晋之前

旅游文学在我国漫长的文学发展历史中,和其他文学体裁一样,有其孕育、产生和发展的过程。它孕育于魏晋之前,起始于魏晋曹操、陆机、庾信等人的诗作中,皆有主旨表现大自然美的作品;陶渊明的《桃花源诗》和《桃花源记》也已面世。晋宋之间的诗人谢灵运,吸取了以往诗人创作山水诗的成功经验,以崭新的面貌登上诗坛,奠定了山水诗牢固的基础,使文学表现自然美,达到了前所未有的水平,可以说他是我国山水诗的奠基者。南北朝时,文士鲍照、吴均、陶弘景等分别写出了《登大雷岸与妹书》《与朱元思书》《答谢中书书》等文采瑰丽的散文,当时还有北朝的郦道元所写的《水经注》,虽是一部地理专著,然而其中有描写雄奇秀丽山水的内容,甚为精美,所以也是一篇优美的游记散文,流传至今,堪称佳作。

知识链接

我国山水诗的奠基者——谢灵运

谢灵运:南北朝诗人,原籍陈郡阳夏(今河南太康),出生于会稽(今浙江上虞),幼时寄养在外,小名为客山,世称谢客。他是东晋名相谢玄之孙,袭封康乐公,后世称他为谢康乐。在晋宋之间,虽历任官职,但政治上不得志。平生喜欢山水,出入深山幽谷探奇觅胜。每次出游随从者往往有数百人。他的诗作大都描写会稽、永嘉、庐山等地的山水名胜,描绘景物细致逼真。

《登池上楼》是谢灵运的代表作品(池上楼在今浙江省温州市,后称谢公池),通篇情景交融,对不同景物的描绘饱含着诗人情绪的变化。其中"池塘生春草,园柳变鸣禽"为历代读者赞赏的名句。谢灵运的其他诗篇也时时有写景的佳句。如在他的诗篇《石门岩上宿》中有"鸟鸣识夜栖,木落知风发"两句,以有声烘托无声,由动而静,细致地描绘了深山月夜的景色,富有流动的美感。又如在他的《登江中孤屿》中,有"云日相辉映,空水共澄鲜",也被人传为佳句。

(二)成熟于唐宋

以上所述是我国旅游文学发展的开创阶段。到唐宋时代,我国旅游文学发展已经成熟,涌现出大量的名家名作,且风格各异,光彩夺目。在游记散文方面,柳宗元有其特殊地位,他的《永州八记》是我国古代游记的代表作,广为后世所传诵。元结的《右溪记》也颇为著名，可以说是柳体游记的先河。在诗歌方面出现了王维、孟浩然等田园山水诗人，高适、岑参等边塞诗人。李白、杜甫、白居易等大诗人，也创作了不少描绘自然风光的传世佳作。宋代描写山水的名家有王安石、苏轼、欧阳修、范仲淹、李清照、陆游等文学家，他们善于驾驭各种文体，笔法丰富多彩，出神入化，在中国古代旅游文学史上有突出的地位。

知识链接

唐宋名家及其代表作品介绍

柳宗元：我国中唐著名的文学家，唐宋散文“八大家”之一。字子厚，河东（今山西永济）人。因参与当时政治革新活动，被唐宪宗贬为永州司马。他在永州期间，有机会纵情山水，游览名山胜水，写了较多的游记散文，著名的有《永州八记》。他的游记犹如一幅幅相连的山水画卷，清新秀美，富有诗情画意，对景物描写精细入微，而又能把自己的思想情怀、生活遭遇融于山水之中。五言绝句《江雪》：“千山鸟飞绝，万径人踪灭。孤舟蓑笠翁，独钓寒江雪。”描摹出了一个漫山遍野为大雪所覆盖的幽静寒冷的境地，这是一个纯洁寂静的世界，渔人在此孤舟独钓。诗人借景寄托了他被贬官永州的孤愤之情。

王维：我国盛唐时杰出的山水田园诗派代表诗人，字摩诘。他博学多艺，不仅有卓越的文学才华，而且精通书画，擅长音律，有“天下文宗”之称。苏东坡说：“味摩诘之诗，诗中有画，观摩诘之画，画中有诗。”他的《终南山》《华岳》描写了我国西部山岭的雄伟奇险，《汉江临泛》描绘了浩渺苍茫的汉水。《使至塞上》写出了塞外开阔荒凉的景象，其中“大漠孤烟直，长河落日圆”两句，以素描的笔法，形象逼真地描绘了塞外壮丽的景色，是历来传颂的名句。王维后来隐居田园，皈依佛教，所以他的山水田园诗作具有幽邃的境界、闲逸的情趣，如“明月松间照，清泉石上流”（《山居秋暝》），“闲花满岩谷，瀑水映杉松”（《韦侍郎山居》），“渡头余落日，墟里上孤烟”（《辋川闲居赠裴秀才迪》），“漠漠水田飞白鹭，阴阴夏木啭黄鹂”（《积雨辋川庄作》）等，都是他山水田园诗篇中所呈现出的一幅幅动人的风景画。王维的山水田园诗是中国诗歌史的一个高峰。

孟浩然：唐代第一个大量创作山水诗的人。他与王维齐名，并称“王孟”。早年隐居鹿门山，四十岁游京师长安，后又漫游吴越。他纵情山水，因为一生怀才不遇，秉性耿直，情操高尚，不愿随波逐流。他的诗在风格上清新自然、韵致流溢，在艺术上有独特的造诣。杜甫说他“复忆襄阳孟浩然，清诗句句尽堪传”（《解闷》）。如他的五绝《春晓》描写春天清晨之美景和惜春的感情，从写春之声入手，把人们引到春天的大自然中去，想象、体会烂漫春光。“春眠不觉晓，处处闻啼鸟。夜来风雨声，花落知多少？”这首诗已家喻户晓，妇孺皆知。孟浩然善于将自己对自然和生活之美的感受，运用自然淡抹的笔调，描绘抒发出来。他的田园诗名篇《过故人庄》：“故人具鸡黍，邀我至田家。绿树村边合，青山郭外斜。开轩面场圃，把酒话桑麻。待到重阳日，还来就菊花。”把绿树、青山、村舍、场圃、桑麻组合在一起，构成了一幅优美的田园风景画，又表达了在农家做客的情趣。孟浩然诗篇中传世的名句甚多，如“气蒸云梦泽，波撼岳阳城”（《望洞庭湖赠张丞相》），渲染了洞庭湖波涛汹涌的壮丽美景，又如“荷风送香气，竹露滴清响”（《夏日南亭怀辛大》）、“夕阳连雨足，空翠落庭阴”（《题义公禅房》）、“野旷天低树，江清月近人”（《宿建德江》），颇受历代大家称赞。

李白:唐代杰出的浪漫主义诗人,字太白,号青莲居士。少年好学,博览群书。他相信道教,喜欢隐居山林,求仙学道,但也关心国家,有建功立业的政治抱负。李白约在二十五六岁时出蜀东游,漫游了长江、黄河中下游的许多地方,"浪迹天下,以诗酒自适"。其间曾与杜甫相遇,结为好友,同游河南、山东等地,携手探胜,把酒论文,亲密无间,两人分开后,彼此还都写下了感情深厚的怀念诗篇,成为中国文学史上的一段佳话。李白一生创作了许多诗篇,今尚存九百多首。他自称"一生好入名山游",所以在他创作的内容丰富多彩的诗篇中,描绘自然风光的山水诗居重要地位。在他的笔下,奔腾咆哮的黄河,浩瀚茫茫的长江,"百步九折萦岩峦"的蜀道,"回崖沓嶂凌苍苍"的庐山,无不雄伟壮观,气势磅礴。他的"蜀道之难,难于上青天"(《蜀道难》),"君不见黄河之水天上来,奔流到海不复回"(《将进酒》),"飞流直下三千尺,疑是银河落九天"(《望庐山瀑布》)等,都是传诵千古的名句。李白诗歌艺术的主要特征,是善于运用夸张的手法、生动的比喻、丰富的想象、自由奔放的体裁和朴素优美的语言来表现他的豪情壮志和开阔胸襟。但李白也有描绘幽静景色、清新隽永的诗作,风格近似王维、孟浩然的格调,如《秋登宣城谢朓北楼》《独坐敬亭山》《清溪行》等。

杜甫:唐代著名的现实主义诗人,字子美。他一生仕途失意,又经社会离乱生活,有切实感受。他的诗歌创作内容大多是再现当时的社会现实。他一生中进行过两次长时间的漫游,第一次是在江南一带,他到过金陵、姑苏,渡钱塘江,到过天姥山,第二次漫游齐、赵一带(今山东、河北、河南之间)。两次漫游,使他看到祖国秀丽雄伟的山川,开阔了眼界。他 33 岁时,曾与同时代的大诗人李白在洛阳相遇,两人畅游齐鲁,谈论诗文,议论时事,结下深厚的友谊。杜甫后来写过不少怀念李白的感人诗篇。《望岳》是杜甫漫游时期写的不同凡响的诗篇,诗篇扣着"望"字,以简练的笔调,高度的概括,写出了泰山的崇高雄奇。结句"会当凌绝顶,一览众山小",表达了高瞻远瞩的雄伟气魄,是后人传颂的佳句。杜甫在"安史之乱"后,到成都,于西郊的浣花溪畔建立新居——"浣花草堂"。他由于久经战乱奔波后得到安定环境,心情恬然自乐。这时写的《绝句》"两个黄鹂鸣翠柳,一行白鹭上青天。窗含西岭千秋雪,门泊东吴万里船",是千古传颂的佳句。全诗四句,四个景,四幅画,能分能合,脍炙人口。

白居易:唐代诗人,字乐天,号香山居士,醉吟先生。他 29 岁考中进士,曾任翰林学士、左拾遗等官。后因故贬为江州司马,出任过忠州、杭州、苏州刺史,以刑部尚书致仕。他一生留下 3000 多篇诗作,广泛反映中唐时期的社会生活和人民疾苦,这些诗篇是他创作中的精华部分。叙事长诗《长恨歌》和《琵琶行》在艺术上有很高成就,为广大群众所喜爱。他的《赋得古原草送别》中"野火烧不尽,春风吹又生"这两句,被世人誉为千古绝唱。他的抒情写景诗词和记游散文也颇具特色。如《钱塘湖春行》是一首咏西湖早春风光的诗。其中"孤山寺北贾亭西,水面初平云脚低。几处早莺争暖树,谁家新燕啄春泥。乱花渐欲迷人眼,浅草才能没马蹄",写出西湖早春时节的动态美。《忆江南》中"江南好,风景旧曾谙。日出江花红胜火,春来江水绿如蓝。能不忆江南!"又是一首描写江南春景的小词,以鲜明的色彩描绘出在江南晴朗春天里花朵的艳丽和湖水的清澄,表达诗人对此美景的眷恋。白居易在游览庐山后写下的《游大林寺序》《序小草堂记》等记游散文也颇为著名。至今庐山有几处景点的名称,也因白居易的游踪和诗文而得名。

（三）盛极于明清

到明清时代，是游记文学的极盛阶段。出现了以旅行为毕生事业的中国第一个旅游家徐霞客和游记专集《徐霞客游记》；还有在游记文学创作上有突出成就的袁宏道，他的《虎丘记》《晚游六桥待月记》等别具一格，在当时有很大影响。汤显祖的写景诗作《石门泉》《白沙海口出沓磊》也颇有情致。张岱也写出了《西湖七月半》《白洋潮》等绝妙散文。清代涌现的记游文学英华甚多。方苞的《游雁荡记》以理见长，袁枚的《峡江寺飞泉亭记》给人以清新活泼的感受，姚鼐的《登泰山记》堪称笔力绝妙，恽敬的《游庐山记》以文字简约、画意诡异著称，龚自珍的《己亥六月重过扬州记》《病梅馆记》《天寿山说》被人誉为纵横奇诡的妙品。这些都显示出我国旅游文学在艺术上日趋完美。

（四）现代旅游文学

五四运动以后，我国的现代文学家郭沫若、郁达夫、朱自清、叶圣陶、老舍、巴金等在繁荣旅游文学方面都有建树。新中国成立后，随着我国政治、经济、文化等诸方面的蓬勃发展，我国旅游事业也在大步迈进，旅游文学也是五彩缤纷，作品具有鲜明的时代特色。改革开放以后，人们观察大自然的景象和各处社会风土习俗的视角进一步扩大，旅游文学创作在内容与形式上更是丰富多彩，创作队伍壮大，写出了大量颇有影响的佳作。

任务二　熟读唐诗三百首，不会作诗也会吟——吟诗词

旅游诗词在我国旅游文学中是产生最早、生命力最强、作品最为丰富的一个种类。从《诗经》中对旅游情景的描述到现代的新体旅游诗，连绵不断，代有佳作。旅游诗词多是从写景入手，借景生情，从而表现出强烈的抒情性、丰富的审美性和多彩的艺术意境。

一、诗词的基本知识

（一）诗的体制

1. 古体诗

五言古诗（简称五古）、七言古诗（简称七古）。

2. 近体诗

五言律诗（简称五律），七言律诗（简称七律）。

五言绝句（简称五绝），七言绝句（简称七绝）。

近体诗的主要表现有以下几个方面：一是韵脚有规律的限制，以求其音韵的和谐；二是每句限定字数，以求其节奏的匀称；三是每句讲究平仄，以求其声调的铿锵；四是讲究对仗，以求其语言的骈俪。所以又叫格律诗。

律诗，即依照一定的格律写成的诗。律诗源于南北朝，成熟于唐初。律诗八句，分为四联。第一联（一、二两句）称为首联，第二联（三、四两句）称为颔联，第三联（五、六两句）称为颈联，第四联（七、八两句）称为尾联或结联。颔联和颈联，一般都用对仗。

绝句主要有五言绝句和七言绝句两种。

（二）词的体制与起源

1. 词的体制

词亦是兴于唐代的文学形式，经历五代，在宋朝的特殊历史条件下，达到了空前的繁荣。

2. 词的起源

古代的词，都是合乐歌唱，故唐五代的词多称为曲子或曲子词。填词用的曲调名，叫词牌。

二、旅游诗词的审美特征

旅游诗词的审美特征包括以下几点。

（1）追求人与自然的和谐。

（2）时间和空间的交融。

（3）自我追求与社会责任感的统一。

三、名篇佳作赏析

黄鹤楼

昔人已乘黄鹤去，此地空余黄鹤楼。
黄鹤一去不复返，白云千载空悠悠。
晴川历历汉阳树，芳草萋萋鹦鹉洲。
日暮乡关何处是？烟波江上使人愁。

《黄鹤楼》为我国唐代诗人崔颢所作。黄鹤楼在湖北武汉市长江南岸的武昌蛇山之巅。图 9-1 所示为黄鹤楼公园的诗壁。据说有仙人曾乘黄鹤于此憩驾，所以称为黄鹤楼。这首七律前四句“昔人已乘黄鹤去，此地空余黄鹤楼。黄鹤一去不复返，白云千载空悠悠”，有一气呵成之势，浑然一体地写出了仙去楼空，唯悠悠千载的白云飘忽天际，正表现诗人对岁月不复回，故人不能再相见的无限感慨之情。后四句“晴川历历汉阳树，芳草萋萋鹦鹉洲，日暮乡关何处是？烟波江上使人愁”，写眼前的树木芳草，太阳西沉，红波苍莽之景，表现出游子怀乡的情绪，使诗意再次出现渺茫失落的境界。传说大诗人李白读了此诗大为佩服，说是“眼前有景道不得，崔颢题诗在上头”，并曾拟此诗格调，作诗两次。宋代严羽《沧浪诗话》说：“唐人七言律诗，当以崔颢《黄鹤楼》为第一。”

登鹳雀楼

白日依山尽，黄河入海流。
欲穷千里目，更上一层楼。

《登鹳雀楼》为我国唐朝边塞诗人王之涣所作。在唐代山西永济城西南曾经有一个高阜，上面筑有一座三层的高楼，据说因时有鹳雀栖其上而命名为鹳雀楼。它面对中条山，下临黄河，是唐代著名的登临胜地。王之涣这首五言绝句是题咏鹳雀楼的诗作的上品，流传多年。首句“白日依山尽”写登楼遥望一轮落日依着楼前气势巍峨，连绵群山在冉冉起伏，这是远处天空的景色。次句“黄河入海流”，写目送流经楼下的黄河奔腾咆哮地流向大海，这是近望黄河远去的景色，也是融合了诗人想象中的黄河入海景象。远近、上下、现实

图 9-1　黄鹤楼公园的诗壁

和想象构成了广阔无边、雄伟壮丽的画面。后两句“欲穷千里目，更上一层楼”是写诗人即景生意的感受，很自然地把读者视野引到更为开阔的诗境，使诗篇闪现出哲理的光辉。

枫桥夜泊

月落乌啼霜满天，江枫渔火对愁眠。
姑苏城外寒山寺，夜半钟声到客船。

《枫桥夜泊》为我国唐代诗人张继所作，它是一首中外广为流传的纪游诗篇。北宋时已刻石于苏州。诗篇写在一个深秋的夜里，诗人乘船停泊在苏州城西的枫桥，他领略到江南水乡秋夜幽寂清冷的景象。诗篇词语简约，音节和谐，成为千古传颂的名作。

知识链接

陶渊明：东晋大诗人，又名潜，字元亮，世号靖节先生，浔阳柴桑(今江西九江)人。他少年时怀有“大济于苍生”的抱负，后来，断断续续做了几次小官，由于社会混浊、官场黑暗腐败，每次都很快辞官归隐，晚年在贫病交加之下去世。他在文学创作上，以描写乡村风光与田园劳动生活的田园诗为世人所传诵，尤其他的《归园田居五首》是他田园诗中最著名的代表作。“方宅十余亩，草屋八九间。榆柳荫后檐，桃李罗堂前。暧暧远人村，依依墟里烟。狗吠深巷中，鸡鸣桑树颠”的田园风光令人向往。农民“晨兴理荒秽，戴月荷锄归”的辛勤劳动也被他写得饶有诗意。陶渊明的这类诗篇，是中国田园诗的基石。他写的《桃花源记》《桃花源诗》是流传千古的作品。《桃花源记》是《桃花源诗》的序文，着重叙述渔人发现桃花源的经过和桃花源的环境。有引人入胜的故事情节，描写桃花源里有“芳草鲜美落英缤纷”，“土地平旷，屋舍俨然”，“阡陌交通，鸡犬相闻”的优美景物。人们在“良田美池桑竹”间劳作，老人和小孩“怡然自乐”地生活着。《桃花源诗》侧重描写桃花源的历史，那里人人过着自耕自食、富裕宁静、欢快安适、其乐无穷的生活。这都表现出陶渊明对田园生活的向往，表现出他的社会理想。

杜牧：唐代著名诗人。字牧之，京兆万年(今陕西西安)人。26 岁中进士。杜牧在文学创作上，诗、赋、古文等方面都有很高成就，与晚唐另一杰出诗人李商隐齐名，并称“小李杜”。他的写景抒情诗篇《泊秦淮》“烟笼寒水月笼沙，夜泊秦淮近酒家。商女不知亡国恨，隔江犹唱后庭花”，写出晚唐时秦淮河的夜景：淡淡的水汽和迷茫的月色笼罩在寒冷的秦淮河水和岸边的沙滩上，而秦淮河两岸酒家林立，诗人夜宿船中，听到从岸上酒店中传来乐妓的歌声。含蓄深婉，流情盛慨别具一格，被古人誉为“绝唱”。还有写山景、枫林、红花的“远上寒山石径斜，白云生处有人家。停车坐爱枫林晚，霜叶红于二月花”，也是清新隽永、深婉有致、脍炙人口的名篇。他的《清明》“清明时节雨纷纷，路上行人欲断魂。借问酒家何处有？牧童遥指杏花村”，是以平易自然的白描手法，通俗易懂的艺术语言，描绘出路上行人陶醉于清明细雨的美景，要找酒家以助豪兴的真切情景。此诗已是妇幼皆知的佳作。另外，七绝《江南春》“千里莺啼绿映红，水村山郭酒旗风。南朝四百八十寺，多少楼台烟雨中”，将丰富多彩的江南春景写得广阔、深邃、迷离，令人陶醉。

苏轼：北宋文学家。字子瞻，号东坡居士，眉山（今属四川）人。他与其父苏洵、弟苏辙都以文著名，有“三苏”之称。苏轼所处的时代，正是北宋新旧党争激烈起伏之际。他既反对变法派的激进措施，又反对保守派尽废新法，因此政治上屡遭排挤打压。他先后任杭州通判，密州、徐州、湖州等处地方官，黄州团练副使，也曾被朝廷远放海南岛儋州任职。他关心人民疾苦，为人民办好事。在杭州任职时，他疏浚西湖，兴修水利，挖葑泥筑堤，建成有名的“苏堤”，一直为后人所称道。在海南时对黎族人民的贫苦生活深为同情。公元 1100 年宋徽宗即位时，苏轼遇赦北还，途中在常州病逝。他在文学艺术如诗、词、散文、书法等方面都有很高造诣。他一生宦游很多地方，饱览了奇景伟观，创作了大量写景诗。有的写蜀中的奇绝风光（《江上看山》《巫山》），有的写江南江北各处风物胜景，如《饮湖上初晴后雨》和《题西林壁》都是历来为人称道赞美的名篇。苏轼写的纪游散文是他散文创作中艺术价值最高的作品。《前赤壁赋》写清风习习、明月朗照的秋光，《后赤壁赋》写木叶尽脱、水落石出的冬景，这两篇游赤壁的姊妹篇作品，都具有浓厚的浪漫主义色彩。《石钟山记》也是苏轼纪游散文中的名篇，描写夜泊绝壁、气氛阴森可怕，但写景寓理，达到了诗情画意和论理的和谐统一。在词的创作上，他又开创了豪放词派，《念奴娇·赤壁怀古》是千古传诵的佳作。

任务三　读万卷书，不如行万里路——读游记

游记常用来记叙游览经历的旅途风物，内容涉及名胜古迹、山川景色、社会生活、风土人情等，描述生动，笔调清新，情景交融，常给人以美的享受。

著名的游记有欧阳修的《醉翁亭记》、王安石的《游褒禅山记》、沈括的《雁荡山》、苏轼的《前赤壁赋》《石钟山记》、周密的《观潮》、薛王的《游龙门记》、徐霞客的《徐霞客游记》、姚鼐的《登泰山记》等。

一、散文游记的类型及审美功能

（一）写景为主

这类作品主要是通过自然风光的描写，使读者开阔视野，增长知识，获得审美的愉悦。

作品的功能主要是审美、娱乐和休闲。这类旅游散文所描写的对象,一般是新鲜奇异的,或者是作者独特发现的自然风光。

（二）抒情明理

这类作品描绘自然风光的同时,抒写作者的人生感悟,揭示某种生活哲理。可以使读者在欣赏自然美的同时,又能获得思想的启迪。

（三）时代散文

这类游记在记叙作者的行程游踪、描写自然风光的同时,力图展现出时代风貌,折射出时代精神,反映人民群众的愿望,或者揭示某些社会问题,同时融入作者的生命体验,袒露作者的内心世界,以引起人们的注意。

（四）文化散文

这类作品以某处自然景观或人文景观为载体,偏重于历史知识和文化知识的描述介绍。

知识链接

袁宏道:字中郎,明朝著名的文学家。他在旅游文学创作方面有突出成就。他考中进士后不久,就辞官相约好友,开始漫游江南,探胜寻幽。他经无锡,渡太湖,到杭州,游西湖。接着又游绍兴鉴湖、诸暨五泄、天目山、黄山等地,还从新安江顺流而下到严子陵钓台。其间他写了《虎丘记》《初至西湖记》《晚游六桥待月记》《五泄一》《天目一》等数十篇游记。之后,他游历过庐山、洞庭、北京等处的名胜。他的游记散文特点重抒情,写山水具有写意色彩。这些游记结构自由,语言洒脱,别具一格。《满井游记》是他的传世名篇,全文仅两百多字,把北京地区早春时光的鲜艳明媚的山光水色,悠闲自得的鱼鸟姿态,写得生机勃勃,跃然纸上。文章朴素自然,语言隽朗流畅。另一篇《虎丘记》也是历来被人们称赞的佳作。文章描写苏州虎丘中秋月夜的景色和游人云集的盛况,细腻、逼真,使读者有身临其境之感。

郦道元:南北朝著名的地理学家、散文家。他一生好学,博览群书,治学谨严。由于古代记述全国水道的《水经》,过于简略,且多谬误。郦道元鉴于此,就着力收集了有关记载全国水道的资料,亲自跋涉山川,进行实地考察,并参考众多书籍,对《水经》作注,成书为《水经注》。《水经》仅列举 100 多条河流,而《水经注》则介绍了 1252 条河流,记述了河道沿岸的地理沿革、风土人情、名胜古迹、城邑建筑,以及神话传说等,充实了原著的内容。至今,《水经注》对研究我国古代历史、地理仍有科学价值。它的记述山川景胜的千古文章,又具有文学价值,不失为我国游记散文的奠基之作。《三峡》是《水经注》中的一段文字,这段文字分前后两部分。前者重点写巫山,通过记述古代神话传说,描述了巴郡一带的上古民情和社会风貌,把人们引入往古的迷人的神秘境界;后者全面描绘三峡一年四季的不同景色,写出三峡的奇险形势和特殊景色,使人们仿佛身临其境。

陆游:南宋诗人,字务观,号放翁。陆游自幼好学,立下爱国壮志,成年后,政治上屡遭排挤打压,但他仍关心人民疾苦,抗金保国,矢志不渝,在文学创作中表现出爱国忧愤的情怀。他奉命到四川任夔州通判时,在半年的旅程中,饱览名胜山川,凭吊了屈原、杜甫等著名诗人的遗迹，他将一路见闻写在引人入胜的游记散文集《入蜀记》中。陆游写景的诗作中传世名句甚多，如“山重水复疑无路，柳暗花明又一村”，就出自在山阴乡下所写的《游山西村》中。又如“小楼一夜听春雨，深巷明朝卖杏花”，这两句刻画出我国江南城市中的春景，非常细致贴切，也是被人传诵的名句。陆游还有《钗头凤》一词和诗作《沈园二首》，都是他追怀与前妻唐琬恋情的作品。“红酥手，黄縢酒，满城春色宫墙柳。东风恶，欢情薄。一怀愁绪，几年离索。错，错，错！”陆游初娶唐琬，但因陆母不喜唐琬，陆游被迫与唐琬分离。多年后，陆游到沈园游玩时，偶然遇见了前妻唐琬，他非常难过，感伤地在墙上题上了《钗头凤》，倾吐了眷恋相思之情。唐琬受到刺激，归去不久便亡故。陆游 70 多岁时，再到沈园，想起 40 多年前的旧事，又写下七绝《沈园二首》。

二、名篇佳作赏析

醉翁亭记

环滁皆山也。其西南诸峰，林壑尤美，望之蔚然而深秀者，琅琊也。山行六七里，渐闻水声潺潺而泻出于两峰之间者，酿泉也。峰回路转，有亭翼然临于泉上者，醉翁亭也。作亭者谁？山之僧智仙也。名之者谁？太守自谓也。太守与客来饮于此，饮少辄醉，而年又最高，故自号曰醉翁也。醉翁之意不在酒，在乎山水之间也。山水之乐，得之心而寓之酒也。

若夫日出而林霏开，云归而岩穴暝，晦明变化者，山间之朝暮也。野芳发而幽香，佳木秀而繁阴，风霜高洁，水落而石出者，山间之四时也。朝而往，暮而归，四时之景不同，而乐亦无穷也。

至于负者歌于途，行者休于树，前者呼，后者应，伛偻提携，往来而不绝者，滁人游也。临溪而渔，溪深而鱼肥。酿泉为酒，泉香而酒洌；山肴野蔌，杂然而前陈者，太守宴也。宴酣之乐，非丝非竹，射者中，弈者胜，觥筹交错，起坐而喧哗者，众宾欢也。苍颜白发，颓然乎其间者，太守醉也。

已而夕阳在山，人影散乱，太守归而宾客从也。树林荫翳，鸣声上下，游人去而禽鸟乐也。然而禽鸟知山林之乐，而不知人之乐；人知从太守游而乐，而不知太守之乐其乐也。醉能同其乐，醒能述以文者，太守也。太守谓谁？庐陵欧阳修也。

《醉翁亭记》是我国北宋政治家、文学家欧阳修所作，醉翁亭是宋僧智仙修建。欧阳修为滁州太守时，纵情山水，常来此亭宴饮，因以“醉翁”自号，亦以名亭。文章以自然流畅的笔调既描写醉翁亭及其周围的美景，又描绘了各种游人的游兴，描绘风景似一幅导游图。先介绍“环滁皆山”的大背景，再引导读者观察“西南诸峰，林壑尤美”而山色葱郁、幽深秀美的琅琊山。再在“闻水声潺潺”，“峰回路转”后，才见到翼然临于泉上的醉翁亭。文章除了用以面到点、移步换形的方法写景外，还着意写山间朝暮与四时的景物变化。景虽不同，但人们仍游乐无穷。游人离去，禽鸟也知山林之乐。文章将叙事、写景、抒情、议论融为一体，语句骈散相间，音节抑扬顿挫，是一篇历来为人们赞赏的山水游记。

任务四　千门万户曈曈日，总把新桃换旧符——对联

对联是一种独特的文化形式，又称楹联、对子，是写在纸、布上或刻在柱子上的联语。对联是我国旅游文学中一种独特的形式，它为名胜古迹增色，给旅游者以艺术享受，且丰富了知识。对联的最重要的特点就是讲究平仄和对仗，其内容生动鲜明，格调优美，雅俗共赏，被广泛用于写景、抒情、言志、记史、讽咏等，能给人以知识和美的享受。

一、对联的起源和发展

（一）先秦至唐孕育时期

无论是古老的《诗经》，还是楚辞、汉赋，乃至六朝骈文、唐诗宋词等，都有许多工整对仗的句子，这些对仗句子其实就是对联的雏形。

（二）五代出现时期

相传五代后蜀的国君孟昶，有一次命翰林大学士写一副联语，以烘托新春气氛。联语写出后他对大学士的联语不甚满意，遂亲自动手写了“新年纳余庆，佳节号长春”的句子。此后仿效者增多，便形成了颇具文采，又工巧贴切的对联体式。

据专家考证，早于孟昶三百余年的唐太宗李世民也写过对联，以志情怀：“文章千古事，社稷一戎衣”。另据史料记载，在敦煌莫高窟藏经洞出土的文物中就载有唐朝人刘立子作于开元十一年(723 年)的一副春联：“三阳始布，四序初开”。以上两联表明对联的产生确实要早于五代，只是人们未将其称为对联罢了。

（三）宋元发展时期

北宋以后对联推广至宫廷之外，人们把对联写在桃木板上，因此有人把对联又称“桃符”。王安石有一首诗描写人们过春节的景象，“爆竹声中一岁除，春风送暖入屠苏。千门万户曈曈日，总把新桃换旧符”。可见那时人们就有贴春联的习俗了。

（四）明清鼎盛时期

明朝是对联发展的黄金时期。明朝的皇帝、王公大臣、文人学者，都喜欢对对子和写春联。明代开国皇帝朱元璋尤喜对联，他还亲自撰写对联。五代写对联，宋代制桃符，明代贴对联，历千余年而不衰，可见对联早已植根于民众，成为民俗，有着极强的生命力。其目的和内容主要是烘托喜庆气氛，彰显盛世太平，当然亦有教化百姓，传承习俗的成分和作用。

到了清代，对联达到了鼎盛时期，百花齐放，内容丰富多彩，适用范围不断拓宽，对联的质量之高，文学艺术性之强前所未有。楹联大家辈出，可以说在清朝历史中，对联有其辉煌的一页，同唐诗、宋词、元曲、明清小说一样，为中国文学艺术和文化的传承发展做出了贡献，成为不朽的文化遗产。明清以后，文人士大夫，不善联者寡矣。

自 20 世纪 80 年代以来，对联得遇千载难逢的发展机遇，国家楹联学会成立并发挥了

很好的促进作用，各种赛事颇多，征文征稿不断，涌现出许多楹联大家高手，在创作方面体现出鲜明的时代特征，许多佳作达到了较高的艺术水准，成为新时期文化发展的一道靓丽景观。

二、对联的特点

对联的语句要求字数相等，词性相对，彼此对仗，平仄对立，字不重复，语意连贯。读时基本上按读律诗的方法处理。读八个字以上的长联要弄懂联意才能断句读顺，句数较多的对联，要像读词曲一样读出长短句。由于作联的艺术技巧甚多，要注意有的对联用叠字叠词和多音多义字来表达丰富深刻的含意，还要注意嵌名、连珠、回文等技巧在对联中的表现，读来颇有情趣。对联通常具有以下几个特点。

(1) 出句与对句内容相关。如果对联上下联不围绕一个中心意思，即格调不同，上下联无关，则是作对联的一忌。对联上下联如果完全相同，这就叫“合掌”，也是作对联的禁忌。

(2) 出句与对句字数相等。

(3) 出句与对句语法结构应一致。

(4) 出句与对句平仄相对。一句之内平仄相谐，两句之间平仄相对。

三、对联的格式

(一) 对联的横额

名胜古迹、庙宇祠堂的对联常配有横额。横额要求文字十分精练，多为四个字。

(二) 对联的领词

领词在对联中用得十分广泛。领词往往引出一串排比句与骈文句，使联语衔接自然，层次分明。

(三) 对联的断句

(1) 掌握长联短句多、长句少的特点。

(2) 注意对联中的领词。

(3) 利用反复词。

(4) 上下联互相参照断句。

四、对联的欣赏

对联作为一种文学艺术，极具观赏价值和欣赏价值，其观赏性大多与书法、刻字有关，当然，内容也是欣赏的主要载体。欣赏一副好的对联作品，亦如欣赏美文、诗词、歌赋一样，能给人以美的享受，艺术的陶冶，不仅能够使人学到对联知识，提高对联创作水平，激发艺术灵感，而且能够让人增长知识，示人以教化，传播文化。

在旅游文学中，名胜古迹联往往可以给景物增色不少。名胜古迹联的内容因时、因地、因对象、因作者而异。一般常见的有显示名胜古迹所处地理位置的特点和气势的，有抒发作者情趣志向的，有颂扬先哲先贤的，有讲述传说故事的，等等。名胜古迹联中更多的是赞叹风景，引导人们选择最佳视角观赏景物，增强景物的审美价值。

在欣赏对联时，主要应把握好以下几点。

（1）分清上下联。

（2）学会断句。

（3）了解文字、书法常识。

（4）注意上下款。

（5）掌握一定的背景史料。

知识链接

图 9-2 所示为河北孟姜女庙对联。

秦皇安在哉，万里长城筑怨；

姜女未亡也，千秋片石铭贞。

图 9-2　河北孟姜女庙对联

这是南宋爱国诗人文天祥题孟姜女庙的对联。联语沿用"孟姜女万里寻夫，哭倒长城"的传说故事。联语歌颂了孟姜女对爱情的坚贞，嘲弄秦始皇劳民伤财修长城之举，用对比的手法，说明这万里长城的砖石都成了千秋万代人们赞颂孟姜女的最好寄托。而秦始皇呢？只留下了人们对他的怨恨。这副联内容深刻，用语不凡，发人深省。作者抓住了一个"传统"的观念，即爱情忠贞为视角，昭示百姓的爱憎观，从一个侧面写一个传奇故事在历史长河中的影响，其人性化的特点十分鲜明，堪称一副难得的佳联。

楼观沧海日；

门对浙江潮。

这是写在杭州观海亭的对联，观海亭位于浙江省杭州市北高峰南灵隐寺西北的韬光寺后面，站在此亭可遥望钱塘江入海。传说骆宾王败事后被武则天发落灵隐寺中，无人识者。宋之问游寺，"欲题此寺，而思不属"，骆宾王提议：何不云"楼观沧海日，门对浙江潮"。宋之问惊喜，遂为终篇。于是就留下了这副观海亭对联和这则千古佳话。

中央宛在；

一半勾留。

这是杭州西湖湖心亭联，此联虽然只有八字，但文采飞扬，韵味隽永，取舍得当，组合巧妙。联文不言水而水自见，不言亭而亭自立，颇有"点金成钻，琢玉为璋"之妙。语言简约，但准确、生动、形象地勾画出湖心亭的地理位置、特点和无限魅力，可谓言简意深，功力不凡。联文借他山之石而攻玉，上联出自《诗经·蒹葭》篇："蒹葭苍苍，白露为霜。所谓伊人，在水一方。溯流从之……宛在水中央。”作者对“宛在水中央”之句进行换位改造，删繁就简，标新立异，把“水”去掉，能使游人身临其境。四面烟波入眼，却偏要把“水”字拿掉，巧妙地调整词序，化虚为实，使“宛”字的意义发生了根本的变化。一个宛字可给人一种虚无缥缈，如梦如幻的感觉，又能给人一种“历历分明”之意。因湖心亭正在水中央，非常令人瞩目，一字之省，两词之换，便产生了如此微妙的艺术效果。下联从白居易《春题湖上》一诗化出，其诗为：“湖上春来如画图，乱峰围绕水平铺。松排山面千重翠，月点波心一颗珠。碧毯线头抽早稻，青罗裙带展新蒲。未能抛得杭州去，一半勾留是此湖。”作者取半句诗而入联，告诉人们杭州的美景在西湖，西湖的亮点在此亭，天衣无缝地切合此地此景，突出了湖心亭的魅力，可见作者之用心，堪称大手笔，尽妙造于自然之中，得天趣于取舍之间。

项目回顾

旅游行业的从业人员特别是导游人员，只有具备了一定的旅游文学知识，才能提升导游讲解的文化品位，成为知识文化和美的传播者，同时最大限度地满足旅游者的文化需求。本章主要介绍了中国旅游文学的相关知识，着重介绍了诗词、游记和对联。通过本项目的学习，使学习者对中国旅游文学有更深入的了解。

复习思考

1. 中国旅游日是每年的5月19日，其来历是什么？
2. 我国的旅游文学有哪些种类？
3. 简述我国旅游文学的起源和发展。
4. 对联的特点是什么？

项目实训

1. 分小组收集关于黄鹤楼的诗词名篇，并记忆背诵其中的名篇佳句。
2. 分小组收集武汉市著名景点的对联，并进行记忆背诵，理解其内涵文化。

参考文献

[1] 苏彩云. 旅游文化概念的新界定[J]. 旅游纵览(下半月),2015(2).

[2] 丁红飞. 旅游文化在旅游业发展中的地位和作用初探[J]. 旅游纵览(下半月),2015(10).

[3] 谢春山,李芷逸,唐伟. 旅游文化的本质与特征研究[J]. 旅游研究,2014(1).

[4] 谢彦君,周广鹏. 旅游文化及其相关范畴、命题的理论透视[J]. 旅游科学,2012(1).

[5] 雷俐丽. 谈旅游文化学教材中存在的问题[J]. 旅游纵览(下半月),2014(6).

[6] 陈岗,黄震方. 基于意义及其均衡理论的旅游文化形成与变迁机制研究[J]. 改革与战略,2009(6).

[7] 张艺. 旅游文化创新的思考[J]. 旅游纵览(下半月),2014(11).

[8] 韦赐钰. 旅游文化的功能及其品牌塑造分析[J]. 品牌,2015(8).

[9] 窦银娣,李伯华. 旅游文化学数字化教学资源库的开发与利用[J]. 理论观察,2014(9).

[10] 麦尔斯耶·艾赛提. 地域旅游文化品牌的提升与管理[J]. 旅游纵览(下半月),2017(4).

[11] 沈炜. 论如何创新民族旅游文化[J]. 中外企业家,2016(5).

[12] 杨丽. 吊脚楼民居的解读——以黔东南凯里市西江千户苗寨为例[J]. 住宅科技,2011(11).

[13] 李明,吴琦,许泽启,杨凯. 苗寨吊脚楼文化研究[J]. 农村经济与科技,2014(5).

[14] 宋立中,谭申. 复合型文化遗产旅游产品开发路径分析——以福建马尾船政文化为例[J]. 旅游学刊,2012(10).

[15] 苏勤,钱树伟. 世界遗产地旅游者地方感影响关系及机理分析——以苏州古典园林为例[J]. 地理学报,2012(8).

[16] 唐柳,俞乔,鲜荣生,李志铭. 西藏文化旅游业发展的空间布局及路径研究[J]. 经济地理,2012(7).

[17] 梁家琴,杨效忠,冯立新,王荣荣. 供需双方对景区文化偏好的差异性研究——以天柱山风景区为例[J]. 旅游学刊,2012(7).

[18] 胡浩,王姣娥,金凤君.基于可达性的中小文化旅游城市旅游潜力分析[J].地理科学进展,2012(6).
[19] 沈祖祥.旅游文化学[M].福建人民出版社,2011.
[20] 孙静.民族传统文化的发展及旅游文化商品化探讨[J].旅游纵览(下半月),2013(10).
[21] 兰宗荣.朱子的旅游世界[M].光明日报出版社,2014.
[22] 王子超.明清至近代中国旅游文化思想的转型研究[M].中国地质大学出版社,2014.
[23] 马勇.中国旅游文化史纲[M].中国旅游出版社,2008.
[24] 张华龙.教育学视域中的古村落文化[M].科学出版社,2012.

教学支持说明

全国高等职业教育旅游大类"十三五"规划教材系华中科技大学出版社"十三五"规划重点教材。

为了改善教学效果，提高教材的使用效率，满足高校授课教师的教学需求，本套教材备有与纸质教材配套的教学课件（PPT 电子教案）和拓展资源（案例库、习题库、视频等）。

为保证本教学课件及相关教学资料仅为教材使用者所得，我们将向使用本套教材的高校授课教师免费赠送教学课件或者相关教学资料，烦请授课教师通过电话、邮件或加入旅游专家俱乐部 QQ 群等方式与我们联系，获取"教学课件资源申请表"文档并认真准确填写后发给我们，我们的联系方式如下：

地址：湖北省武汉市东湖新技术开发区华工科技园华工园六路

邮编：430223

电话：027-81321911

传真：027-81321917

E-mail：lyzjjlb@163.com

旅游专家俱乐部 QQ 群号：306110199

旅游专家俱乐部 QQ 群二维码：

群名称：旅游专家俱乐部
群　号：306110199

教学课件资源申请表

填表时间：________年____月____日

1. 以下内容请教师按实际情况写，★为必填项。
2. 学生根据个人情况如实填写，相关内容可以酌情调整提交。

★姓名		★性别	□男 □女	出生年月		★ 职务	
						★ 职称	□教授 □副教授 □讲师 □助教
★学校				★院/系			
★教研室				★专业			
★办公电话		家庭电话				★移动电话	
★E-mail （请填写清晰）						★QQ 号/微信号	
★联系地址						★邮编	

★现在主授课程情况		学生人数	教材所属出版社	教材满意度
课程一				□满意 □一般 □不满意
课程二				□满意 □一般 □不满意
课程三				□满意 □一般 □不满意
其　他				□满意 □一般 □不满意

教 材 出 版 信 息		
方向一		□准备写 □写作中 □已成稿 □已出版待修订 □有讲义
方向二		□准备写 □写作中 □已成稿 □已出版待修订 □有讲义
方向三		□准备写 □写作中 □已成稿 □已出版待修订 □有讲义

请教师认真填写表格下列内容，提供索取课件配套教材的相关信息，我社根据每位教师/学生填表信息的完整性、授课情况与索取课件的相关性，以及教材使用的情况赠送教材的配套课件及相关教学资源。

ISBN（书号）	书名	作者	索取课件简要说明	学生人数 （如选作教材）
			□教学 □参考	
			□教学 □参考	

★您对与课件配套的纸质教材的意见和建议，希望提供哪些配套教学资源：